汉字文化新视角丛书

申小龙 主编

苏新春 著

汉字的语言性与语言功能

本丛书提出的汉字文化新视角,

基于这样一种学术理念:

语言(言)、文字(文)和视象符号(象)

三者构成了文化的核心要素和条件。

本丛书的出版,

预示着中国语言文化研究在一个世纪的

「去汉字化」的历程之后,「再汉字化」的世纪转向。

这一转向的本质就是在中国文化的地方性视界

和世界性视界融通的过程中,

重新确认汉字在文化承担

和文化融通中的巨大功用和远大前景。

山东教育出版社

图书在版编目（CIP）数据

汉字的语言性与语言功能/苏新春著．—济南：山东教育出版社，2014
（汉字文化新视角丛书/申小龙主编）
ISBN 978-7-5328-7221-3

Ⅰ．①汉… Ⅱ．①苏… Ⅲ．①汉字–研究 Ⅳ．①H12

中国版本图书馆 CIP 数据核字（2014）第 025661 号

汉字文化新视角丛书

汉字的语言性与语言功能

苏新春　著

主　　管：山东出版传媒股份有限公司
出 版 者：山东教育出版社
　　　　　（济南市纬一路321号　邮编：250001）
电　　话：(0531) 82092664　传真：(0531) 82092625
网　　址：http://www.sjs.com.cn
发 行 者：山东教育出版社
印　　刷：山东德州新华印务有限责任公司
版　　次：2014年5月第1版第1次印刷
规　　格：787mm×1092mm　1/16
印　　张：18印张
字　　数：253千字
书　　号：ISBN 978-7-5328-7221-3
定　　价：36.00元

目 录

总　序 / 1

第一章　对文字语言性质的思考 / 1

　　第一节　索绪尔的文字观 / 1

　　第二节　对索绪尔文字观的思考 / 6

　　第三节　汉字表意与字母表意之辨 / 9

第二章　汉字的性质 / 20

　　第一节　七种汉字性质之说 / 21

　　第二节　考察汉字性质的多角度 / 30

　　第三节　汉字性质大讨论出现的历史原因 / 33

　　第四节　汉字性质讨论的意义与影响 / 37

第三章　汉字与汉语关系的三种观点 / 39

　　第一节　"脚与靴子"说 / 39

　　第二节　"西瓜皮与西瓜瓤"说 / 44

　　第三节　汉字与汉语的互动说 / 47

第四章　汉字的语言基础之一：语音 / 55

　　第一节　汉字的语音基础是音节 / 55

　　第二节　汉字与汉语音节的适切 / 63

第三节　汉字声旁的表音能力 / 69

第四节　汉字表音的特点与价值 / 81

第五章　汉字的语言基础之二：语法 / 87

第一节　汉字与汉语语法的适应性 / 87

第二节　汉字对汉语语法的制约 / 93

第六章　汉字的表意性 / 108

第一节　汉字字根的象形性 / 108

第二节　《说文解字》部首的形类与义类 / 113

第三节　"六书"之序显示汉字发展趋势 / 117

第七章　汉字表意功能的制约因素 / 120

第一节　字体与字式 / 120

第二节　检录法部首 / 124

第三节　繁化与简化 / 128

第八章　汉字与单音词 / 145

第一节　单音词的语言特征 / 145

第二节　汉字与单音词的内在统一性 / 154

第三节　汉字的造词功能 / 157

第九章　汉语复合词 / 161

第一节　汉字对复合词的影响 / 161

第二节　造字机制与造词机制 / 183

第十章　汉字与词义 / 189

第一节　字本义与词本义 / 189

第二节　字本义与词义发展 / *199*

第三节　字义对复合词义的影响 / *207*

第十一章　汉字与外来词 / *217*

第一节　汉字与外来词的意译化改造 / *217*

第二节　汉字与外来单音语素 / *219*

第十二章　汉字发展与词汇发展 / *232*

第一节　字与词的共同发展规律 / *232*

第二节　字与词的各自发展特点 / *235*

第三节　字与词的背离与互补 / *242*

第十三章　五笔字型输入法的文字学原理 / *247*

第一节　五笔字型的基本规则 / *247*

第二节　五笔字型依据的文字学原理 / *251*

第三节　五笔字型对汉字规范的贡献 / *255*

第四节　五笔字型对汉字结构的变通 / *256*

第五节　五笔字型运用中的几个问题 / *259*

参考文献 / *263*

后　记 / *269*

总　序

一、汉字何以成为一种文化

"汉字何以成为一种文化？"这个题目以"普通语言学"的眼光审视，暗含着一个"制度陷阱"，因为它预设了汉字的文化属性，而文字的定义——依西方文化的教诲——早已被否定了文化内涵。手头一本已经翻烂了的伦敦应用科学出版社《语言与语言学词典》（中译本）对文字的定义是："用惯用的、可见的符号或字符在物体表面把语言记录下来的过程或结果。"也就是说，文字的存在价值仅仅是记录语言的工具。这样一个冰冷的定义让中国人显然很不舒服，它和我们传统语文对汉字的温暖感受——"咬文嚼字"、"龙飞凤舞"乃至"字里乾坤"——距离太远了！抽出我们的《辞海》，看看它对文字的定义："记录和传达语言的书写符号，扩大语言在时间和空间上的交际功用的文化工具，对人类的文明起很大的促进作用。"这就在西方语境中尽可能照顾了中国人独有的汉字感觉。

汉字成为一种文化首先是因为汉字字形有丰富的古代文明内涵。且不说汉字构形映射物质文明的林林总总，即在思想，如《左传》"止戈为武"，《韩非子》"古者仓颉之作书也，自环者谓之私，背私谓之公"，字形的分析总是一种理论的阐释，人文的视角。姜亮夫先生说得好："整个汉字的精神，是从人（更确切一点说，是人的身体全部）出

1

发的。一切物质的存在，是从人的眼所见、耳所闻、手所触、鼻所嗅、舌所尝出的（而尤以'见'为重要）。……画一个物也以人所感受的大小轻重为判。牛羊虎以头，人所易知也；龙凤最详，人所崇敬也。总之，它是从人看事物，从人的官能看事物。"[1]我们可以说汉字的解析从一开始就具有思想史和文化史的意义，而不仅仅是纯语言学的意义。

汉字成为一种文化又因为汉字构形体现了汉民族的文化心理，其结构规则甚至带有文化元编码性质，这种元编码成为中国人各种文化行为的精神理据。汉字在表意的过程中，自觉地对事象进行分析，根据事象的特点和意义要素的组合，设计汉字的结构。每一个字的构形，都是造字者看待事象的一种样式，或者说是造字者对事象内在逻辑的一种理解，而这种样式的理解，基本上是以二合为基础的。也说是说，汉字的孳乳，是一个由"一"到"二"的过程，由单体到合体的过程，这正体贴了汉民族"物生有两"、"二气感应"、"一阴一阳谓之道"的文化心理。

汉字的区别性很强的意象使汉字具有卓越的组义性。莱布尼茨曾说汉语是自亚里士多德以来西方世界梦寐以求的组义语言，而这一特点离不开表意汉字的创造。在汉语发展中大量的词语组合来自汉字书面语的创新，由此大大丰富了汉语书面词汇。组义使得汉字具有了超越口语的强大的语言功能。饶宗颐曾说："汉人是用文字来控制语言，不像苏美尔等民族，一行文字语言化，结局是文字反为语言所吞没。"[2]他说的正是汉字极富想象力且灵活多变的组义性。难怪有人说汉字就像"活字印刷"，有限的汉字可以无限地组合，而拼音文字则是"雕版印刷"了。比较一下"鼻炎"与"rhinitis"，我们就可以体会组义的长处。《包法利夫人》中，主人公准备上医学院了，却站在介绍课程的公告栏前目瞪口呆：anatomy, pathology, physiology, pharmacy, chenistry, botany, clinical practice, therapeutics, hygiene and materia medica。一个将要上大学的人，对要学的专业居然"一字不识"，这样的情节在中国人听来匪夷所思。

---

[1]姜亮夫：《古文字学》，浙江人民出版社1984年版，第69页。
[2]饶宗颐：《符号.初文与字母——汉字树》，上海书店出版社2003年版，第183页。

汉字成为一种文化，更在于汉字的区别性很强的表意性使它具有了超方言的"第二语言"作用，维系了中华民族的统一。汉字的这一独特的文化功能，其重要性怎么强调也不为过。索绪尔晚年在病榻上学习汉字，明白了"对汉人来说，表意字和口说的词都是观念的符号；在他们看来，文字就是第二语言。在谈话中，如果有两个口说的词发音相同，他们有时就求助于书写的词来说明他们的思想。……汉语各种方言表示同一观念的词都可以用相同的书写符号。"[1]汉字对汉语"言语异声"的表达进行观念整合，达到"多元统一"。这样一种"调洽殊方，沟贯异代"（钱穆语）的功能，堪称"天下主义"！一位日本友人说，外国人讲日语，哪怕再流畅，日本人也能发现他是"外人"。而她走遍了中国大地，中国人并不在意她的口音——在西北，有人以为她是南方人；在北方，有人以为她是香港人或台湾人；而在南方，人们则以为她是维族人。中文"四海之内皆兄弟"的观念整合性，在这位日本人看来，与英文相似，是天然的世界语（当然，汉字的"世界性"和拼音文字的世界性，涵义是不一样的）。汉字的观念整合性，一方面自下而上，以极富包容性的谐音将汉语各方言文化的异质性在维护其"言语异声"差别性的同时织入统一的文化经纬，另一方面又自上而下，以极富想象力的意象将统一的文化观念传布到九州方域，凝聚起同质文化的规范和力量。由此我们可知，汉字本质上是一种意识形态的建构，是中华文化的深层结构。正如柏杨所说："中华字像一条看不见的魔线一样，把言语不同，风俗习惯不同，血统不同的人民的心声，缝在一起，成为一种自觉的中国人。"[2]

与汉字的观念整合性相联系的，是汉字的谐音性使地方戏曲有了生存空间。汉字的观念整合走意会的路径，不涉音轨，客观上宕开了方音艺术的生存天地。在汉字的语音包容下，汉语各方言区草根性的戏文唱腔与官话标准音"你走你的阳关道，我过我的独木桥"，相安无事，中国几百种地方戏曲源远流长，由此形成西方拼音文化难以想象的异彩多

［1］索绪尔：《普通语言学教程》，商务印书馆1980年版，第51页。
［2］柏杨：《中国人史纲》上，中国友谊出版社1998年版，第472页。

姿。汉字保护了方言文化生态多样性，也就保护了中国各地方文化的精神认同和家园意识。当然，这种保护是有代价的，即方言尤其是中原以外的方言及其戏曲，不再具有汉字的书写性，从而不再在中华"雅文化"或者说主流文化中具有话语权。

汉字作为一种文化，在汉民族独特的文学样式中得到了淋漓尽致的体现。在这里，与其说是汉字记录了汉文学，毋宁说是汉字创造了汉文学的样式。在文字产生前的远古时代，文化的传承凭记忆而口耳相传。为便于记诵，韵文形式的歌舞成为一种"讲史"的仪式。闻一多解释"诗言志"之古义即一种历史叙事。然而，随着社会生活的复杂化，"韵文史"渐渐不堪记忆和叙事之重负，西方产生了散文化的叙事诗，而中国却是诗歌在与散文的"混战"中"大权旁落"，淡出讲史的领域，反过来强化其诗性功能。在这一过程中，汉字起了十分关键的作用。复旦大学的张新教授在多年前就颇有见地地指出："文字的肌理能决定一种诗的存在方式。"一方面，"与西方文字相比，中国文字具有单音的特点。单音易于词句整齐划一。'我去君来'，'桃红柳绿'，稍有比较，即成排偶。而意义排偶与声音对仗是律诗的基本特征。"西方艺术虽然也强调对称，但"音义对称在英文中是极其不易的。原因就在英文是单复音错杂"。另一方面，"中西文法不同。西文文法严密，不如中文字句构造可以自由伸缩颠倒，使句子对得工整"。张新认为，"中国文字这种高度凝聚力，对短小的抒情能胜任，而对需要铺张展开描述的叙事却反而显得太凝重与累赘。"所以中国诗向来注重含蓄。所谓练字、诗眼，其实质就是诗人企望在有限的文字中凝聚更大的信息量即意象容量。"[1] 在复旦大学的"语言与文化"课上，一位2003级新闻系同学对汉语是什么的回答，此时听来更有体会：汉语是炫目的先秦繁星，浩渺的汉宫秋月；是珠落玉盘的琵琶，"推"、"敲"不定的月下门，"吹"、"绿"不定的江南岸；是君子好逑的《诗经》，魂兮归来的《楚辞》；是千古绝唱的诗词曲赋，是功垂青史的《四库全书》……

---

[1] 张新：《闻一多猜想——诗化还是诗的小说化》，《中西学术》第一辑，学林出版社1995年版。

4

汉字何以成为一种文化？我们还可以有更多的回答：汉字记载了浩瀚的历史文献，汉字形成了独特的书法和篆刻艺术，汉字具有很强的民间游戏功能，等等。一旦我们用新的视角审视这个历久常新的问题，我们就会从中找到中西语言文字、中西文化、中西学术的根本分野。此时，我们完全可以重新为汉字定义：汉字是汉民族思维和交际最重要的书面符号系统。

二、从去汉字化到再汉字化

中国独特的人文传统有三个通融性：

其一是小学（语言文字学）与经学的通融。许慎强调想接续历史传统、读懂儒家典籍，就必须对汉字的形音义关系进行正本清源，字义明乃经义明，小学明乃经学明，强调汉字是"经艺之本"：盖文字者，经艺之本，王政之始，前人所以垂后，后人所以识古。故曰"本立而道生"……（许慎《说文解字序》）许慎的"本立而道生"实际上借助字学（小学）建立了经学与识古（史学）之间的同构关系，消解了典籍散佚所带来的历史认同危机。经学建立的记载阐释历史的模式得以延续。

其二是经学内部表现为文史哲的通融。苏轼说："天下之事，散在经、子、史中，不可徒得。必有一物以摄之，然后为己用。所谓一物者，'意'是也。"（宋葛立方《韵语阳秋》）在我们看来，这"意"，就是汉字元编码为传统文史哲提供了统一的思想资源和表述方式。因此清代经学家章学诚在其《文史通义》开卷便宣称"《六经》皆史也"。经、史之所以相通，实际上基于汉字的表意思维或元编码：表意汉字既是一种对事实的照录（"史"的方式），又是一种对世界的形象表达（"文"的方式），还是一种对现实独特的认知方式（"哲"的方式）。文史哲的通融，实为汉字表意性元编码的体现。

其三是小学内部表现为语言与文字、书写文本与非书写文本的通融。我们分别表述为字词通融和名物通融。首先看字词通融：汉字倾向于使自身成为一个有意义的符号来记录汉语的语符（语素或词），这要求汉字保持一个有意义的形体、一个音节、一个词义三位一体。这种对应使得汉字的字义与词义、字形与词形之间难分难舍，呈现一种跨界、整体通融性，体现了汉字与汉语独特的既分离又统一的张力关系。再看名物通融：从言文关系看，汉字代表的是一个语言概念单位，而从名物关系看，汉字对应的则是一个现实物，这就要求汉字对现实物具有形象描摹性即绘画性特征。如"仙"这个简化字，字面义是用"山中之人"的意象去表达某个现实物的。汉字的这种意象性打通了书写与绘画、书写与物象的界线。这种书写与非书写之间的越界，进一步造就了汉字书法、文人画这样的书写编码与非书写图像编码相通融的文化景观。

这三个通融显示了汉字在中国学术传统中的本位性。"本立而道生"，说明汉字不仅是汉文化的载体和存在基础，也是中国语文得以建构的基本条件。

中国语言学的科学主义转型主要发生在"五四"前后的新文化思潮。该思潮引进了西方语言中心主义的立场，把文字看作是单纯的记录口语、承载语言的科学工具，因此将是否有效地记录语言和口语看作是文字优劣的唯一标准。根据此标准，远离口语的汉字成为五四新文化运动先驱们的众矢之的。废除汉字、提倡文字拉丁化和白话文，进而对中国传统文化进行颠覆，这成为"五四"时代的主流思潮。我们将这种思潮称之为"去汉字化"运动。此后直到上个世纪80年代，"去汉字化"一直是中国学术和文化界的主流意识形态。80年代起，去汉字化所造成的传统断层越来越受到关注和批评。不断有学者强调写意的汉字与写音的字母之间的文化差异，认为汉字是独立于汉语的符号系统，要求对汉语、汉字文化特性重新评估，提出艺术、文学创作的"字思维"或汉字书写原则，而中西文化的差异在于"写"和"说"、"字"和"词"。对去汉字化和全盘西化的批判，越来越表现出回归汉字的情绪，"再汉字化"思潮初露端倪。

上个世纪八九十年代的文化语言学，是"再汉字化"思潮的先声。文化语言学把语言学看作是一种人学，把汉语言文字看作汉文化存在和建构的基本条件。作为中国现代语言学中以陈望道、张世禄、郭绍虞等前辈学者为代表的本土学派的研究传统的继续，文化语言学强调汉字汉语独特的人文精神，强调建立具有中国特色的语言学，在文史哲融通的大汉字文化格局中研究汉语，尤其注重汉语中的语文精神即汉字所负载的传统人文精神的研究。郭绍虞是最早提出汉语的字本位性的学者，文化语言学派继承了这一传统，并在进入21世纪后逐渐汇通中国社会科学诸领域，进一步形成文化批判和文化建设两大主题。

文化批判方面的思考主要有：批评五四以来汉语研究的西方科学主义立场（申小龙，1989、1998、2003），五四以来现代汉语研究是"印欧语的眼光"（徐通锵，1998），将五四以来的新文化运动归结为"去汉字化运动"（孟华，2004），五四以来中国学术在西方文论面前患了"失语症"（曹顺庆，1996），五四白话文运动过于强调语言的断裂性，要对20世纪以来的中国文化走向进行重估（郑敏，1998），反思现当代文学中的"音本位"和"字本位"思潮（郜元宝，2002），对八九十年代出现的以汉字本位为特征的"母语写作"思潮进行总结（旻乐，1999），《诗探索》从1995年第2期起开辟专栏，发表了大量有关"字思维"的文章。有论者认为，关于母语思维与写作的讨论，"将是我们在21世纪的门槛前一次可能扭转今后中华文化乾坤的大讨论。"（郑敏语）

文化建设方面的思考主要有：强调汉字对汉语的影响及汉语的字本位性质，提出文化语言学理论、汉字人文精神论（申小龙，1988、1995、2001）；提出字本位语言理论（徐通锵，1992、1998；苏新春，1994；潘文国，2002）；提出或倡导文学的"字思维"原则（汪曾祺，1989；石虎，1995；王岳川，1996）；提出汉字书写的"春秋笔法"是中国学术的话语模式（曹顺庆，1997）；中国经学是"书写中心主义"（杨乃乔，1998）；提出以汉字和汉语的融合为特征的"语文思维"概念（刘晓明，2002）；提出中西文化的差异在于"写"和"说"、"字"和"词"（叶秀山，1991）；提出汉字是华夏文明的内在形式，强调汉字与汉语的关系既是汉语的最基本问题，也是汉文化的基本问题（孟华，2004）。

"再汉字化"思潮或中国学术的"汉字转向"的核心问题是汉字与

汉语、汉字与汉文化的关系以及汉字在这种关系中的本位性。

中国历史上重大的文化和学术转型都是围绕汉字问题展开的，抓住这一点，中国学术和中国思想史的许多根本问题就会迎刃而解。而在西方国家，由于使用拼音文字，西方学术界普遍将文字看作是语言的工具，文字学甚至不是语言学内部的独立学科。国内学术界自五四新文化运动以来引进了一种西方语音中心主义的文字学立场，将汉字处理为记录汉语的工具，汉字的性质取决于它所记录的汉语的性质，汉字独立的符号性及其所代表深厚的人文精神被严重忽视。重新评估汉语言文化的汉字性问题就是文化语言学的"再汉字化"立场。它不是简单地对传统语文学的肯定和回归，而是要求重新估价汉字在汉语言、文学、文化研究中的核心地位及其利弊，以实现中国学术与西方学术的差别化和对话：一方面使自己成为西方学术的一个有积极建设意义的"他者"，同时又使西方学术成为中国学术的积极发现者。因此，中国学术21世纪面临一个"汉字转向"的问题：汉语和汉文化的可能性是建立在汉字的可能性基础上的，这是中国学术，包括汉语言、文学、历史、哲学、文化存在的基本条件。这种"再汉字化"立场，是中国文化语言学为世界学术所贡献出的最为独特的东方理论视角。

"再汉字化"转向，也顺应了世界学术的大趋势。当代世界学术经历了两个重要的转向，一是语言学转向、二是文字学或图像转向。

所谓语言学转向，主要表现在文史哲诸人文领域开始思考世界存在的条件是建立在语言的可能性基础上的，文学、史学、哲学都开始关注语言问题，并从语言学那里吸取方法论立场。复旦大学的文化语言学在八十年代举起了中国学术语言学转向的大旗，其语言文化哲学思想在中国哲学界、文学界等人文学科领域均产生了重大影响。

所谓的文字学转向，一般认为肇始于法国哲学家德里达的解构主义哲学。他的"文字"概念是广义的，泛指一切视象符号，如图像、雕塑、表演、音乐、建筑、仪式等等，当然也包括汉字、拉丁字母这样的狭义文字。德里达的基本观点是，现实、知识、真理和历史的可能性是建立在"文字"的可能性基础上的。因此，文史哲在考虑自己研究对象的存在条件时，由对其语言性的思考再进一步转向对语言、文字、图像三者关系性的思考。因为现实、历史和知识不仅仅是以语言为存在条件的，文字、图像也同等重要（在今天的"读图时代"尤其如此）而且更易被忽视。在世界文化格局中，汉字是一种极为独特的符号系统，它处在语言和图像中间的枢纽位置，它既具有图像符号的视觉思维特性，又具有语言之书写符号的口语精神。中国文化的汉字本位性一方面抑制了中国传统文化的图像思维，又抑制了汉语方言的话语精神，汉字自身替代了图像、话语，成了中华民族历史、文学、知识、思维、现实存在的最基本条件。这就是汉字的"本位性"问题。该问题构成了中国学术、中国文化最核心和最基本的问题，学术界和文化界对该问题的觉醒和重新阐释，这就是"汉字转向"或"再汉字化"。中国文化语言学在引领中国上个世纪末的"语言学转向"之后，再次擎起"文字学转向"的旗帜，这是时代所赋予的不可推卸的历史责任。

三、本丛书的基本观点

本丛书提出的汉字文化新视角，基于这样一种学术理念：语言（言）、文字（文）和视象符号（象）三者构成了文化的核心要素和条件。中国语言、学术、文化的基本问题是一个汉字问题，即以汉字为枢纽，在言、文、象三者的对立统一关系格局中研究其中的每一个要素，并将这种以汉字为本的言文象三者既分离又统一看作是中国学术、中国文化存在的最基本条件。它要求我们冲破传统学科分治的壁垒，在一个大汉字文化观的格局下进行学术研究。这种学术立场也可叫做"新语文"主义。

以"再汉字化"研究为宗旨的汉字文化新视角丛书，具体围绕四个基本主题：

一是汉字文化特性的研究，选题有《汉字思维》（申小龙等）；

二是汉字的语言性研究，选题有《汉字的语言性与语言功能》（苏新春）；

三是汉字的符号性研究，选题有《汉字主导的文化符号谱系》（孟华）；

四是汉字书面语研究，分为三个层次：

1）现代汉字书面语的历史发展研究，选题有《"北京官话"与汉语的近代转变》（武春野）；

2）现代汉字书面语的文化特性研究，选题有《书写汉语的声音——现象学视野下的汉语语言学》（朱磊）；

3）现代汉字书面语的网络形态研究，选题有《中国网络言说的新语文》（申小龙、盖建平、游畅）。

本丛书的出版，预示着中国语言文化研究在一个世纪的"去汉字化"的历程之后，"再汉字化"的世纪转向。这一转向的本质就是在中国文化的地方性视界和世界性视界融通的过程中，重新确认汉字在文化承担和文化融通中的巨大功用和远大前景。

申小龙　孟华

2013年8月30日

第一章　对文字语言性质的思考

　　谈文字与语言的关系，谈文字的语言性质，不能不说到瑞士语言学家费尔迪南·德·索绪尔的《普通语言学教程》。"语言与言语"、"共时与历时"、"能指与所指"是结构主义语言学的三大理论基石。索绪尔在"能指与所指"的范畴内阐述了文字与语言的关系，对整个20世纪世界语言学产生了重要影响。索绪尔在论述文字与语言关系时谈到了汉字，因此他的理论也就成为中国语言学中汉字研究所必须征引的理论。主张改革汉字、走汉字拼音化道路的学者引用它，主张汉字不同于西方拼音文字、坚持汉字本来性质的学者也引用它。那么到底该如何来理解文字与语言、汉字与汉语的关系呢?《普通语言学教程》成为绕不开的一部经典。

第一节　索绪尔的文字观

一、能指与所指理论下的文字观

　　在索绪尔的三大理论基石中哪一个更重要? 是"语言与言语"吗? 有可能，在此之前都是语言与言语混沌杂糅，从来没有过清晰地将全民的与个人的、普遍的与个别性的语言成分加以区分。索绪尔做到了，分出二者后将言语抛开，专心致志于语言研究。是"共时与历时"吗? 也有可能，在此之前都是将静态与动态杂糅，动观中有静物，静观中有动态，从来没有将客观、静态的语言体系完整地描绘出来。但相对于"能指与所指"，似乎都没有像后者那样的影响来得更深远。

"能指与所指"是用来解剖一个具体语言成分是如何构成的。为了实现这一步，首先要做到的是应该确立语言是一种符号系统的观点。

"语言是一种表达观念的系统，因此，可以比之于文字、聋哑人的字母、象征形式、礼节形式、军用信号，等等。它只是这些系统中最重要的。"[1]

"确定符号学的恰当地位，这是心理学家的事。语言学家的任务是要确定究竟是什么使得语言在全部符号事实中成为一个特殊的系统。"[2]

做到了这一步后，下面要做的事就是来论述语言符号是如何构成了。语言符号是由两部分构成的："语言符号连结的不是事物和名称，而是概念和音响形象。"[3]"因此语言符号是一种两面的心理实体，我们可以用图表示如下：

我们把概念和音响形象的结合叫做符号。……我们建议保留用符号这个词表示整体，用所指和能指分别表示概念和音响形象。"[4]

能指指的是语言的形式，这里指的是语音；所指指的是语言的内容，这里指的是语义。当然后来人们讨论到的语言形式和语言意义都有扩大，语言形式还包括"语法形式"和"文字形式"，语言意义还包括"语法意义"和"语言文化意义"。[5]

索绪尔将符号、语言符号分出能指与所指，并没有到此结束，更重要的是深刻阐述了能指与所指二者之间的关系："能指和所指的联系是

---

[1][2][3][4][瑞士]费尔迪南·德·索绪尔：《普通语言学教程》，高名凯译，岑麒祥、叶蜚声校注，商务印务馆1980年版，第37页、第38页、第101页、第102页。

[5]苏新春：《当代中国词汇学》，广东教育出版社1995年版。

任意的，或者，因为我们所说的符号是指能指和所指相联结所产生的整体。我们可以更简单地说：语言符号是任意的。"[1]（法语中"姊妹"这个词的观念）"和这串声音没有任何内在的关系；它也可以用任何别的声音来表示。"[2]

任意性原则成为解释能指和所指关系的最重要原则。它在索绪尔理论中具有重要的地位。它深刻地影响到了一系列有关语言问题的理论认识，如"语言的线性规律"、"语言的组合性与聚合性"。正如书中所言："符号的任意性原则没有人反对。但是发现真理往往比为这真理派定一个适当的地位来得容易。上面所说的这个原则支配着整个语言的语言学。它的后果是不胜枚举的。"[3]

任意性原则不仅用来解释了语言符号，而且还能解释一切符号的构成。

"那些以完全自然的符号为基础的表达方式……它的主要对象仍然是以符号任意性为基础的全体系统。事实上，一个社会所接受的任何表达手段，原则上都是以集体习惯，或者同样可以说，以约定俗成为基础的。例如那些往往带有某种自然表情的礼节符号（试想一想汉人从前用三跪九叩拜见他们的皇帝）也仍然是依照一种规矩给定下来的。强制使用礼节符号的正是这种规矩，而不是符号的内在价值。所以我们可以说，完全任意的符号比其他符号更能实现符号方式的理想；这就是为什么语言这种最复杂、最广泛的表达系统，同时也是最富有特点的表达系统。正是在这个意义上，语言学可以成为整个符号学中的典范，尽管语言也不过是一种特殊的系统。"[4]

文字是符号的一种，当然文字也受到这一规律的覆盖。文字与语言之间存在着任意性关系，对此索绪尔的论述是再清楚不过的：

"语言和文字是两种不同的符号系统，后者唯一的存在理由是在于表现前者。语言学的对象不是书写的词和口说的词的结合，而是由后者单独构成的。但是书写的词常跟它所表现的口语的词紧密地混在一起，

[1][2][3][4]［瑞士］费尔迪南·德·索绪尔：《普通语言学教程》，高名凯译，岑麒祥、叶蜚声校注，商务印务馆1980年版，第102~104页。

3

结果篡夺了主要的作用；人们终于把声音符号的代表看得和这符号本身一样重要或比它更加重要。这好像人们相信，要认识一个人，与其看他的面貌，不如看他的照片。"[1]

上面三句话，第一句话以定义的方式对文字的性质做出了严格的界定。后两句只不过是对文字符号重要性的进一步说明。

因此，我们完全有理由认为，"能指与所指"观是索绪尔三大理论支柱中影响更为深远的一个。在语言内部，它深入地揭示了语言符号形成的机理；在语言外部，它深刻揭示了所有符号的本质特征。索绪尔和他的《普通语言学教程》成为符号学的奠基者和经典，也就毫不奇怪了。

二、表音文字与表意文字的二分文字观

在上面的论述中我们已经十分相信索绪尔对文字性质的看法了，这里论述的完全是文字的"普世"性质。这种情况不仅仅于文字，也不仅仅于语言，而是包括所有的"一个社会所接受的任何表达手段"。可在这之后不久，索绪尔却很快做出了足以对上述论述产生足够怀疑的论述：

"只有两种文字的体系：

（1）表意体系。一个词只用一个符号表示，而这个符号却与词赖以构成的声音无关。这个符号和整个词发生关系，因此也就间接地和它所表达的观念发生关系。这种体系的典范例子就是汉字。

（2）通常所说的'表音'体系。它的目的是要把词中一连串连续的声音摹写出来。表音文字有时是音节的，有时是字母的，即以言语中不能再缩减的要素为基础。"[2]

"我们的研究将只限于表音体系，特别是只限于今天使用的以希腊

---

[1]［瑞士］费尔迪南·德·索绪尔：《普通语言学教程》，高名凯译，岑麒祥、叶蜚声校注，商务印书馆1980年版，第47~48页。

[2]［瑞士］费尔迪南·德·索绪尔：《普通语言学教程》，高名凯译，岑麒祥、叶蜚声校注，商务印书馆1980年版，第50页。

字母为原始型的体系。"[1]

一句"我们的研究将只限于表音体系",反映出作者的慧眼独具,更加的严谨?还是前后冲突,有所纠正?这是值得深思的。

三、对汉字的"睿智"与准确

索绪尔在将文字体系一分为二后,对汉字的性质、作用及与语言的关系作了详细论述。如果把文字的符号性质是否具有普世性与是否只适用于表音体系的疑问暂时收藏起来,不得不承认这些论述是相当精彩。它准确地揭示了汉字的若干重要特征。

"书写的词在我们的心目中有代替口说的词的倾向,对这两种文字的体系来说,情况都是这样,但是在头一种体系里,这倾向更为强烈。对汉人来说,表意字和口说的词都是观念的符号;在他们看来,文字就是第二语言。在谈话中,如果有两个口说的词发音相同,它们有时就求助于书写的词来说明他们的思想。"[2]

尽管前面说无论是表音文字还是表意文字都有"书写的词在我们的心目中有代替口说的词的倾向",这是由于两种文字在形成后都有定型、以形示意、脱离于语言愈远的特点,这是其共性,看上去似乎表音文字与表意文字又走到一起了,但后面所说到的"对汉人来说,表意字和口语的词都是观念的符号",这里就出现质的差异了。"口语的词是观念的符号","表意字也是观念的符号";"对汉人来说,文字就是第二语言";"(克服口说的词的同音现象)求助于书写的词来说明他们的思想",就不能再看做也适用于表音文字了。在这里,汉字与表音文字的差异不再只是程度的差异了。

我们现在还不能准确得知索绪尔对汉字的知识积累到了何种程度,但这样的论述却不能不让我们感到索绪尔对汉字的认识虽然是高度概括,却是相当准确;虽然是并列述说、阶递论证,可前后二者之间却是有着本质的差异。

---

[1][2][瑞士]费尔迪南·德·索绪尔:《普通语言学教程》,高名凯译,岑麒祥、叶蜚声校注,商务印务馆1980年版,第51页。

第二节　对索绪尔文字观的思考

前面从三个方面论述了索绪尔的文字观，从语言到符号，从符号再到文字，论述的是文字的普遍性质；从表音文字和表意文字的二分，论述的是文字体系内部的两种文字类型；从汉字是"观念的符号"，到是汉人的"第二语言"，论述的是汉字的独特性。我们会发现索绪尔的这些令人惊叹、钦佩的论述中似乎存在着某种难解的矛盾。

一、"约定俗成"与任意性之间的不等式

在索绪尔的笔下，任意性与"约定俗成"是等义的。在书中，"符号任意性"、"集体习惯"、"约定俗成"、"规矩"、"强制"，多次出现，几乎是在话语中进行着一种同义反复。以至于后来人们在使用到任意性、无理据性、约定俗成性时差不多是不加区别的了。

其实，这二者之间的差异是相当大的，将二者混同而论是不恰当的。符号的任意性所要解决的是这个符号的能指与所指之间是无理据的，与它相区别的是"物征"。最典型的莫过于"炊烟"与"狼烟"的例子了。点柴煮饭必有烟，这是物征，是必须出现的现象；而狼烟之于边乱报警来说则是一种符号，报乱报警可以用狼烟，也可以用消息树，还可以鸣锣响鼓，这是一种规定。前者是物征，后者是符号；前者是有理据的，后者是无理据的。在符号的能指与所指之间如何建立起联系，在无理据的能指和所指之间如何建立起联系，靠的是约定俗成，靠的是规定，靠的是强制，这应是索绪尔的理论。

可是"约定俗成"的真正含义并不是无理据，而应是有理据的，尽管这种有理据往往表现为一种看上去似乎是集体无意识的东西。集体无意识只是就其感觉来说，但为什么是这样而不是那样的集体无意识，仍是属有解的。中医的"望闻问切"，观察到的那些人体外观现象，是一种必然，是一种"物征"，仍可解决许多"约定俗成"的东西。至于由人们的社会活动而留下的许多文化现象，则更是一种以集体无意识表现

出来的有意识。如汉民族古代的三跪九叩，现代的作揖拱拳、握手与拥抱、吻颊与吻脸，都各有其用，各施其境。

尽管索绪尔把"约定俗成"限定在声音与意义的结合上，但"约定俗成"本身却包含着与无理据、任意性绝不相同的含义，更由于语言在形成过程中，并不仅仅停留在音义结合的阶段，而是更多存在于前后相连的有理据阶段。因此，用"约定俗成"来作任意性的同义替代用语，显然是不恰当的。

这种不恰当，用在汉字身上容易导出严重的误会。因为一个汉字选用什么样的字形是有着强烈理据性的。如"屮"像小草嫩芽，"鸟"像侧视之飞禽，"鼠"像老鼠之头、爪、尾之勾勒。虽然在一个汉字的字形相争的定夺中会表现出差异性、选择性，或是约定俗成性，但其"近取诸身，远取诸物"、"凡山必言山"、"凡水必言水"，却是形与义之间的必然。

二、二分法与"能指所指"的抵牾

索绪尔在由符号到语言符号，由语言符号到文字符号，贯彻其中的是能指与所指之间的任意性，"文字是语言符号的符号"的观点已深入人心。但在分出表音文字和表意文字两种文字体系之后，一句"我们的论述将只限于表音文字"却给读者带来无尽的迷惑。这里所说的"论述"是指什么样的论述？包括哪些内容？是否涉及文字的符号性质？

之所以会生出如此疑问，是因为表音文字与表意文字的差别是非常大的。索绪尔在论述两种文字体系差异时已经非常清楚地看到了这一切。下面是他的论述要点：

	表音文字	表意文字
文字形式	一连串字母	一个符号
声音	与声音有关	与声音无关
语言对象	音节或音素	词
观念	与观念无关系	与观念有关系

人们在谈论表音文字与表意文字的字形差异时，一般还会说到它们的基本笔画是一个是弧形，一个是"一""丨""丿""丶""乙"，其实这是纯字形学范围的，属于"非区别性语义特征"。只说到表音与表意，又似嫌太笼统。其根本差异在于指向语言的途径不同的背后，所连接的语言要素是不同的。表音文字连接的是语音，表意文字连接的是语义；字母文字连接的是语音中的音素，汉字连接的是语言单位中的语素。而这样的差异，都不是能指与所指论所能完全涵盖得了的。

三、文字与语言相适性的价值

索绪尔的文字观中最值得我们重视的是文字与语言相适应的认识。两种文字体系所显示出来的根本差异集中在连接的语言不同成分这点上。如果只是注重字形，就会把注意力放在弧笔还是横竖撇点折上。而索绪尔关注的都集中在文字与语言的相应性上，这对我们认识汉字与汉语的关系带来极大的帮助。

"一个符号"：表现为一个个独立的方块字。一个汉字一个字形，字与字独立，字与字不相连。看起来这是纯字形问题，其实正是由于独立的方块形，与语言中承载它的语音单位——音节，与语言中独立表意的单位——语素，发生了密合的关系。

"词"：词是语言中最小的完整表意与独立运用的单位。随着语言的变化，随着词汇长度的变化，对"独立运用"可做出从宽认定，把汉字表示的语言单位由"词"调整为"语素"是合适的。

"与观念有关"：与观念有关即与表意有关。这里有两重含义，一是直接对应着的语言表意单位，因为词也好，语素也好，都是语言的一级表意单位。二是汉字字形的直接示意。

"与声音无关"：这是"与观念有关"的对立物。表音文字是由声音而表意，表意文字是不通过声音、不依助于声音的直接表意。

以上的这些认识是我们认识汉字性质、汉字的语言功能的一个重要出发点。

四、汉字研究对索绪尔理论的选择性吸取

索绪尔的文字观对中国现代语言学中的汉字研究产生了重要影响，可其影响并不是一致的，而是论战的双方都在这里寻求到了支撑。主张汉字拼音化的引用了索绪尔的一部分语录，主张汉字独立于世界拼音文字之林的引用了索绪尔的另一部分语录。前者引用的是"文字是语言符号的学说"，后者引用的是"我们所研究的仅限于表音文字"的论述。是索绪尔理论的博大？还是先前的博大与尔后的退缩？抑或是对表音文字的专好与对表意文字的谦虚？这些都不得而知了，但它对汉字研究所产生的触动和启发，却是不容忽视的。

第三节　汉字表意与字母表意之辨

文字表示的都是语言，文字都有表意的作用，可"归"相同却"道"迥异。为了更好地认识汉字的表意作用，下面将表意的汉字与表音的字母两大文字体系作一比较。

一、两种传递路线，两种传递效果

语言的最原始状态，都是表现为口头上的交际符号，因此，意义与语音也就成为语言的两大基本要素。作为语言系统中的单个、基本的语言单位——词，它具有义与音两个方面，合起来构成一个完整的独立要素。但人类对语言的使用不限于口头的范围，它还要被记录下来，将语音凝固物化，成为书面语，进行空间、时间范围更宽广的交流。这时文字也就出现了。在语言的语法、词汇、语音几大要素中，文字对应着词汇，对应着单个的词。

1. 视觉传意与听觉传意

文字是如何与词发生联系的呢？根据现有的文字来看主要有两种类型：表意文字与表音文字。所谓的表意文字主要与词的意义发生联系，

通过对词义的揭示来反映语言。所谓的表音文字主要与词的语音发生联系，通过对词音的揭示来反映语言。词有音与义的两面，语音是词的形式，意义是词的内容，通过二者中的任何一方都可以达到反映一个词的目的。从目前的文字体系来看，绝大多数都是通过语音来反映词，属表音文字体系。汉字则属于通过意义来反映词的，属表意文字体系。

表意文字是通过对意义的揭示来反映词，它主要作用于人们的视觉。人们可以通过一定的文字形体来直接窥伺到意义之所在。学习汉字，主要也就是在汉字字形与意义之间建立牢固的联系，语音的学习在汉字学习中占据次要地位。由于语言意义数量的众多，因而汉字字形的数量也很庞大，要达到基本能用的程度一般都要几千个汉字才行。

表音文字是通过对语音的揭示来反映词，它主要作用于人们的听觉。学习字母文字，主要是在字母的读音与词的读音之间建立牢固的联系，然后再与词的意义建立联系。由于一种语言中语音的基本单位是有限的，因此字母的数量也不会太多，而整个表音文字体系的关键则在通过字母的组合来表达语音的组合，从而达到反映词的目的。由于字母文字与实际读音的大体相似，因此在表音文字的国家，学龄儿童对由已熟悉了的口语过渡到有符号的书面语，相对比较容易。

2. 可视性的一分为二

既然作为文字，也就都具有可视性，那么表意文字与表音文字的可视性有什么不同呢？

首先从可视的对象来看，字母文字的可视性是指记录实际词音的语音符号组合体。由于文字与词之间的密切而牢固的联系，人们对文字通过什么样的中间途径来反映词一般是忽略了的，这主要是对表音文字而言的。对表音文字由字母到语音再到词义的语音这一环节已经快到察觉不出来的地步。表音文字的可视仍在于将一个口语词的实际读音固定下来从而完成对整个词义的显示。表音文字一般都可以从它的字母直接读出它的实际语音，而表意文字则从它的字形难以直接显示或拼读出实际语音。

其次，这两种文字体系中的可视性差异还可以从单个文字的整体性进行分析。表意文字的可视性着重在突出这个字的整体性，一个字形就是一个抽象程度极高的图画，多一笔少一点，左右相错、上下重排，都可以形成另一个截然不同的字词。它重在集合性，强调立体感，有人喻之为"集成电路"，是有一定道理的。而表音文字的可视性则将实际口语中的读音按先后顺序进行连续的排列。它强调的是表音顺序的"线性关系"。如果说"线性关系"是语言中带有普遍意义的特征，那么在文字体系中，它也是表音文字的基本特点。

由于表意文字的表意性质和独特的可视性质，因此，表意文字的汉字更适合于视觉起作用的阅读活动。在汉字世界中，早就存在"一目十行"、"对角斜视"的说法。已有的实验活动也证明汉字的阅读速度要快于英文的阅读。由于单个汉字的整体性，可视的内容丰富，也使得汉字所记载的书面汉语具有简略的特征。这就是袁晓园先生多次谈到的亲身感受，联合国总部中的同样一份文件，用几种不同的工作文字语言来记载，总是以汉字汉语所记载的文本为最薄。这种现象，既有汉语的因素，也有汉字所起的作用。

3. 两种传递路线，两种稳定效果

汉字是不是具有稳定性强、超越时空的作用，并进而对汉民族的稳定与统一起到了一定作用，这在一个时期内曾有人表示过怀疑。其实从汉字传意的角度和性质来看，它是具有这种作用的。上面分析过，汉字对口语词的反映方式不是取口语词的语音而是直接与词义内容发生联系。在语言的各个要素中，语音变化是明显、迅速的。汉语历史上曾多次发生过明显的语音变化，一个汉字也有着古今不一的读音。取语音来作为文字的直接表达对象，肯定要面临着对象的灵活变化而难以稳定下来。

汉字字形的高度稳定掩盖了古今语音的巨大变化，也掩盖了南北东西辽阔地区的明显语音差异。"十里一音，百里一调"的中国南方，语音之别是相当突出的。北方的语言学家来到广州，初来乍到，上街既不敢购物，也不敢问路；闽南闽北不能对话，赣南赣北难以交流，这都是语音差异的明显表现。可是他们生活在一个社会，凭着文字相交无碍。

这就是汉字的功劳。就好像失聪的两个人，都能借助于笔和纸，借助于写出来的字，照样能开展正常的交流。

凭借意义而不是语音，是构成汉字体系存在和发挥作用的根本所在。由形及意成为维系这种文字社会的基础。汉字由于独特的表意方式，它与一个社会、一个民族之所以构成的历史、社会、文化等基本因素之间发生了默契的对应关系，它在古今旷远、南北迥异的中国明显起到了在一般的文字社会中难以看到的、附加在文字身上的超文字功能。汉字的文字性质与中国的基本国情在这里产生了有效的统一。

表音文字作为一种文字，也有作用于视觉的一面，也有着稳定的属性。但由于它所追求的是与口语语音的一致，而口语语音的不稳定性也就影响到表音文字不太稳定的性质。当然这里首先要说明的是，表音文字的不太稳定是相对于表意文字的超强稳定性而说，而不是说表音文字在一定的时间范围内、在一定的空间范围内稳定与统一作用都消失了。所以要强调这一点，因为在理论界确实有人把这个常识作为自己的"武器"来"指斥"对方的"幼稚"。表音文字的不太稳定，可以从阅读古代英文书籍略窥一斑。莎士比亚的著作在英文世界中算得上是古文了，能读懂它就算具有了相当的英文基础。而莎士比亚距今四百多年，在中国却只有一个朝代之隔。虽然那时的口语可能跟现在已有差异，但在书面语中，学先秦之文、两汉之赋、唐宋之诗词，才是学习古代汉语的正经事，四百年前的明代文章还算不上"古"汉语的范围。

追求表音文字与实际口语的一致，也使当代的英语学家们吃尽了苦头。20世纪上半叶英美的一些学者主张"文""语"的一致，并且实践起来，在他们主编的报刊上，"新文""新词"日新月异。结果是读者叫苦不迭，编者苦不堪言，最后不得不宣布放弃这种主张。这也说明，离实际语音有一定距离的文字也就具有了一定的稳定性。字母与音标的不对等、字母读音的多样化、字母拼合的累赘化、落后于语音的滞后性，都说明这种距离的存在。这种距离与稳定性是不是成正比关系呢？是一个很值得验证的课题。不过对表音文字来说，表音的形式与实际语音的距离超过一定的度，它的性质也就要发生变化。它的这一特征与表意文字一样，文字与表意对象产生出一定距离后，也就要向自己的反面、向标音化方向转化。要求表意文字与表音文字都要做到与所示对象严格一致，只能是一种"理论"、"理想"的境界。

上面我们从文字表词的角度、人们感知汉字的侧重点、不同表词角度所具有的不同传意效果等几个方面，比较了表意与表音两种文字体系的不同，其中着重谈的是汉字表意上的特点。那么迥异于表意文字的表音文字其主要特点又是什么呢？表音文字在表达语言、传递信息上的最根本特点就是与口语保持了一致，具体说来就体现出以下一些特点。

首先，口语是以声音为传递信息的物质外壳，表音文字所记录的就是这种物质外壳。这样文字与口语相一致，据音书写，根据说出来的语音来写"词"，直观方便，中间缩小了"字"与"词"的距离。在表音文字体系中，"字"的概念远远不如汉字中的"字"来得重要。汉字与概念直接发生联系，一定的字形表示一定的概念，需要人们做出一定的努力才能建立起这种联系。而表音文字与语音直接发生联系，语音是人们在接触具体语言时首先会遇到的。这种直观性，使得人们记录语言成为比较方便的事，它缩小了书面语与口语的距离。在学好了口语的基础上，再来学习书面语不会感到太难。在这个意义上说，在表音文字的社会中文盲确实比较容易消除。不像在汉语社会中，在具备了一定的汉语口头表达能力后，如果不经过一定时间专门的汉字学习，还掌握不了使用书面语的能力。这种"一定时间专门学习"的限制，也就使得汉语世界的"文盲"较之于表音文字社会容易产生。这正是汉字改革论者当初的最大初衷之一。

其次，一种语言所拥有的词语量是一个相当庞大的数字，但一种语音系统的最基本的音素却是数量有限。词语在语音上就是表现为音素的组合。以数量有限的音素作为文字的记录对象，还是以数字庞大的语素作为文字的记录对象，里面有着巨大差别。在语言中，任何一种类型的组合，高一层的组合物比起低一层的语言单位来说，里面都会呈现几何式的增长。音素型的表音文字将自己最基本的字形个体与语音中最基本单位音素形成了大体上的一对一关系，这样它的文字体系中的基本单位也就与它的语音音素一样，出现了低数量的状态。表音文字的"基本单位"就是字母。一种表音文字的字母数量有限，它的结构简单、形体鲜明、笔画少、书写容易。对学习者来说，掌握几十个字母可以在一天或几天内完成。字母的奥秘在于组合。几十个字母凭着相互之间极为灵活的组合，演化出了数十万个字母的组合物"词"。这样在表音文字的体系中，由口语中的"语"到书面语中的"文"、由口语中的"词"到书面语中的"字"，中间的转化就容易多了。这种转化的关键在字母到字母组合体之间，因此表音文字中拼写法占有相当重要的地位。拼写法在汉字体系中却微不足道，它主要体现在单个汉字内部的笔画书写顺序上，由五种具体笔画来构成一个个独立的汉字。当一个个具体的汉字形成之后，汉字需要的是观念活动上的"意合法"，而不是重于目治的"拼形法"。

再次，国际通用性强，与科技界有较大的相通性。现在世界上除了汉字外，使用的都是字母型的表音文字。像阿拉伯字母、斯拉夫字母都是影响范围很大的，而流行最广的是拉丁字母。由于使用拉丁字母的英美社会经济、科技都比较发达，它们的经济生产、意识形态、政治体制在世界上都占有极重的分量，特别是科技发达，使得他们的科技语言几乎成为世界的统一语言。以拉丁字母为记录工具的英文成为真正意义上的"世界语"。据统计，英语完成着世界语言交际量的80%。这样，拉丁字母与英语，拉丁字母与科技界，都有着极为密切的关系，二者之间的互动，使得以拉丁字母为代表的表音文字在世界上成为主角。它把汉字常常逼迫到好像是处在"世界潮流"之外的自窘地位。这也就是汉字改革论者的又一个极为沉重的历史紧迫感。

二、汉语拼音化难以逾越的最大障碍

表音文字的这三个特点昭然在焉，成为近现代汉字改革论的几个主要论据。使汉字向世界性的表音文字靠拢成为百年来汉字改革运动的最大愿望。这种愿望在目前仍只是愿望，它在将来会不会成为现实，这是还有待后人去努力、去验证的事情。但从已有的实践来看，汉语丢掉汉字，改用字母，最大、最难以逾越的障碍很可能就是语言中的"同音词"、拼音文字中的"同音字"问题。

汉语中的同音词多，主要原因有两个：

第一，音素之间的搭配有着比较严格、固定的要求。从音素的数量来看，汉语比起英语的音素数量并不见少。但后者的音素搭配自由得多，没有严格的辅音前、元音后的要求，也没有复辅音不能连排的限制。如英文可以是几个辅音与一个元音的结合：other［ˈʌðə］、please［pliːz］、scratch［skrætʃ］；也可以是几个元音一个辅音的结合：pair［pɛə］，easy［ˈiːzi］。多音节词特别多，如二个音节的scholar［ˈskɔlə］、三个音节的scholastic［skəˈlæstik］、四个音节的satisfaction［sætisˈfækʃən］、五个音节的satisfactory［sætisˈfæktəri］等。音素的数量相差不大，汉语有辅音22个，韵母38个，英语的辅音有28个，元音有20个，但英语的音素组合方式多、组合物（音节）多，汉语的组合方式固定、组合物（音节）少，造成了英语的音节数量比汉语要多得多。都是单音词的情况下，前者表现为组合灵活的多音素单音词，后者表现为组合规整的少音素单音词。

第二，汉语音素组合出最初的一级语音单位音节后，就往往投入到实际交际中。这里暂且称之为具有了一次性使用的环境，即一个音节直接与一个单音词挂上了钩。汉语中的原始词都是单音词，先秦两汉的汉语中，单音词占了绝对优势。就是在现代汉语，从数量上看是双音词占优势，但高频词、基本词仍然是单音词。单音节充当词的物质外壳，使得语言中物质外壳的潜能无从发挥，有多少音节就只能记载、表示多少个词语。发挥不出音节组合的、具有几何式增长速度的威力。只好用一个音节表示好几个，甚至十几个、几十个的词语，这就在语言中出现了大量的同音词。而英语的音本来就组合自由，音节数总量多，这种自由组合的性能又影响到多音节的组合，使得英语中多音词一直成为词语的主要形式。多音素的单音词、灵活结构的多音词，又使得英语的词语一般都有自己独自的语音物质外壳。这样，就在汉英两种语言中，同音词一个是俯拾即是，一个是偶得一见。同音词成为两种语言中词语差异最大的一个焦点问题。

　　同音词在语言交际中容易造成的不便是显而易见的。在口语与书面语两种形式中，应该说同音词在书面语中所造成的麻烦要大些。因为口语的速度比较快，又有特定的交际环境，分辨起来要容易得多。但仍不能说没有问题，如"张"与"章"的两个姓，人们就往往凭借文字的字形来区别。如果说"张飞的张"或"章太炎的章"，那就是凭词语搭配来完成区别的目的。"交际环境"对辨析词语来说，其实说的就是理解这个词语时对周围条件的一种依赖性。愈是强调"交际环境"所起的作用，也就说明理解这个词愈是对外界有着突出的依赖力。这对快速、便捷、准确地理解一个词语来说不能不是一个障碍。而同音词在书面语中相对要难辨一些。因为可感可触的人情、气氛、场景等特定的"交际环境因素"不见了，只能依赖于用文字记载的上下文。这时文字能不能快速准确地反映一个词的身份就成为至关重要的一环。

　　应该说，在汉语书面语中是比较好地解决了同音词这个问题的。很重要的一个手段就是汉字。在读音上是同音的词语，用汉字记载下来，就成了形体各不相同的方块字。更为重要的是，汉字的字形差异往往又体现出意义所在，从字形上揭示出意义的蕴含，也就是平常所说的汉字"字理"。如果没有"字理"，汉字就很难说是表意文字，那只能说是符号字。现代的简化字，特别是其中的"同音替代"的简化字，其实就已经具有了符号字的性质。这就是简化字往往遭到一些非议的主要原因所在。但是符号字仍与字母有很大的不同。因为符号字大体上仍是为一个或两个词（单音词）找到一个字形，而字母却是以自己灵活的语音组合来反映记载对象。

　　用拼音文字来记录汉语，就意味着要抛弃能够有效地从字形上来区分同音词的汉字，这样做显然是扬短弃长了。汉语抛弃了汉字，就必然要面临着如何处理大量同音词的令人困窘的境地。汉字改革以来，特别是汉语拼音拉丁化以来，解决这个问题的尝试不是没有过。其中谈论得最多的就是利用复合词的组合、利用上下文的词语搭配来创造一种语境。愈是接近口语的行文，愈是"宽松"的语言环境，愈是内容丰富的上下文，辨析同音词就愈是有把握。这种做法不是没有一定的道理，也不是没有一定的功效，但它是冒着一种损失，即失去迅速辨认一个词语的速度。理解语言的速度，理解书面语的迅速，是建立在理解一个个具体词语的速度之上的。当我们对zhong指的是"中"还是"终"，是"忠"还是"衷"，或是"钟"都还不太清楚的时候，如何能立即理解qi zhong是"期中"还是"期终"，zhong xin是"衷心"还是"忠心"，zhong qing是"衷情"还是"钟情"呢？zhong dian是指"钟点"还是"终点"呢？当然，zhong xin geng geng指的是"忠心耿耿"而不会是"衷心耿耿"，但在许多情况下并不是这样轻易的。如qi zhong kao shi是"期中考试"还是"期终考试"就会令人两难。在一个复合词、一个词组，甚至一个短句中，都难以辨析一个音表示的是这个意思还是那个意思，这如何去提高理解语言的速度，如何去追求交际的方便与快捷呢？

单个音节"shi"表示什么意思，这对汉语拼音来说很难回答。但对用汉字写下的"市、柿、铈、视、谥、示、士、仕、恃、侍、峙、嗜、事、世、贳、式、试、轼、拭、弑、室、誓、逝、势、莳、是、释、饰、螫、筮、噬、适、氏、舐、似、殖、匙"来说，却很方便。它们或从"木"与树有关，或从"金"与金属有关，或从"见"与目有关，或从"口"，或从"草"，或从"山"，或从"手"，均一一与各自所指的意义内容或意义特征直接挂上了钩。是一对一的清楚，还是一对三十七的清楚，结论自明。

如果说"shi"在双音节的复合词中搭配就很清楚的话，那么这里也存在一个速度的问题。何况就是由二之音形也不见得就能迅速准确地辨认一个双音词。请看，zhi shi是"指示"还是"指视"，shi zhang是"市长"、"氏长"还是"室长"，shi hao是"谥号"还是"嗜好"，qu shi是"去世"还是"去势"，shou shi是"首饰"、"手势"还是"手拭"，shi li是"视力"还是"势力"，mian shi是"面试"还是"面示"，yin shi是"隐士"还是"隐世"，恐怕也是要费一定的踌躇。是不是扩大词语搭配的规模就一定能解决问题呢，那也不一定。如yin shi bu chu是"隐士不出"还是"隐世不出",从音形上仍看不出肯定答案。当然在更大的上下文中这种辨析总是能办到的,但付出的代价是什么呢?这就不得不让人提出这样一个更根本的问题:这条令人困窘的拼音化道路是不是非走不可?

在音节结构简单、音节数量少的语言中,也面临着同音词多的问题。像日语的音节数就很少。这对学习者来说很方便,可以在短时间内轻易地学会所有的音节,并能用假名给词标音。音节数量少,在词语生成上带来的直接影响就是同音词多。日语解决同音词多这个问题,主要有两种方法,一种就是把日语的表达方式延长。如英语中"I must..."的"must",在英语中是一个音节,译成日语则要写成"しなければならない"。汉语中的"多谢"两个音节,译成日语成了"ありがとうございます"。还有一种方法,就是在日文中夹用汉字。因为汉字是表意文字,见其字而能知其义。大家公认的阅读日语文章速度很快,这就是因为里面夹有汉字,一见其形而能知其义。金田一春彦在他的书中对汉字的表意性质还谈到几个有趣的例子:[1]

汉字第一个重要的性质就是表意性。假名、罗马字只能表音不能表意,而汉字就和假名、罗马字大不相同,在表示发音的同时,也表示意义。由于汉字具有表意的特点,所以能给人留下深刻的印象。譬如:漫步街头,看到在装着硫酸的卡车上写个"危"字,马上会感到危险。如写成平假名"あぶない",或者罗马字abunai是不会像"危"字那样留下危险的印象的。据说作家三岛由纪夫很讨厌螃蟹,到饭馆见到桌子上放的螃蟹,就发怵,甚至脸色大变,即使看见"蟹"这个字也起鸡皮疙瘩。这可能是由于汉字的缘故。如果是平假名,很可能就不会有那种反应吧!汉字就是有如此奇异的力量,是能产生特殊效果的文字。

在日语中使用多种文字,日语文章难排字、难捡字,这也是事实。因此而有人想用假名统一全部的日文文字,取消汉字的存在。但人们发现这是几乎办不到的事,取消了汉字将会对日文的表达内容、阅读难

---

[1]〔日〕金田一春彦:《日语的特点》,李德、陶振孝译,外语教学与研究出版社1985年版。

度、甚至表达形式都会产生相当大的影响。最后仍确定了1006个汉字作为必需的法定文字。

朝鲜推行的汉字是2000个左右。随着韩国与中国的建交，韩国对汉字的重视也超乎于前。韩国的汉字教育振兴会会长李在田发表了《韩中建交和汉字教育》的文章，刊在1992年10月15日韩国的《东亚日报》上。由于韩国曾有过排斥汉字的一段历史，现在来看看他们学者的体会是很有意思的。

与汉字相比，韩国的谚文是表音字，所以几乎没有文盲。但是，表音文字不能表意，韩国语言中的汉字音约占70%，只用谚文表述就有很多同音异义词，所以不使用汉字就难以准确表述。因此，要想准确表述就必须学习汉字。

主张只用谚文的人坚持"只用谚文才是爱国"，并使之成为政策，至今已实行长达40多年。但不仅没有消灭汉字，政府还规定使用1800个汉字，立法、司法和政府部门的主要会议文件、国会议员的名牌、公告等使用的汉字越来越多。教育是为将来进行的。不能由于韩中邦交正常化和人员物资交流急剧增加而作为权宜之计匆匆忙忙地教汉语。语言和文字需要从小时学起。但是在韩国，对学生一生中最聪明的小学6年期间完全不教汉字，只使用完全用谚文写的教科书，让孩子们虚度年华，很是可惜。[1]

韩国历史上曾大量地使用过汉字，40多年前，在国内兴起了废汉字、用谚文的文字改革运动，并把它作为一种政治行为而加以推广。但学术问题、文字问题，并不因某种政治行为的性质而加以改变，废汉字的直接后果就是大大增加了韩国文字中大量的同音异义词，使文字失去了必要的清晰性。现在兴起学习汉字热，表面上看是中韩建交的政治、经济原因，而深层原因却仍是在韩文中使用汉字能提高它们的表达效率。日文、韩文中汉字的际遇说明，汉字作为一种表意文字，它具有辨认度高、信息量大、方便提高阅读速度和质量等优点。汉字的这些长处，也是得到汉语以外的汉字社会所承认的。

---

[1] 李在田：《顺应历史潮流培养竞争力量——韩专家认为加强汉字教育迫在眉睫》，《参考消息》1992年11月4日第3版。

第二章 汉字的性质

　　20世纪对汉字性质的讨论一直就没有停止过。世纪初是讨论最激烈的时期，汉字成为当时社会变革的靶子之一，那时汉字身上载负了太多的政治内容和追求。随着时代变迁，人们对那场讨论给予了更多的历史宽容。80年代讨论再次兴起，这次讨论也很激烈，但基本都是在学术层面上展开。讨论焦点之一就是汉字的性质。发表了数十篇论文，观点针锋相对，各展其理。[1] 1986年在北京召开的汉字问题讨论会，汉字性质也是其中的一个重要话题。[2] 但讨论并没有取得共识，反而激发了更多的人参与其中。[3]

　　讨论中对汉字的性质提出许多不同的观点。有单一判断的，如表意文字说、意音文字说、表音文字说、表词文字说、音节文字说、语素文字说等。还有将几重属性叠加作复合判断的，如商代甲骨文为形意文字，周代以后汉字为意音文字说；古汉字为表形文字，隶变后汉字为表意文字说；古汉字为意音文字，隶变后为意符音符记号文字说；语素—

---

　　[1] 如陆锡兴：《近年来关于汉字性质的讨论》，《语文导报》1985年第10期；刘宁生：《关于汉字性质的研究》，《语文导报》1987年第6期；裘锡圭：《40年来文字学研究的回顾》，《语文建设》1989年第3期；范可育：《汉字性质诸说的分歧及其统一》，《语文论丛》，华东师范大学出版社，1990年版。

　　[2] 中国社会科学院编：《汉字问题学术讨论会论文集》，语文出版社1988年版。

　　[3] 近些年发表的论文有张玉金的《论汉字的性质》，《辽宁师范大学学报》，2001年第5期；苏培成：《汉字的性质》，《廊坊师范学院学报》2001年第1期，詹鄞鑫：《20世纪汉字性质问题研究评述》，《华东师范大学学报》2004年第3期，李运富：《汉字性质综述》，《北京师范大学学报》2006年第1期。

音节文字说等。汉字性质是一个重要的基础问题，对它的认识势必影响到对一系列相关问题的解说。汉字有音有义有形，历史悠久，经历了多个有明显差异的发展阶段，加上持论的角度不同，所着眼汉字内容的不同，都会影响到对汉字性质的看法。下面就对七种观点作些分析。

第一节　七种汉字性质之说

一、汉字是象形文字说

世界三大古文字都是象形文字，即古埃及的圣书字、两河流域的楔形文字和中国的甲骨文。再加上年代短得多的玛雅文字，应该有四种古文字是象形文字。沿用至今的只有汉字。这样的叙述中似乎有一个有很强逻辑的三段论，即汉字是象形文字了。

其实汉字从甲骨文以来的三千多年中，经历过太多的变化，特别是篆与楷的规约，字形的符号化带来的是汉字象形性的明显降低，示意性、会意性增强。真正的象形字只有200多个。但即使是这些象形字，也是符号化、线条化了的。不作专门的诠释，人们对字形所指也并不能一目了然。如"人、手、足、心、目、口、耳、又、犬、羊、牛、鸟、隹、豕、虎、鹿、虫、天、水、石、雨、日、月"等，虽然字理上是"画成其物，随体诘诎"，却仍无法像小篆、甲骨文那样直观明了，更不用说绝大多数的衍生字了。因此，象形文字说只能在解释汉字起源，在解释汉字若干字根的性质时才能起到说明作用，当然这些汉字字根在汉字发展中确实起着极为重要的作用。

二、汉字是表意文字说

汉字为表意文字是一种传统的看法。虽然象形字很少，但后起的指事字、会意字、形声字都以象形的汉字字根为构字基础，如无论是指事字的"视而可识，察而见意"，会意字的"比类合谊，以见指撝"，还是形声字的"以事为名，取譬相成"，它们里面都有个"意"。指事字的"意"是可识可察，是在具体义上生发出来的抽象一些的意；会意字的"意"是合字显意，是靠几个有实在义的字合起来显示的意向；形声字的"意"是以事为名，靠合成字中的字符来显示意类。它们都能表意，差别在于显示"意"的手段不同、方式不同，所显示的"意"的抽象、概括程度也不同。指事字是以象形字为基础，添加的是符号，靠符号来显示与象形字略有区别的意义，其意义与原字义相距不远，意义关联较为直接；会意字是以含有确定意义的字为基础，几个字的字形相合来显示意义的相合，其意义与原字义之间的距离可能较远，意义或近或远，但关联有迹可寻；形声字的形旁义旁，甚至包括声旁，都会显示意义所在，但显示的主要是宽泛的义类，彰显的是同而不异的意。会意字有一千多个，形声字占了剩下的大部分，字与意无关系的假借字才是真正的不同。因此，汉字的表意性向来是得到人们的认可，"凡山必言山，凡水必言水"，"秀才识字识半边"，似乎已成为汉字识字中的一条捷径，靠的就是字形所具有的表意功能。

但在汉字性质讨论中，汉字表意说遭到不少学者的批评。认为"从比较文字学的角度来看，汉字跟古埃及的圣书字和古代两河流域的楔形文字是同类型的。近代研究比较文字学的学者，起初把这种类型的文字称为表意文字。这种类型的文字都包含大量表音的成分，把它们简单地称为表意文字，显然是不妥当的。"[1]"把汉字说成是'表意文字'的观点，也是不能成立的。因为在古今中外一切文字所记录的语言单位中，从来就没有什么单纯的'意义'单位。单纯的可以脱离语义而独立被记录的语音单位有音节、音素，所以世界上有表音文字存在，但单纯的可以脱离语音而独立被记录的语义单位则属子虚乌有。所以，从文字符号记录语言单位的角度来看，我们不仅不承认汉字是'表意文字'，而且还根本否认有所谓'表意文字'存在。"[2]

---

[1]裘锡圭：《汉字的性质》，《中国语文》1985年第1期。
[2]王伯熙：《文字的分类和汉字的性质——兼与姚孝遂先生商榷》，《中国语文》1984年第2期。

细细观之，对"表意文字"说的批评，其中是有可商榷之处的。其一，对一种事物进行性质裁定时，应该依据的是它的基本性质、基本特点，而不可能要求在外延与内涵上做到绝对的整齐划一。古代汉字，固然不少汉字，或是汉字结构中不少成分是表音性的，但这样的成分在数量上所占的比例毕竟有限，而且这种表音性对表意性质的汉字有着巨大的依附性也是显而易见的。其二，说到"表意文字"根本不存在，似乎有变换概念之嫌。所谓的表意文字，是说一个汉字能够通过它自己的字形来揭示、映现、指向某一个或某一种意义范畴，能够通过文字的直观外形上使人们对客观所指之间产生联想。能做到这一点，就应该说它具备了表意文字的基本特征与作用。不能一谈到"意义"，就要求它像语言单位所具有的确切所指那样明了清楚，具有与语音的细致单位音素、音位、音节那样一一对应的表意作用。将文字的表意与语音的表意等而同之，是不现实也是不客观的。其三，说汉字具有表意的性质和功能，只是就字形的示意作用而言的，这并不妨碍汉字还具有其他的性质和功能，如汉字能读能念、能记音写音，它就有着表音的作用。又如汉字能记录汉语，与汉语的语素、词有着记录对应的关系，它就有着反映语言的功能。这些性质、功能，并不是只能取一舍一，非此即彼或即此非彼的关系，而是可以同时存在、并行不悖的。不同的只是人们从哪个角度来观察而已，是单一观之，还是将其进行全方位考察。

三、汉字是表音文字说

力主汉字是表音文字并引起广泛讨论的是姚孝遂先生于1980年提出的观点。姚在《古文字研究工作的现状及展望》中指出："古代汉字，就其文字符号的来源说，也就是从其构形原则来说，它是从象形符号发展而来的。但是，从它的发展阶段来说，它已经脱离了表意文字的阶段，而进入到表音文字的阶段。也就是说，这种文字并不是通过它的符号形体本身来表达概念，而是通过这些文字所代表的语音来表达概念。绝大多数的古文字，其形体本身与所要表达的概念之间，并无任何直接的关系。"[1]论文刊于《古文字研究》第1辑，该辑所收为1978年11月29日至12月8日举行的"吉林大学中国古文字学术研讨会"的会议论文，这次会议是"文革"结束后古文字学界的第一次重要学术研讨会。论文集的第1篇是会议纪要，第2篇是新华社报道，这篇论文位于第3位，可见论文的分量。

姚对这个观点在之后有了进一步的论述："就甲骨文字的整个体系来说，就它的发展阶段来说，就它的根本功能和作用来说，它的每一个符号都有固定的读音，完全是属于表音文字的体系，已经发展到了表音文字的阶段。其根本功能不是通过这些符号形象本身来表达概念的，把它说成是表意文字是错误的。""当前，每在谈论到古代汉字性质的时候，无论是中国的或是外国的学者，一般都把它说成是表意文字。有些是自觉地专文加以申论；有些则是人云亦云，视为理所当然。""作为一种严格意义的文字，它必须是，而且只能是记录语言的符号，它必须有固定的读音，其主要的功能只能是通过它所代表的语音来表达概念。""假若一种文字，它没有固定的读音，单纯依靠原始的图象来表达概念，或者说主要是依靠其符号的形体来表达概念，这就不可能是严格意义的文字，那只能是属于文字的原始阶段。"[2]

姚坚决反对称汉字是表意文字，主张汉字是表音文字的观点，很快就引起了人们的广泛注意，特别是由于他所指的对象是古汉字，较之于现代汉字人们一般都认为古文字的表意性质更为突出。古汉字中确实有不少是假借字，有人估计古文字中假借字所占的比例达到20%，以前也有人就古文字中的这部分数量不少的假借字提出过类似的观点。不过姚的论述并不是针对这少数的假借字，而是针对整个汉字而言。引起人们广泛注意，甚至主要是反对意见也就不奇怪了。

姚的观点在学术界并非独此一家。宋振华、刘伶的普通语言学著

[1]吉林大学古文字研究室：《古文字研究工作的现状及展望》，《古文字研究》第1期，商务印书馆1980年版。

[2]姚孝遂：《古汉字的形体结构及其发展阶段》，《古文字研究》第4期，中华书局1980年版。

作《语言理论》曾有更理论化的论述："把文字分为表音、表意两种类型，从理论到实践都是不符合实际的。""许多文字并不是纯粹表音或纯粹表意的。就是被当作表意文字代表的汉字也不是只表意而不表音的。每个汉字都有固定的读音，都标记一个音节。不过汉字除掉表音节外，同时也区别意义。""实际上文字的根本作用是记录语言，记录语言就要记录语音，而记录语音的目的就是表明意义。所有文字莫不如此。正因如此，有些表音文字在记录表意上如有不足之处，就不得不在文字上想点辅助办法，使语义更加明确，这未尝不是个办法。如英语中有些词，写出来一看，有的字母并不发音，但还是书写出来的，因为写出就会使语义更加明确。如know（知道）和now（现今）都写成now，没有什么益处，只能增加混乱。把write（写）、wrihgt（工匠）、right（右、权力）、rite（仪式），统统写成rit，不是只能制造混乱吗？"[1]

但宋、刘的观点与姚相比还是有所不同，可视为是音、意并表。而姚则把汉字的表音性放在了更绝对的位置。姚关于汉字是表音文字的观点引起了人们的广泛讨论，引导人们对一些更深入的问题作了思考：文字在记录词语前有没有表音与表意性质上的差异？汉字有没有在表达了语音的同时，另外具有表意的功能？表音文字的表意与表意文字的表意有什么不同？取消了文字的表音与表意两大性质迥异的分类，有没有理论上的必要？

人们大都还是认为：文字记录词语后，当然有它的固定读音，但这并不意味着可以取消文字本身性质的分类，表音文字与表意文字的分类正是针对文字本身性质而做出的分类。也就是说，在脱离具体的词语时，一个文字形体仍有着给人们以语音或语意的启示。表意文字也能示音，但它所示的音是具体的音节，已经负载着意义的音节；表音文字所表的音却是抽象的、一般意义的语音单位。表音文字的表意是通过语音符号的组合起到表意作用的，表意文字的表意却是直接通过自己的形

---

[1] 刘伶、宋振华：《语言理论》，辽宁人民出版社1984年版，第316页。

体，不必经过语音载体来直接反映出某一种概念、意义或意义范畴的指向。

汉字在表达了汉语词的语音同时，仍具备着表意的功能。这里且不说象形、指事、会意三类汉字所具有的突出的指意功能，就是形声字，它的形符所具有的表意作用也是非常明显的。如"灶、烟、煤、炭、炊、煮、炒、煎、烤、炖、炸、烫、烩、焖、焙、煨、烧、烙"等，是表示厨房里的物品或炊事烹饪方面的词语，字形上都带上一个"火"字旁，显示它们与"火"有关的意义。承认了汉字的80%是形声字，也就必然要承认汉字所具有的形体表意功能是不可忽视的一种强大功能。

长期以来，文字学界将世界上所有的文字分成表音文字与表意文字两大类是有其道理的。尽管世界上现有文字以表音文字为多，但毕竟存在着与这种大多数有着性质不同的另一种文字，因此这种分类也就有了它的存在价值。取消表音文字与表意文字的分类，只会妨碍我们对已有文字的进一步认识。有的学者就一针见血地指出："根据有无固定读音把文字分为'表意文字'和'表音文字'两类，似乎也没有什么价值。结果是：英语的书写符号系统、日语的书写符号系统、汉语的书写符号系统……都成了一类，由此得出一个最简单的公式：一切文字＝'表音文字'。"[1]

四、汉字是表词文字说

汉字属于表词文字的说法由来已久，索绪尔早在20世纪之初就对此有过极明确的论述。我们再来看另一家的看法。日本学者河野六郎有过关于汉字是表词文字的论述，但仔细分辨之后就会发现他不仅认为汉字是表词的，而且表音文字也是表词的，所有文字都是表词的。他下面这段话颇有代表性："汉字是表意文字，这是通常的说法，但是，这个定义未必是正确的。莫如说应该称它为'表词文字'。想来文字这个东西，不限于在汉字中才是表词性的东西。即便是罗马字母式的表音文字，但其主要目的，也是用来表示词的，只是它有用构成词形的音

---

[1] 刘宁生：《关于汉字性质的研究》，《语文导报》1987年第6期。

韵来表词的这一特点。最明显地表现这个事实的是现代英语中的文字表示法。例如‘knght’的拼写法在现在仍被采用的原因，就不单是因为英国人的保守性。这还不如说是这种保守性之所以保存下来，是由于文字的本来机能即表词性在起作用。这个词的拼写法是原来的发音的记录（参照德语hnecht）。但是，读音有了改变的这个拼写法，在丧失了它的表音价值后，因为这种拼写法的总体，对于表达这整个的词还是有效的（例如和同音词night能相区别），所以即使丧失了它的表音性，也仍被保留了下来。另一方面，由于声音的连续不可能严密地移之于文字。称之为表音文字也只不过是对于词的音形特征的暗示性地表示罢了。总之，一般说来，文字是表示词的。表意或是表音，只能说是就其表词方法而言的。"[1]

河野六郎是从整个文字用来表达语言功能的角度出发，把表音文字与表意文字之间的界限统统都打消了。但需要指出的是，他关于表音文字与表意文字都是表词文字的看法实际上针对的是文字已经进入了实际运用后，已经记录了语言，已经成为语言中"词"的书面表达形式之后的现象。特别是表音文字，它独立存在时记录的只是"音素"、"音位"，而在进入了与语言结合后的独立使用，它已不再是单个的表音符号运用，而是成为承载了"词"之后的一串串语音符号，这时所指的"表词"已经由"文字"层面进入了"语言层面"。在他那里，表音文字就与表意文字等而同之了。

而索绪尔的汉字表词说是有其独特含义的，与表音文字和表意文字都是表词文字的说法有着本质区别。

（1）作为表词文字的汉字所用的符号是只有"一个符号"，这个符号是一个整体，不论它所表示的对象是什么，它都是作为一个整体出现的，这也就是汉字之所以成为方块字的原因所在。而具有表词功能的表音文字当它用来表词时，是通过符号的组合体，这些符号较之于它们的组合体有着更大的自由度。

---

[1] [日]河野六郎：《河野六郎著作集·谐声文字论》，魏达纯译，华南师范学院《研究生论文选》第2集，1982年版。

（2）"这个符号与词赖以构成的声音无关"。这是表音文字与表意文字的又一根本区别。前者是通过记录、显示词的语音形式来达到表词的目的，后者是通过绘形描意来直接或间接地揭示或暗示词的意思。如果说表音文字与表意文字在表达目的上都是表达语言中词的话，那么二者所使用的方法、所通过的途径却是不相同的。

（3）正由于汉字在表达词时没有与词的语音形式发生联系，而是直接通过它的形体特征与所表达的观念发生关系，因此这里所说的"表词文字"，侧重的就不是形式与内容相合为一的整个"词"，而是侧重指向"词的观念"、"词的意义内容"的"词"。

如此看来，说只有汉字而不是所有的文字都是表词文字的观点，似乎更能揭示文字之间不同类型的差异。在汉字性质的讨论中，持这一观点的学者不少。如王伯熙认为："表词文字的独立符号必须是音义结合体。""从文字符号所记录的语言单位这个方面来看，汉字应该属于表词文字。因为它的每个独立字符基本上都是音义结合体，即形、音、义的统一体，是词的书面符号。"[1]如果不能看到这点，而是笼统地把表音文字与表意文字都看做是表词文字，其实是混淆了两种文字的表词功用，把两种有着不同表词手段、不同表词渠道、不同表词阶段的文字类型混而同之了。

其实，表词文字说也存在问题，最突出的就是在汉字实际使用中，汉字表示的往往并不都是"词"。但与汉字能对应的只能是"单音词"。在现代汉语中，有统计显示与"字"不相等的合成词占了80%左右，就是古代汉语，联绵词、叠音词数量也不少。一个汉字与汉语中的大部分"词"是不相等的。因此，下面一种观点似乎显得更具解释力。

五、汉字是语素文字说

汉字是语素文字说与表词说有密切关系，都是着眼于汉字与语言的关系，不同的只是在于所表示的语言单位大小不同。粗略说来，表词说

---

[1] 王伯熙：《文字的分类和汉字的性质——兼与姚孝遂先生商榷》，《中国语文》1984年第2期。

较适合于主要是单音词的古代汉语，而现代汉语大部分是合成词，再说汉字是表词似乎有了许多的不合。除了极少数纯表音的汉字外，大部分汉字都是有意义的，这样说汉字是语素文字是较为合适的。语素文字说的最大好处是可以不管所表示的这个意义是否能够"独立使用"，因为独立使用的一定是词，而语素说则回避了这一点，将是否"独立使用"放到"语素"内部，放到"独立语素"、"非独立语素"这样低一层次的区别上。能独立使用的是"词"，也是"语素"，只是独立语素；不能独立使用的就不是"词"，但仍是"语素"，只是非独立语素。汉字是语素文字说是在表述汉字与汉语关系时较为合适的一种说法。

裴锡圭先生认为，"语素音节文字"比单纯称为"语素文字"更合适，因为语素文字说"可以把语素文字解释为字符属于语素这个层次，也就是说，字符是跟语素这个层次发生关系而跟音素、音节这两个层次没有关系的文字"，而"语素音节文字说"则"可以解释为既使用属于语素这个层次的字符，又使用表示音节的字符的文字"。[1] 其实这两种说法的差别并没有那么大，只是前者是从单一角度而下判断，后者是从双角度来判断，是将两个分类标准合在一起。由于汉字所表示的语言单位本身是一个综合体，要将汉字的综合能力合起来称呼不是不可以，只是在分别论述汉字所具有的性质与作用时，单一角度的观察能更清楚地论述和进行比较，故用"语素文字"的表述还是更为合适些。

六、汉字是意音文字说

人们对早期汉字的看法往往比较一致，说它是象形文字或表意文字。但对汉字发展中后一阶段才发展出来并占到大部分的形声字属于什么样的文字性质则有较大分歧。有较大影响的说法是"意音文字说"。它认为汉字的构成部件分为音符、意符、记号三大类，"汉字在象形程度较高的早期阶段（大体上可以说是西周以前的阶段），基本上是使用意符和音符（严格说应该称为借音符）的一种文字体系；后来随着字形、语音、字义等方面的变化，逐渐演变成为使用意符（义符）、音符

---

[1] 裴锡圭：《40年来文字学研究的回顾》，《语文建设》1989年第3期。

和记号的一种文字体系（隶书的形成可以看做这种演变完成的标志）。如果一定要为这两个阶段的汉字分别安上名称的话，前者似乎可以称为意符音符文字，或者像有些文字学者那样把它简称为意音文字；后者似乎可以称为意符音符记号文字。考虑到这个阶段的汉字里的记号几乎都由意符和音符变来，以及大部分字仍然由意符、音符构成等情况，也可以称它为后期意符音符文字或后期意音文字。"[1]

"意音文字说"不是把汉字作为一个整体对象来判断，而是细析到汉字的构成部分，针对汉字不同构字部件来进行判断。形旁表意，音旁表音，成为形声字，由此来得出"意音"文字的结论。这是一种"组合性"的性质判断，回避了将一个汉字作为一个整体的判断。这种观点确有其细微独到之处。

七、汉字是方块文字说

这是对汉字的书写形式做出的判断，表面看起来这只是汉字的书写问题，人们在讨论汉字性质时往往不屑于谈起它。其实，方块形不仅仅是书写形式，而是汉字的存在形式、活动形式。更重要的是这种存在形式在与语言互动时，在承载语言单位——语素时，在表达语音单位——音节时，都有着一一对应的关系。方块形具有很大的强制性，对连体组合会强认为是一个字，如传统的合音字"甭"；对本来不是字的笔画、偏旁，也会将其升格为独立的"字"，如"刂"与"刀"、"艹"与"草"。

第二节　考察汉字性质的多角度

上面对七种较常见的关于汉字性质的观点作了分析。那么如何来看待这么多关于汉字性质的不同看法呢？

---

　　　[1] 裘锡圭：《汉字的性质》，《中国语文》1985年第1期。

定义越多，说明这个事物越复杂，这是不争的事实。这么多不同看法恰恰反映出汉字本身是有着复杂性质与功能的文字。人们在对汉字进行性质判断时，由于所站立的角度、依据的理论和方法、希冀达到的目的各不相同，得到的结论也会不同。这些观点正是从不同方面揭示出汉字的性质和特点，相互之间能起到很好的互补作用。它们有的从汉字的表意方式、途径、结构成分、表达功能来分析，有的从汉字所表达的语言对象来定性；有的希望尽可能全面地反映汉字的各方面性质，有的则只是希望就对象的某一侧面、某一性质、功能来概括；对同一个汉字，有的偏重于它的表音功能，有的偏重于它的表意功能。即使是谈到同一个汉字的表音功能或表意功能，由于使用了不同的标准或遵守同一标准时所把握的尺度不一样，也会得出或多或少、或大同或迥异的结论。有了这样的认识，就不至于在不同的汉字性质说面前希冀于独尊一说，非此即彼，各相排斥了。

而最重要的是要认清两条标准：汉字本身表达语言的手段与汉字表达的是怎样的语言对象。

"讨论汉字的性质，如果站在不同的角度，看法是很难一致的。例如，从文字的社会功能和社会作用方面来看，就可能把汉字说成'表音文字'。从文字符号所记录的语言单位来看，又可能把汉字视为'语素文字'。从文字记录语言的方式和手段来看，还可以把汉字定为'意音文字'或所谓'表意文字'。诸如此类的不同说法，还可以从另外方面的观察中被提出来。"[1]"各种不同说法大体上可以概括成两大类。一类是根据汉字所能起的表意、表音等作用来为它定性的，另一类是根据汉字所能表示的语言结构的层次（也可以说语言单位的大小）来给它定性的。"[2]

"表词文字"、"语素文字"、"语素音节文字"都是从汉字所表达的对象来进行概括的，只是在怎样表述、概括这一表达对象时产生了分

---

［1］王伯熙：《文字的分类和汉字的性质——兼与姚孝遂先生商榷》，《中国语文》1984年第2期。

［2］裘锡圭：《40年来文字学研究的回顾》，《语文建设》1989年第3期。

汉字的语言性与语言功能

第二章 汉字的性质

31

歧。"表词文字"主要是针对汉语词汇中的单音词而言的,单音词在汉语中确实占有极为重要的地位。在古代汉语中,单音词在数量上占据着极大优势。在现代汉语中,单音词数量上的优势已经让位给了双音词,但它在高频词、基本词上仍强于双音词,而且双音复合词的构成基础也正是单音词。"语素文字"说能够照顾到现代汉语中大量复合词的构成现状,但这种照顾是以放弃对单音词这一特定对象的揭示为代价的。"语素音节文字"显然比"语素文字"要更全面些,它反映了汉字所表达的对象是形音义的统一体,而在语音形式上,一个汉字与一个音节对应,这有着非常绝对的含义。

相比之下,对汉字本身的字形表达功能进行认识时,分歧要大得多。这首先是由汉字本身的形体特征和载体功能决定的,加上汉字在漫长的历史岁月中,它的结构形体与记音功能、传意功能都发生了不同程度的嬗变,使得人们在对它进行概括时出现了倚轻倚重的现象。如"表意文字"与"表音文字"是互不相容、两两对峙的,但"表意文字"却与"意音文字"有着同质的联系,只是在概括对象的宽狭上有了是讲求全面还是突出重点的区别。对"表意"功能的淡化,看重汉字字形的楷化、方块化,还会得出汉字是"记号"性符号的看法。

当然,在讨论汉字性质时不能为求新求异而生论,不能局部看似在理,全局看来则扞格不入。如汉字是表音文字说,如果说汉字在记录了语言成分之后,它在具有载意功能的同时,也有了表音功能,这是能够成立的;如果说汉字的构字部件中有的是表意部件,有的是表音部件,这也是能够成立的。但如果说汉字早已是完全的表音文字,这就有点突出其一点,不及其余了。

在对汉字性质有了彻底认识,对各种汉字性质学说作了全面梳理后,人们完全可以对汉字性质作出更科学的概括。如"汉字同其他文字一样,都是形音义的统一体,而它的特点是:方块形的、单音节的、富有字理的语素文字。"[1]就是从汉字的存在形式、字形与意义的关系、所表示的语言单位和语音单位四个方面做出了综合判断。

---

　　　[1]杨清顺:《论汉字的性质与未来》,《华侨大学学报》1989年第1期。

第三节　汉字性质大讨论出现的历史原因

汉字性质的讨论在20世纪初形成一个高潮,有其历史内在必然性。政治与社会的大环境,学术发展的内在轨迹,对西方文化与语言理论影响的反思,研究者的潜心思索等方面的变化都提供了重新认识汉字的条件和机遇。使得汉字性质大讨论的出现看似突兀,实则自然。具体说来有以下几点。

一、汉字政治命运的变迁

有着悠久历史的汉字到了20世纪初,被蒙上了浓浓的政治色彩。那时汉字被当作封建文化的化身,成为革命的对象,几乎要与封建制度一起打倒在地,不革掉汉字,社会几无翻身之日。革命志士对汉字进行了全身心投入的改造工作。在西方文化的影响下,汉字的拼音化、字母化日益高涨,汉字成为历史潮流的对立面。对待汉字的态度几乎成为政治进步与否的试金石。在"汉字要走世界拼音文字方向的道路"自觉不自觉时兴于世后,汉字似乎已经注定了它的灭亡命运,只是时间的早晚问题。那时谈到汉字,几乎众口一词的"难学、难认、难懂","造成了社会落后","使得大量文盲出现","拖了四个现代化的后腿","不适应电子计算机时代的要求"。尽管"汉语拼音"在最后法律定位时从"拼音文字"的目标退回了一步,但在实际运用上,却常被当作独立的文字来使用。对将来的展望时,也被作为汉字的替代物而期待着。在这种社会氛围下,要谈正确认识汉字性质几乎是不可能的。20世纪70年代末报刊登载了一篇采访古文字学家谈汉字不可废的豆腐块大小的报道,竟引来了众多报刊的竞相转载,因为这个观点在那个时代显得特别的另类。当蒙在汉字身上的政治色彩渐渐褪去时,人们开始重新审视仍在社会生活中使用着的汉字,发现它还是它。汉字并不依人们的意识那样召之来、挥之去。荣耀与耻辱于它都如身外之物,它仍循着数千年来的轨迹运行着,依旧为全体社会成员所读、所写、所认、所用。如果没有20世纪后期政治大环境的改变，没有汉字身上政治色彩的褪去，要重新深入认识汉字的性质及其它一切汉字问题，都是不可能的。

二、探求汉字与汉语的关系

汉字性质看起来是一个很抽象的问题。人们在谈论汉字时也总会超出汉字的点画，把汉字与中国社会的关系，与中国文化的积累与传播，与教育的施行和推广，甚至于国家统一和政权维持联系在一起，这是一种历史的显性。人们会慢慢发现，还有一种历史的隐性，就是汉字与汉语之间的关系。到底是什么原因决定汉字的强大生命力？数千年绵延不绝的中国社会、民族文化及从未停止过的汉字使用，浩如烟海的历代古籍，广袤的地域、众多的人口与方言差异，这些都构成了汉字稳定至今的时空经纬。但这些皆属汉字绵延不绝之表，为其表而非其里，根本原因在于汉字与汉语的内在契合关系。汉字与汉语关系的研究成为支持汉字性质研究的最主要理论冲动之一。只有把汉字与汉语的关系论述透彻了，人们才有可能进一步地去探讨汉字生命力之源。"古老的汉字，其符号体系和形体结构是很有趣、很有特色的。汉字有超方言性，若是表音文字，其超方言的性质就是不可想象的。汉字不仅可以用来记录语音差异很大的方言，而且还可以用来记录不同的民族语言（如日语、朝鲜语、马来语等）。源远流长的汉字，以其特殊的方块符号组合和丰富多彩的结构内容而在世界文字之林中独树一帜。如此古老的文字符号体系，而至今仍有强大的生命活力，确实发人深思，令人惊叹不已。"[1]这里的论述已经很让人兴奋，目标直指汉语。但这里的论述还只是一种远距离的朦胧观察和高度浓缩的概括。汉字与汉语的词汇、语音、语法有着具体而密切的对应关系。学术界开始对此给予了更多的探索[2]，本书的写作正是基于这样的学术追求。

---

[1] 王伯熙：《文字的分类和汉字的性质——兼与姚孝遂先生商榷》，《中国语文》1984年第2期。

[2] 申小龙：《汉字改革的科学性和民族性》（1985）、徐德江：《语言文字理论新探》（1986）、林伦伦：《从汉语方言看拉丁化道路的难行》（1989）、李葆嘉：《论语言类型与文字类型的制约关系》（1991）、向光忠：《论汉字对汉语的适应性》（1991）、苏宝荣：《论汉字与汉语的依存性和制约性》（1991）、苏新春：《汉字表现汉语的根据和方式》（1991）等。

三、对西方语言学中文字理论的重新认识

那时索绪尔已经有了汉字不同于西方表音文字的论述，可惜当时的中国语言学界对此未予足够的重视。而是在有意无意忽略那段话的情况下，把他对表音文字的定性作为整个文字的定义来对待，把文字看成了一种完全脱离于语言、纯被动的、完全可以自由取舍的第二性的符号物。西方语言学中那个著名的文字发展"三个阶段说"就是这一观点的极端发展。它首先是把世界上所有文字分成三个类型，进而认为这三种类型代表着文字发展的三个阶段："最早的书写符号是图画似的东西，以图画文字的形式传送信息，描述或记录发生的事件。最早的、完整的文字系统由代表词的词符（Logogram）组成，如埃及的象形文字或中国的汉字；下一个阶段是代表音节的抽象符号，如美索不达米亚的楔形文字，闪米特语西支诸语言的音节文字（Syllabary），日语的假名；最后是字母文字阶段，人类语言的各个语音由称作字母（Letter）的语音符号表示。"[1]这一理论在我国语言学界影响至深，几十年来正统学派的著作都以此为教条。《大百科全书·语言文字学》作了这样的论述："名副其实的文字有 3 种主要类型：词符与音节符并用的文字、音节文字和字母文字。这 3 种类型代表文字发展的 3 个阶段。"[2]文字类型的概括与文字发展阶段的形成是两回事，一旦把它们扯到一起，并在阶段之间加上先后优劣之分，再凭借这样的理论来观察、认识、对待汉字，就难保不出偏误。因此当时的语言学著作中时时能见到拼音的字母型文字优越、拼形的方块形汉字落后的言论。汉字落后说与"三个阶段说"有着直接关联。由此衍生出来的结论随处可见。如，"拼音文字要比非拼音文字优越得多。特别是音位字母文字更好"。"表音文字由于克服了象形文字和表意文字的缺点，所以它是最简单、最先进的文字体系。"[3] "我国的汉字虽然有过很大的贡献，但它有严重的缺点，按

[1] R·R·K·哈特曼、F·C·斯托克著：《语言与语言学词典》，黄长著等译，上海译书出版社1981年版。

[2] 《大百科全书·语言文字学》，大百科全书出版社1988年版，第400页。

[3] 刘伶等：《语言学概要》，北京师范大学出版社1981年版，第239页。

着文字的发展规律，汉字必然向拼音化的方向发展。因此，汉字必然改革，要走拼音文字的道路。"[1]

对西方语言学的文字理论作重新的审视，最大收获就是西方语言学家所概括出来的文字发展阶段只是就他们所熟知的文字而言的。那些文字与文字类型只是世界上所有文字的一部分，至少它是没有反映汉字的真实面貌。汉字并不是上古文字的残留，而是几千年来一直充满活力地使用至今。另一个收获就是要评价一种文字的优劣，最根本标准是看它能不能适应所使用的语言。能适应的就是好的文字体系，反之就是不好的文字体系。第三个收获就是要评价汉字的优劣，必须从汉字实际出发，再也不能以西方文字理论的"三个阶段"说来作为认识汉字的坐标系。有了这样的收获，本身就说明汉字学界在理论上已经成熟了一大步。

四、汉字研究方法上的科学化

这些年研究汉字性质的方法也取得一些明显进步，主要表现为克服了传统研究中笼统、朦胧、概括的做法，对研究对象进行了分层分类的细致分析，甚至是计量统计。如汉字表示的语言对象到底是"词"还是"语素"。计量研究显示，单音词在现代汉语词汇体系中已经降到10%甚至更低，这时再说汉字是表词文字显然不如说是语素文字来得更妥帖。

又如汉字到底是"表意部件"，还是"表音部件"，抑或"无意义的符号部件"时，当人们的认识细致到如下程度，问题也就清楚了。"首先，汉字除使用音符外还大量使用意符和记号，这就和拼音文字的音符在整个字符中的地位不同。或者换句话说，汉字音符的构字能力是有局限性的，不能仅凭音符构字。相比之下，拼音文字的音符构字能力是没有局限性的，它不依赖于其他类型字符的帮助。其次，虽然拼音文字的字符（即字母）不可避免地是从象形符号演变而来的，但从共时的角度看，它们已是专职的表音符号。汉字的音符则是借本来既有音又有义的现成文字充当，特别是许多汉字在充当合体字的偏旁时，既可以用

[1] 王振昆等：《语言学基础》，中央广播电视大学出版社1983年版，第279页。

作音符，也可以用作意符，有的还能兼起音符和意符的作用。……再次，汉字中同一个音可以采用不同的字符表示。……在拼音文字中，原则上一个音用一个符号表示。由于上述原因，汉字中的音符其数量相当可观。古今用作声旁的字超过1000个，从理论上说，每一个字都有可能用作声旁。而拼音文字的音符则通常只有二三十个。"[1] 这样的说明对厘清汉字的表意性、表音性、符号性，是非常有帮助的。

第四节　汉字性质讨论的意义与影响

汉字性质讨论对整个汉字研究有着深远的意义和影响。

讨论的首要收获就是人们对汉字的前途更为明朗了，更加充满信心。在近百年的汉字颠簸起伏中，人们对汉字的前途似乎失去了信心。虽然成人仍在用，小孩仍在学，可却有点不得已而为之，总怕不定什么时候会突然消失掉。汉字落后、汉字难学、汉字不合世界潮流的舆论深深印进人们的脑海。尽管汉语拼音方案在法律上不具备"文字"身份，可是在实际中却很容易看到这种"内定"的"准文字"在茁壮成长，以期在不远的将来取汉字而代之。尽管汉语拼音碰到大量的同音词、词儿连写、记音标调等难题并显出难以解决的困窘，可在走世界拼音文字道路的"大趋势"中，这些好像都是前进道路中必将被克服的暂时障碍。到了20世纪80年代后期，人们已开始看清了汉字是如何具备自己独特、迥异于其他文字的性质。人们不再以自己是汉字的主人而感到不安、羞愧，也不再会在面对西方的字母文字时感到汗颜。对汉字前途重拾信心，已经不单单是民族感情问题，也不单单是有助于认识汉字的历史与过去，而是将引导人们勇敢地面对汉字的未来，迎接汉字在现代社会发展所面临的一切问题。最好的例证就是汉字信息处理的巨大成功。汉字在计算机中的处理问题已经彻底解决，我国汉字信息处理已经跃居世界

---

[1] 刘宁生：《关于汉字性质的研究》，《语文导报》1987年第6期。

领先水平。试想，如果人们真是对汉字丧失了信心，谁还会在这上面抛洒心血呢？

讨论的另一收获就是人们对近百年来的汉字改革进行了认真反思。长期以来人们对汉字性质认识不准确，对汉字做出了不真实的判断，"不合世界拼音文字的潮流"、"难学难懂"、"妨碍现代化进行"成为对汉字前途的三个基本估计。在这样的舆论氛围下，汉字改革难保不受影响。因而有了先汉字简化，后实行拼音化的学术规划；有了汉字简化中一味追求笔画简省，使得汉字形体区别度降低；过分强调同音替代，使得同形异义字大量增加，而这恰恰是降低了汉字以形别意的长处，使得音节数少的汉语词汇不能借助字形力量来增强书面上的离析度。汉字性质讨论本来是一个纯学术性的理论研究，在当时却具有了强烈的现实意义。它从根本上动摇了汉字拼音化的理论基础，为汉字描绘了完全不同于之前的身形和神采，汉字也获得了新的地位和身价。汉字拼音化的三个理论支柱都从根本上动摇起来。不是"不合世界拼音文字的潮流"，而是汉字原本自有天神地韵；不是"汉字难学难懂"，而是汉字自有形体别意、以形繁补音简之独到功能；不是"妨碍现代化的进行"，而是汉字与它的主人一样，步入现代化有早晚，可行进速度丝毫不让人半分。当人们从表达汉语的语言功能来看待汉字时，对它的信念更是剧增。

讨论的再一个收获就是帮助人们更清楚地认识到世界其它文字的类型和特点。讨论中人们不迷信旧说，不顶礼膜拜，也不狂妄自大，而是以扎实研究面对汉字实际，客观、辩证地对待西方文字理论和文字事实，对汉字的新认识自然也丰富了世界文字学的知识。世界文字可以进行类型归类，但文字类型并不等于文字发展阶段。个别类型的文字所经历过的发展阶段并不能约束所有其他类型文字的发展道路。拼音文字的优劣是相对于它们的语言而言的，它的优与劣并不能完全照搬于其他文字，不能照搬到与印欧语言绝不相同的汉字身上。"三个阶段说"、"阶段进化说"，并不是所有文字必须要走的道路。认识到这一点，也就显示真正具有民族特色的汉文字学迈开了最重要的一步。

第三章　汉字与汉语关系的三种观点

概括语言学界关于汉字与汉语关系的看法，有三种不同的观点。其中两种观点针锋相对，这就是"脚与靴子"说与"西瓜皮与西瓜瓢"说。这两种观点都采取了比喻的说法，都很形象地道出了他们所认为的汉字与汉语之间那种特定关系的性质。还有一些学者回避了难以论证的起源问题，采取了理论倾向明显但不与现行看法正面冲突的观点，即汉字与汉语关系的"互动说"。下面就对这三种观点分别进行论说。

第一节　"脚与靴子"说

普通语言学理论对文字与语言的关系有过非常明确的说明，就是文字是记录语言的符号，是独立于语言之外的、第二性的东西。尽管现代语言学大师索绪尔在再三进行强调之后，也说到他所说的"文字"仅仅限于表音文字而不包括表意的"古典汉字"，但他关于文字基本功能、基本性质的理论仍广泛影响到语言学主流学派。人们深信不疑地认为所有的文字与语言之间都有着能指与所指的符号关系、记录关系。这种观点在现代中国语言学界中居于支配地位。人们在表述这种理论时常常用了这样一个比喻：语言好比是脚，文字好比是靴子，脚可以穿这双鞋，也可以穿那双鞋。语言可以用这种文字来记录，也可以用那种文字来记录。

这种文字语言观在理论上有许多自己的支撑点，下面是它的一些主要观点。

一、文字与语言之间是可任意选择的

在文字与语言的关系观上，认为用什么样的文字来记录、反映语言是一种充满可选行为的任意性活动。一种语言可以选用这种文字，也可以选用那种文字。已经有文字的语言可以做出重新选择，不曾有过文字的语言也可以进行新的选择。这可以举出世界上许多国家在语言未加以改变的情况下，实行了文字制度改变的例子，像土耳其在"二战"后实行了新的文字制度。在国内，不少的少数民族语言就是在帮助他们建立文字体系的语言学家影响下而采取了不同的文字形式。如我国的苗族，湘西、滇东北及黔东、川黔滇等次方言区就依历史的先后不同而采取了不同的文字，以致形成了现在的 4 种文字体制。这种观点确实能解释世界上的许多民族文字产生的过程及与本民族语言关系的现象。

二、文字晚起于语言

世界上四大古文字最早的距今五千年，如果把"大汶口文化"时期的刻符、陶符也算上的话，也不过七千余年。而语言的起源比这早得多。人类的起源有人曾推到几百万年前就开始了。如果把人类发展已相当成熟，已具有了比较发达的脑力、发音器官和较复杂社会活动的新石器时代作为有语言产生的时期算起的话，也有几万年的时间。历史表明，人类的语言在一个相当长的时期内是不依赖于文字而产生、存在的。

三、语言不依赖于文字而存在

语言与文字对应关系的现状也是如此。据研究资料表明，世界上现有语言五六千种，只有十分之一的语言有文字。大部分语言没有文字，依然独立于文字而存在。这也就是说，有许许多多有语言而无文字的民族、部落，他们同样能生存于世。再落实到具体的个体来说，终生没与文字接触过的文盲在现代社会中也大有人在。他们照样具有现代人进行生活所需要的一切能力，也能进行正常的社会活动，进行除文字表达以外的一切社会交际。他们拥有语言，也就具有了基本的认知能力和社会生存、交际能力。这也足够证明语言、社会不一定非依赖于文字不可。社会不能没有语言，但可以没有文字。

四、文字类型体现了文字发展阶段

文字类型与文字发展阶段有关，是此说的另一个理论支撑。随着对文字类型和发展过程研究的深入，发现世界上的文字类型多种多样，有图画性的，有表意性的，有表音性的，还有既表音又表意的。在表音文字体系中，有表音节的，表音素的。进而发现不同性质的文字体系存在的时间有先后之差、久暂之别，于是提出了文字发展的不同阶段论，并将文字类型与文字发展阶段相挂钩。这就是常听到的象形文字为第一阶段，表意文字为第二阶段，表音文字为第三阶段的文字发展阶段论。既然有了发展，又呈现为前后不同的发展阶段，当然又与进化论、进步论作了理论和心理上的对接，很自然地得出了表意文字优于象形文字，表音文字优于表意文字的结论。随着人们对语言结构认识的加深，把语言分出语法、词汇、语音，语音中分出音节、音素，又认为词义是内容，词音是外壳，最好的文字体制是记录词的语音形式，它优于直接揭示词的概念内容的表意文字。表音文字中，最好的又是以音素为记录对象的表音文字。

以上观点奠定了信奉西方语言学理论一派学者的语言文字关系观。以这样一种文字理论来观察汉字，自然就得出了汉字有悖于世界文字发展规律，落后于世界文字发展水平的看法。它认为汉字不脱象形文字、图画文字的痕迹，历史虽悠久却是陈旧包袱。汉字表意表音，可表意不确切，表音也不确切。因此，意化的汉字必须抛弃，有悖于世界拼音文字的汉字体系必须推倒重来。

"脚与靴子"的文字语言关系观，一改中国传统语言研究中字词不分的习惯看法，力图将"字"与"词"进行严格的区割。但在这个"普遍真理"下却可能掩盖着若干至关重要的问题。

其一，忽略了历史悠久的汉字本来面目。普通文字理论是建立在对西方文字的认识基础之上的。现有的西方文字都是表音文字，而表音文字是在文字发展到一定阶段才演变出来的。它们离最早的象形文字体系都曾有过一个中断的环节。这个中断的环节使得最初的文字性质不再保留。导致古老的象形文字中断的重要原因是文字使用的社会发生了变迁，原始文字失去了原有文化环境的依托，逐渐变成了纯粹的表音符号。与文字起源之初的意义内容失去了联系，只与词的语音形式相关联，这恰恰是文字在与语言结合程度上的后退。而汉字与汉语却不同，当汉字产生伊始，就与先人的生活紧密结合。后来虽然汉民族的社会生活历经颠簸，政权屡经更替，不同民族之间你来我往、你兴我衰地相继演进，可是以汉文化为主体的社会却一直绵延不绝，其思想信仰、道德信念、生活区域没有发生中断或变更。汉字虽然在文字的传承中有过几次大的形体演变，有过刀刻火铸的甲骨金文，有过鸟虫文的大篆、刀笔的小篆，也有过隶、楷、行、草，但汉字的基本形体和结构虽不宛然如初，却也神在形在。这种深深扎根于汉民族文化之中、几千年风范依然的汉字，其精神与格局显然与西方文字有着绝然相异的地方。

其二，西方表音文字与东方汉字所面临的语言是迥然不同的。西方语言语音结构非常灵活，语音曲折变化丰富，音素与音素的结合方式远远多于汉语。在音素数量差不多的情况下，结合方式的灵活程度直接决定音节数量的多少。如汉语普通话的音节有1300个，朝鲜语有2500个，俄语有2960个，越南语有5500个，日语有350个，法语有3740个书写形式、音节2800个。英语有4950个书写音节，代表着4030个语音音节。汉语只有俄、英、法等语言音节数量的一小半。虽然字母与音素不严格对应，但也大体相当，如英文音节day，与之差一个字母的音节约有30个：dab, dad, dag, dam, dan, dap, daw, bay, cay, fay, hay, jay, lay, may, nay, pay, ray, say, way, dae-, daf-, dah-, dai-, dal-, dap-, dar-, dau-, kay-, tay-。[1] 这样灵活的组合形式正好反映

[1] 吴安其：《论书写音节和文字的构成形式》，《民族语文》1992年第2期。

出它们语音内部结构方式的灵活性。而汉语却正好表现出与西方语言相反的一面。它的元音辅音前后有序，辅音不相叠、不重出，除个别外，前后位置不杂处。元音搭配谨严，韵头韵腹分得清清楚楚，一个音节中只有一个主要元音，以主要元音为核心的音节单位清晰醒目。语音结构单一的音节，承载着意义并直接投入使用成为单音节词，加剧了汉语音节数量少、同音词多的不足，给汉语音节在区别词的作用上带来不少限制。汉语的这种语言特质使得表音文字用在汉语身上难以扬其长处。

其三，这种理论过于消极地看待文字对语言的反作用。文字的作用不仅仅在于表达、传播语言，而且也对语言本身的进化起着极大的推动、凝固作用。当今世界上固然还有一大批语言尚无文字，但却可以说，发达的语言全都或基本有了文字。还没有文字的语言很难说能与发达语言相媲美。这里固然有社会、文化发展不够的原因，但谁又能说真正的文化发展能少得了文字的积累之功呢？据资料记载，巴西最北部与委内瑞拉接壤的山区，生活着一个有2.2万人的印第安游牧部落，人称雅诺马米人。人类学家认为他们是石器时代的最后一个原始部落。雅诺马米人不懂得精确计数，这反映在语言上，就是他们管"二"以上的数字都称作"瓦嘀鲁"，在念大于"二"的数字时重音放在最后那个音节"鲁"上，意思是"许多"。[1] 在落后的语言上建立不起细致精确的文字，但细致精确的文字却可以使语言发展立足于一个较高的起点。文盲确实可以不依赖于文字与其他人一样生活得很好，但他们是已经生活在发达的人类社会语言社会中，是能够实地感受着这种现代物质生活和精神生活的群体或个体。他们可以不必依赖于文字而生活，但他们周围的生活却不能没有文字。正是有了文字，较发达的社会和文化的出现才有了可能。对"不识一丁"的他们来说，这时的语言、文字纯粹只是一个运用问题，不会使用其中的某一种交际工具并不会妨碍他们通过其他的交际工具和交际形式来感受现存的一切。从语言理论和文字理论来谈语言或文字，就要从整个社会、人类、历史、文化来谈语言和文字的起

---

[1]《参考消息》，1992年6月16日。

源与功能，假如世界上一开始没有它或它们，将会发生怎样的事情。一旦这样来思考，就会发现这一理论所举出的"文盲"例并没有触及到讨论问题的核心。

第二节　"西瓜皮与西瓜瓤"说

在"靴子与脚"关系观的对立面，有着一种截然相反的理论，就是"西瓜皮与西瓜瓤"之说。在许多主张汉字与汉语存在密切关系的论述中，回避了将这种关系作进一步提炼和理论化。而有的学者做了这种工作。

徐德江在他的《词结构新探》中多次提出："文字的字形与字音、字义之间的关系，类似蛋壳与蛋清、蛋黄之间的关系，类似果皮与果肉、果核之间的关系，结构各部分之间存在着有机的内在联系，而不是外在的包装物与被包装的物体之间的关系，不是鞋与脚的关系。""字是由口语词与形符结合经过质变后生成的，字形与字音、字义是新的有机结合关系，就像西瓜皮与西瓜肉、西瓜籽同时生成一样。绝不可将字形与字音、字义的关系理解为字形与口语词的词音、词义机械的组合关系，就像不能把西瓜皮与瓜肉、瓜籽的关系理解为先生成了瓜肉和瓜籽，然后再生出西瓜皮将它们包裹起来成为西瓜一样。"[1] 这是一个形象逼真且振聋发聩的比喻。它的提出对现存的语言文字理论是一个极大挑战，不仅对文字，也对语言体系中最基本的单位——词，特别是书面语言中的词，将导致可能要重新做出解释。在徐氏理论中，有这样几个观点是他反复做出了论述的：

一、书语中的文字与词义同生并长

他认为词音只是口语词的物质外壳，形符与口语词的结合绝不能

---

[1] 徐德江：《词语结构新探》，《汉字文化》1990年第1期，又见《汉字汉语学术研讨会论文集》（下），吉林教育出版社1991年版。

理解为只是词音与形符的结合。形符与口语词的结合过程是产生新事物——字的质变过程。当口语词与形符结合时，口语词的物质外壳——词音已失去了"物质外壳"的地位。其地位由字形所取代，字形是书语词的物质外壳。口语词的听觉物"词音"则已成为视觉物的"字音"。"字义"同口语词中的"词义"是同一层级的东西。"字音"既不属于"字义"，又不是字的物质外壳，而是依附于字形才存在的另一内容。口语词的词音是通过听觉功能发生作用的，书语词中的字音却只能通过视觉功能发生作用之后，再与听觉功能联系起来。对书面语来说，文字是它的物质外壳，这个外壳是与词的意义、词的语音有机结合才形成的。在这个注重视觉的物质外壳下，依托着词义，取代了口语词中注重听觉的语音外壳，产生出了新的"书语词"。口语词与书语词成了原料与合成物的关系，而不是平常所说的第一性与第二性的关系。

二、书语高于口语

口语词有词音与词义两个结构要素，书语词有字音、字义、字形三个结构要素，书语词比口语词的结构关系要来得复杂。从口语与书语两者间的关系来看，就口语本身，无法研究书语，而就书语来说，却可以做到大体上研究口语。口语词的结构因素中没有字形，当然也就不存在字形与字音、字义之间的复杂关系。而书语词字的结构中，却有字音、字义与口语词的词音、词义之间的某种对应关系，还有着比口语词多出来的字形，依托承载着字音和字义。书语产生于口语之后，却高于口语。不能因为书语产生于口语就认为口语是第一性，书语是第二性。他举了一个比喻，比如初等数学易于掌握，产生于高等数学之前，是高等数学产生的基础，没有初等数学就不会产生高等数学，但绝不能因此就说，高等数学是第二性的，初等数学是第一性的，高等数学是初等数学的附属品，等等。

三、对"词""字"的重新定义

在对口语词与书语词作了新的论述后，他对"词"、"字"这两个基本单位作了新的定义。认为对语言最小单位的判断必须抛开那些捉摸不定的意义内容，而应以其物质外壳为标准。口语词以词音为准，书语词以字形为准。书语中只要是同一个字形，不论它表示了多少个字音和字义，都应该看做是一个"字"，它的多个意义、多个读音都应看做是一字多义、一字多音。口语中只要是同一个词音，也不论它表示了多少个意义，也都应该看做是一个"词"，它的多个意义、多个读音都应看做是一词多义、一词多音。这样将词与字的物质表达形式最高限度地突出了，把历来在谈"词"的单位划分时必然会遇到的同音异义词、同形异义词等问题也就从根本上取消了。

这一理论对书语词的形与音义的关系作了别开生面的论述，深入论述了注重视觉的形符与概念、意义结合的奥秘。它摒弃了传统所认为的文字是记录语言的符号，文字是通过先与口语中的语音结合，再与意义结合的观点。这种观点是有其独到之处的。在人们的认知世界中，大量的认知符号确实是直接与概念结合，而不是先与语音结合再与意义结合的，有的根本就不曾与语音形式结合过。如大家都很熟悉的"铁轨的横断面"是铁道行业的标徽；"红十字"是人道主义救援系统的标徽；"中国古铜钱"是中国银行业的标徽；"汽车方向盘"的图案是德国产奔驰牌豪华小汽车的标徽。这些标徽都是一种符号物，它们有的有读音，有的根本就没有读音。有读音的也许表示的并不是它的"词"义。但它们都形象具体、固定地传达着某个意义所指。符号物是如此，文字也是如此，特别是表意性质的汉字更是如此。正因为一个符号形体表示着一个固定意义，那么，许许多多的概念也就造就出了许许多多的汉字。从形体的数量上看，这似乎是汉字的弱点，但一个图案、一个符号、一个标徽与一个概念发生直接、直观的关联，却正是汉字的一大优点。

将这个理论运用于汉字与汉语关系研究中，是从根本上论证了汉字与汉语的密不可分。汉字与汉语的关系有不少的人谈过。笔者就曾在一次汉字专题座谈会上，听到一位研究古文字的专家用另一个不同的比喻来说明了同样的道理。在中日合作的汉字电视片拍摄活动中，一位日学者问他汉字生命力为什么这样长，他答道：汉字与汉语关系复杂，一言以蔽之，它们是血与肉、皮与肉的关系。但人们一般都尽量避免将汉字与汉语的关系升华到更高层次，因为其与既有的正统看法相去太远。在任何理论探索中，相去太远就意味着冲突，冲突就意味着风险。

从理论本身的完善来看，这一观点仍存在着需要进一步自圆其说的空间。

其一，还需要合理地来解释书语中的口语词与文字形符的统一过程，因为无论是从汉语的过去还是现在来看，这种统一并不是从一而终的。它有过选择，有过变更。有选择、有变更也就意味着二者的结合有其非必然性的。

其二，如何解释汉语以外的语言文字关系。尽管我们可以说西方的文字也是同样作用于视觉的，但西方文字首先是通过对口语词的语音形式才得以反映整个"词"的。

其三，怎样看待大量的没有文字的语言，以及有文字的语言在它们获得文字形式之前的长久的"字前期"语言状态。

其四，语言基本单位"词"与文字基本单位"字"之间的协调与平衡。由于两种基本单位划分标准不同，二者之间的不平等是必然的，书语中的"一字多音"在口语中将变成几个"词"。这些都将会要求对众多的词汇问题做出重新解释，如单音词与字的同步没问题，但复合词怎么办？会不会出现"字符串词"？复音单纯词怎么办？这都是需要认真加以解决的。

文字确实给语言带来进一步完善的条件，使之跃入到语言发展的一个新阶段。但其中的发展动因与规律如何更准确地探索与评价，仍是值得继续思考的问题。

第三节　汉字与汉语的互动说

尽管要将理论进一步抽象化是非常困难的，也尽管新观点会有那么多的不完美之处，在汉字与汉语关系的领域还有许多的未知数，但人们探索的步伐从来没有停止过。探索愈深入，愈会感到汉字与汉语的难分难舍。投身于探源工作的人并不多，但孜孜于具体研究的人却不少。人们日益发现，中国传统小学将字与词分得不很清楚是有其深刻道理的，并不像语言结构学派那样认为是一个基本理论的误区。因为许多古代汉语的问题都是凭借汉字才得以显示。如单音词在汉字形音义中两相吻合，汉字字形的部件与组合对词义的显示，字形的繁衍与分化对词义状况与引申变化之间的关系。汉字与汉语之间有着明显的"互为因果"、"互为促动"的关系。当人们不去为把汉字与汉语的关系能否上升为一种普通语言学说而踌躇时，对这种关系就更加深信不疑了。

汉字与汉语的密切关系，在"单音词"的各个方面都有清楚的显现。

一、词的原始性与字的原始性相吻合

在现代词汇理论体系中有一个著名的基本词汇理论学说。详细论述见于斯大林的《马克思主义与语言学问题》。该书在20世纪50年代一问世，就引起了语言学界的高度重视。"语言的词汇中的主要东西就是基本词汇，其中包括所有根词，成为基本词汇的核心。基本词汇是比语言的词汇窄小得多的，可是它的生命力却长久得多，它在千百年的长时期中生存着并给语言构成新词的基础。"基本词汇成为我国20世纪50年代词汇学界议论的热门话题之一。我国第一本汉语词汇专著、1954年出版的孙常叙《汉语词汇》一书500余页，基本词汇的内容占到五分之一略多。基本词汇理论谈的都是词汇问题，丝毫没涉及到文字，但在汉语基本词汇的认定中，却又离不开汉字。确定基本词汇有三个原则：全民性、稳定性、极强的构词能力。在用这三个原则确定下来的基本词汇与汉字的字根有着同理的分布机制。

"单体为文，合体为字"，汉字的字根具有结构单一、出现时间早、组字能力强等特点。汉字的字根多表现为"单体"，而不是"合体"。汉字字根的特点与判断基本词汇的原则泾渭分明，除了"构字能力"与"构词能力"有点相似外，其它两点所谈的角度都不相同。基本词汇的"全民性"与"稳定性"是从词在人们心目中的地位来言的，汉字字根的"结构单一"、"出现时间早"是从字的笔画构成和时间来说的。最核心的基本词与汉字字根有着天然的吻合关系。像表示人体部位的词是基本词汇中的一种类型，它们在汉字中也正是表现为"单体"的"文"。如"首、面、目、足、手、又、口、耳、肉、爪、血、心、寸、大、女、牙、止、身"等。正如不能想象一个非基本词早于基本词一样，要想象合体字早于单体字也是与事实不相符合的。如"甘"要晚于"口"，"采"要晚于"爪"，"殳"要晚于"又"，"奉"要晚于"手"，"眉"要晚于"目"，"走"要晚于"止"。就更遑论"吞、咽、吸"、"孚、抓、爬"、"秉、叔、取"、"按、握、扶"、"盼、眼、瞟"、"历、前、趾"，这些字就更晚了。

愈是结构单一、出现时间早、组字能力强的汉字字根，在汉语的基本词汇群中就愈具有原始、初始的根词性质，这点还可以在有关动物名称类的汉字中得到印证。汉语中关于动物名称的词数量不少，那么对汉民族来说，最早接触、最为熟悉的是哪些呢？经过初步考察，发现在汉字产生过程中，出现最早、结构最简单、合为整体的动物象形字恰恰是汉民族接触最早、最熟悉并现之于语言的动物基本词。如"羊、牛、马、鸟、虫、龟、犬、鼠、象、蛇、龙、熊、鹿、兔、虎、燕"等，这些都是独体象形字，也都是《说文》的部首字。它们正是与汉民族生活最为密切的动物，或是家禽家畜，或是生活在人们周围的野生兽禽，有的则是长期存在于人们观念中的动物图腾。

二、字本义保存了词的最初词义状态

词义发展上有一条著名规律，就是词义总是从具体义、个别义向概括义、普遍义演变。这与思维上的精密化、抽象化规律是相一致的。词义与思维上的同理发展规律正好折射在汉字字形上。

一个汉字当有着多个意义时，最初意义总是具体、个别并总能在字形上找到根据的意义。如"深"，可以表示思想的"深邃"、学问的

"深奥"、道理的"深刻"、颜色的"深浅"、苦难的"深重"、感情的"深沉"、话意的"深长"、程度范围的"深广"、友谊的"深厚"、认识的"深化"、关心的"深切"、学习的"深造"、技艺的"深湛"、言论的"深入浅出"、思考的"深谋远虑"、环境的"幽深"、方位的"纵深"、拍摄中的"景深"、心灵世界的"高深莫测"。这么多的"深"有的已经很抽象了,有的所指范围已很狭小,有的明显属后代转义,他们谁是最初的词义呢?"深"的字形提供了启示。"深"在《说文》中表示一条河水名:"深水,出桂阳南平,西入营道。"在七卷下"穴"部还有一个"窔"字,许慎解释"深也"。段玉裁认为用"深"来诠释"窔",是用今字解释古字:"此以今字释古字也。窔滨古今字,篆作窔滨,隶变作窔深。水部滨下但云水名,不言浅之反,是知古深浅字作窔,深行而窔废矣。有穴而后有浅深,故字从穴。"《说文》还有另一说"一曰灶窔",段注"穴中求火,窔之意也"。"深"最早所表示的当是方位上的"纵深"义。后来由于隶变原字形不可辨,故加上"水"旁,表"水之深浅"的"深"可视为其正字。"深"字无论是其早期字形,还是后来的定型字,都表明其最初反映的是指称具体物的词义。由此可以判断,上面所举那么多的"深"义,大都是晚起的,它们与初始义之间有着明显的引申、派生痕迹。

在传统训诂学中,有一条影响至广的释义原则"因形求义",这一原则在现代的古汉语教学与研究中仍得到肯定与贯彻。这里之"义"就是在字形上有依据的"本义"。"因形求义"的价值就是因为它揭示了汉字字形与词的初始义紧密结合的奥秘。如"引"有"率领"义、"引导"义、"援引"义、"伸长"义、"取用"义、"前部"义,而最初义仍是"开弓"义。表示弓已经拉开,但箭仍未射出的"引而不发"义。其字形,左为"弓",右为"丨","丨"表示箭的"延而伸之"、"拉开"待发。又如"解",有"分解"义、"瓦解"义、"溶解"义、"解放"义、"解释"义、"解开"义、"解散"义、"解脱"义、"解除"义。而最初仍是由"以刀剖牛(角)"这个具体行为所起,后来引申出来的词义都借用了这个行为,着重落在这个行为的效果与目的上,而不是这个行为的某个部分，如表工具的"刀"，表动作的"剖"，表动作对象的"牛（角）"。

汉字的字形保留着词义的初始状态，正是这个初始状态成为词义繁衍的生长点。承认这一点，也就如同与人们都承认早期词大多数是单义词，后来的词大多数是多义词一样，反映出了汉语词义发展的客观事实。只是前者所揭示的语言事实更为深层。它将单义词向多义词演变的这一历史变化过程的内在机制清楚地展现了出来。当探究触及到汉语词义深层时，会清楚地感受到在这片深奥广森的词义天地中，汉字竟占有着如此重要的位置。

三、词繁衍与字繁衍同步进行

语言是一步一步走向精密、完善、丰富、发达的。词汇完善丰富主要有两种途径，一是单个词内部的意义容量不断增加，二是词语个体数量的不断增多。在前一种途径中，往往会伴随着语音形式的局部变化；在后一种途径中，则汉字的参与带来词的分化成为更为普遍的事实。

正像新词语的增加总是在旧词的基础上实现一样，汉字的增加也总是在旧字的基础上形成的。这不仅是因为在词汇和文字领域能够直接使用的材料总是有限的，更因为人们对一个新事物的认识，对一个新字的构建，对一个新词的诞生，总是从已有认识出发，将其作为新的参照系和联想点。因此，词汇体系中的同素词、多音词、多义词，汉字体系中的同形旁字、同声旁字，都清楚呈现出了词字之间的同族渊源关系。

古汉语的"臧"字可以用来表示"收藏"（"足国之道，免用裕民而善臧其余"《荀子·富国》）、"所收藏之物"（"出御府之臧以赡之"《汉书·王吉传》）、"偷盗之物"（"掩贼者为臧"《国语·鲁语》）、"内脏"（"摧臧马悲哀"《焦仲卿妻》）等众多意义，当这些意义还是用"zang"的语音形式时，它们显然还属于一个词内的多义项。即使在读音上分出了读平声的"zang"，或读去声的"zang"，或读阳平的"cang"，还很难说它们就已经具备了比义项之间的联系更疏远的词与词的差异。只有在字形上区分出了"臧"、"藏"、"赃（贓）"、"脏

（臟）"之后，独立的词语身份才算得到了确认。在汉语词汇演变历史中，这种先为词义丰富，后为义项分化，终为词语独立的过程，都是有了汉字的介入才得以实现的。

四、汉字对显示词语身份的参与

汉字会在词演变的各个阶段以字音参与其中，会对已有词的声调、声母或韵母作局部改变使之成为新词或新义的区别物。如表示生长、官长、长辈的"长"与表示长短的"长"，表现出来的语音形式差异就是声母与声调的不同。又如"疑"，当它表示"不信""不能确定""疑问"时，用的语音形式是"yi"；当它表示"安定""安止""类似"时，用的语音形式是"ni"；当它表示"凝结""约束"时，用的语音形式是"ning"；当它表示"犹豫"时，用的语音形式是读轻声的"yi"。据《古今汉字多音字字典》记载，汉字多音字有3701个。[1]多音字绝大多数是两个音。12个读音的只有一个"呵"字；9个读音的有"啊、欸、那"3字；8个读音的只有"敦、洒"2字；7个读音的有"不、和、嗯"3字；6个读音的有"阿、伯、参、差、纯、从、番、缪、朴、齐、数、税、汤、纚、行、著、作"等17字；5个读音的有51个字；4个读音的有226个字；剩下的都是3个读音和2个读音的。

多音的单音节词是一个单音节词对它的多个不同意义在语音形式上做出的变通之计，这对在交际中要求词语做到清晰明确仍有相当的距离。当这个方法的潜力用得差不多时，它就要突破在一个音节范围内进行变化的限制，而要通过音节与音节的灵活组合方式来实现构成新词的目的。如"情爱"和"爱情"、"和平"与"平和"、"计算"与"算计"。

多音词仍是多义词的外部表现现象之一，但一旦多音词的差异体现在汉字字形上，这时多义词就会分裂为不同的词了。反过来，当没有字形参与时，多音多义词或一音多义词还很难被人看做不同的词。前者如"曼""蔓""漫"，自然被看成了三个词，而后者如"长"，读

---

[1] 徐长庚编：《古今汉字多音字字典》，重庆出版社1992年版。

zhang与chang的两个义项到底算一个词还是两个词，至今未有定论。如"刻"，具有"雕刻"与"一刻钟"两个意义，有的把它看做是一个词，有的把它当作典型的同音异义词。这就是因为没有字形的介入，光凭意义或读音，是难以取舍的。假如"雕刻"义与"一刻钟"义的"刻"在字形上加以区分，或是将"刂"变成"金"，或是将"刂"放到左边，或是为美观起见改为"刀"，相信这时对"刻"的两义是多义词还是同音异义词的争议就会变得轻而易举了。

大量的同音单音词是借助于字形才得以清楚区分的。如"羊""洋""烊""蛘""佯""徉""疡""炀""杨""扬""阳"，它们的语音形式都是读阳平的"yang"。有的同音单音词的数量还会相当庞大，如"yi"读平声的就有"衣、噫、铱、依、一、壹、漪、医、伊、黟、宜"等字。加上其他声调就更多了，如"宜、颐、夷、痍、荑、咦、胰、姨、遗、仪、沂、移、怡、诒、眙、贻、饴、圯、疑、嶷、蛇、彝、蚁、舣、椅、倚、乙、钇、以、苡、苢、矣、已、尾、谊、意、癔、薏、镱、翌、亦、弈、奕、裔、议、益、溢、镒、缢、殪、懿、翳、弋、易、蜴、翼、邑、悒、怿、译、驿、峄、绎、义、刈、轶、佚、屹、剿、逸、毅、疫、役、抑、忆、艺、呓、亿、臆、羿、诣、肆、异、熠、佾"。这么多同音单音词，如果不借助字形，只靠语音形式是难以区别的。

在复合词中，有了比单音词范围更大的组合，有时仍起不到区别的作用。如"有异"与"友谊"，"奕奕"与"熠熠"，"四夷"与"四姨"，"遗失"与"宜湿"，"守义"与"手艺"，"宜食"与"宜实"，"臆病"与"疫病"，"轶材"与"异材"，"演绎"与"演义"，"弈子"与"殪子"，"记忆"与"技艺"，"一亿"与"一意"，"后羿"与"后裔"，"议事"与"逸事"，"屹立"与"毅立"，"优异"与"忧悒"，"异人"与"艺人"，"溢出"与"逸出"，"仪式"与"遗室"，"成亿"与"城邑"，"奇异"与"棋艺"，"义同"、"异同"与"亦同"，"有益"与"友谊"，"两翼"与"两邑"，"特意"与"特异"，"直译"与"直诣"，"疫情"与"逸情"，"遗民"、"移民"与"彝民"，"意志"、"益智"、"异质"与

"易帜","公事"与"攻势","返潮"与"返朝","预定"与"预订","扣门"与"叩门"。

一个语言单位在它独立存在时不能清楚表明自己的身份,而要凭借其他相关成分的映衬,这种映衬愈多,表明其依赖性愈大,所具有的表意清晰度也肯定随之降低。在上面的两两组合中,虽然语音相同,但由于加进了汉字,明晰度增加了许多倍。这就是汉语词对汉字有着必不可少的依赖根源之所在。

以上四个方面只是简要剖析了汉字在汉语词的成长过程中所起的作用。在这里并未正面回答汉字与汉语词是否"同时起源"的问题,但人们不难发现,对汉字与汉语词的"同生并长"的历史过程,其实已经有了一个肯定的答复。只是这里将"起源"与"发展"分成两个问题来谈了。"发展"是一个客观过程,能够予以论证;"起源"则是推断色彩相当浓的假设课题。它方便提出联想与展开,容易留下疏漏。这是学术并未探索得彻底时不得不采取的一种做法。本书后面各章,其实都是在做力图还原于客观的一种梳理、论证工作。

第四章　汉字的语言基础之一：语音

"一字一音"，每个汉字都有读音，这个"音"的结构形式就是音节。一个汉字一个音节，音节成为汉字与汉语语音最贴切的结合点。汉字是书写系统，它的本质特征是表意的，这样的说法对但不全面。不全面就在于它没有揭示出汉字是形音义的结合体，"形""音""义"三者于汉字缺一不可。

第一节　汉字的语音基础是音节

汉字与汉语语音的关系，关键是落在"音节"上。普通语言学中划分语音单位有音素、音位、音节，细分还有元音、辅音、塞音、擦音、边音等。中国语言学中划分语音单位有声母、韵母、声调，细分还有介音、韵腹、韵尾、韵头等。在以上的语音单位划分中，最重要的是"音节"。人们在谈论音节特征时多从生理或物理角度来谈，如音节是发音肌肉的一次松紧过程，或是发音中的一次最小高低变化过程，或是以一个元音为中心的最小音素组合体。其实，这是远远不够的。音节还是语音各级单位中能够载义、在语言交际中最小独立运用的语音结构单位。相比之下西方语音学似乎更看重音位，汉语语音学更看重音节。"要了解语言内在的最基本的影响因素，若不追索到单音节，就可能没有找到根本，而难免片面性，甚至误入歧途。"[1] "语素单音化是汉语构造上的根本性的特点。"[2]因为汉语音节具有更为独立、更为高频的使用价值，这种使用价值由于与汉字结合而得到了更广泛的运用。一个汉字一个音节，汉字成为音节最为外显的视觉载体，音节成为汉字存在的基本形式，二者之间的结合天然而牢固。

一、汉语音节的构成特点

要了解汉语音节的运用和价值，首先必须了解它的构成。音节都是由一个主要元音构成的，如果这个音节包括两个或三个元音，也只有一个元音位于音峰，其他元音依附于主要元音，处于音峰的上升或下降过程中。构成汉语音节特点的关键是其内部音素构成方式的不同，具体说来有：

（1）汉语音节由声、韵、调三部分构成。"调"为声调，为声音的高低升降变化。"声（声母）"、"韵（韵母）"两部分属音质音位，是汉语音节构成的两个基本部分。

（2）一个音节最多可以由四个音素构成。声母可以没有，如有的话最多一个。韵母最多为三个音素，如"ian［ian］"、"iang［iang］"、"uang［uang］"、"iong［iung］"等。

（3）一个音节中必须要有元音。元音在韵母中居于核心位置。元音最多可有三个，出现两个或三个元音时必须连用，分别充当韵头、韵腹和韵尾。发音最强的为韵腹，另两个分别属于韵头和韵尾，韵头处于音节的上升过程，韵尾处于音节的下降过程。如"iao［iāo］"。

（4）一个音节中可以没有声母，但必须要有韵母。有单元音韵母，六个单元音都可以单独充当音节，"a"、"o"、"e"、"i"、"u"、"ü"；还有由纯元音构成的复韵母，如"ao"、"iao"、"ai"、"ia"、

---

[1]葛遂元：《中西语音结构差别对语文的影响》，《语文建设通讯》（香港)总35期，1991年10月。

[2]杜永道：《语素单音化是汉语的根本特点》，《语文建设通讯》（香港)总37期，1992年10月。

"uo"、"ou"；还有带辅音韵尾的鼻音韵母，如"an"、"ian"、"ong"、"iong"等。

（5）一个音节中最多可以有两个辅音。当出现两个辅音时，必须是出现在音节的前端和末端，位于音节前端的是声母，位于音节末端的是韵尾。韵尾辅音只能是"n"、"ng［ng］"。一个音节中的两个辅音不能连用。

汉语音节最完整的结构是"声母+韵头+韵腹+韵尾+声调"。这五个构成成分中不可缺少的只有一个，即"韵腹"，其他都可以阙如。缺声母的为零声母音节；缺声调的为轻声音节；没有韵头、韵尾的为单元音音节。前述的五个特点，对汉语音节构成影响最大的是辅音的组合规则，集中表现为两点：一是一个音节中允许使用的辅音数量少，一般是一个，最多是两个；二是辅音不能连用，即一个音节中有两个辅音时其中一个必定出现在韵尾。这样的组合规则使得汉语音节有着鲜明特点。一方面，汉语音节的元音辅音位置固定，富于顿挫，节奏感强，音乐性明显；另一方面，汉语音节的结构规则受约束多，生成能力低，音节总数少。

二、学术界对现代汉语音节数量的看法

了解汉语音节的数量，对了解汉字的作用至关重要，由此可以深入了解汉字与音节之间的关系，特别是每个音节的载字量，对了解汉字在分担音节功能上所发挥的作用有很大帮助。

对古代汉语的音节数曾经有学者估计过，但一直没有拿出准确的数据，应该比现代汉语音节的数量会多些。而对现代汉语的音节数量不少著作列出过数据，如下表：

时间	作者	文名	不分声调音节数	分声调音节数
1957年3月	刘泽先	《北京话里究竟有多少音节——一个初步的调查统计》[1]	432	1376（除轻声）

---

［1］刘泽先：《北京话里究竟有多少音节——一个初步的调查统计》，《中国语文》1957年第3期。

时间	作者	文名	不分声调音节数	分声调音节数
1958年4月	公士	《北京音里究竟有多少音节》[1]	397~420	
1979年9月	胡裕树	《现代汉语》[2]	398	1192（除轻声）
1982年1月	张志公	《现代汉语》[3]	418	1332
1994年2月	张普	《现代汉语的独字音节》[4]	400多	1200多
1999年4月	杜青	《普通话语音学教程》[5]	401	1219（除轻声）
2000年1月	王世友	《现代汉语单音词的范围、性质和地位》[6]		1443
2001年6月	卢偓	《现代汉语音节的数量与构成分布》[7]	404	1265
2001年6月	邵敬敏	《现代汉语通论》[8]	405	1200多
2002年7月	黄伯荣、廖序东	《现代汉语》（增订三版）[9]	396	1242

三、从《现代汉语词典》提取的现代汉语音节数

我们曾对《现代汉语词典》（下面简称《现汉》）的音节做过统计。[10]《现汉》是一部反映现代汉语词汇面貌的规范性词典，该词典的宗旨立足于现代汉语词汇规范，除了在词目取舍、词形确定、词义诠释上做了大量工作外，对词的读音也下了巨大而独到的功夫。主编丁

---

[1] 公士：《北京音里究竟有多少音节》，《中国语文》1958年第4期。

[2] 胡裕树：《现代汉语》，上海教育出版社1979年版。

[3] 张志公：《现代汉语》，人民教育出版社1982年版。

[4] 张普：《现代汉语的独字音节》，《语言文字应用》1994年第2期。

[5] 杜青：《普通话语音学教程》，中国广播电视出版社1999年版。

[6] 王世友：《现代汉语单音词的范围、性质和地位》，《语言文字应用》2000年第1期。

[7] 卢偓：《现代汉语音节的数量与构成分布》，《语言教学与研究》2001年第6期。

[8] 邵敬敏：《现代汉语通论》，上海教育出版社2001年版。

[9] 黄伯荣、廖序东：《现代汉语》（增订三版）上册，高等教育出版社2002年版。

[10] 苏新春、林进展：《普通话音节数及载字量的统计分析——基于〈现汉〉的注音材料》，《中国语文》2006年第3期。

声树先生"在音韵学方面，是公认的权威"。据刘庆隆先生介绍，《现汉》做的审音工作主要有："区别文白读音"、"对异音词的取舍"、"古入声归平声的确定"、"轻声的取舍"。其定音标准主要根据北京音。它虽然是一部词典，可收录的汉字量并不少，要高于或相当于当前通用的规范性字典的收字量，[1]这些汉字都有注音，因此通过它来观察汉语音节与每个音节的载字量颇有代表性。[2]

1.《现汉》以字目为统计单位的音节频次数

《现汉》单字条目共有10776个，给每个汉字都注了音，10776个单字条目其实也就是《现汉》音节出现的频次数。词典对汉字在特定语言环境下的读音作了分辨，使用了多种标示方法。如用"·"表示轻音；用"//"表示该音节与之前的音节结合较松，可插入别的成分；有纯辅音音节的，多是语气词；有合音字的，往往既标出合并后的单音节，也标出合并前的双音节；有的标出又读音；有的用大写注音，表示专名。举例如下：

（1）合音字（13个）。例"吋（cùn，又yīng cùn）"。它如"吋、哩、浬、呎、嗽、唡、瓩"。

（2）又音字（13个）。连其他特殊注音形式合用的有29个，独用又音的为13个。如"惝（chǎng，又tǎng）、焘（dào，又tāo）、岾、掴、晒、瘩、谁、忒、崖"，及"欸（1ē，又ēi）、欸（2é，又éi）、欸（3ě，又ěi）、欸（4è，又èi）"。

（3）大写注音（389个）。如"陬、邤、鄂"等。

（4）纯辅音（12个）。如"姆（m̄）、呣（ḿ）、呣（m̀）、嗯（ń）、嗯（ň）、嗯（ǹ）、呒（ḿ）"。

（5）轻重音（7个）。如"出（//·chū）、开、来、起、去、上、下"。

（6）轻声（67个）。如"啊（·a）、吧（·ba）、呗（·bei）、边（·bian）"。

［1］苏新春、廖新玲：《现代汉字的范围及其属性标注》，《汉字文化》2001年第2期。

［2］使用的统计对象是《现代汉语词典》，商务印书馆1996年版。

《现汉》的这些特殊注音方式，好处是显而易见的。把每一个读音在不同语言环境下的特殊要求明确标示出来，对读者能起到很好的指导作用。统计时怎样处理这些具体的语用因素，怎样对待这些特殊的注音方式，就变得有讲究了。可用三种不同的处理方法：第一种，不区分特殊注音与一般注音，把它们合在一起统计。第二种，把特殊注音剔除出去，只考虑一般注音，因为一般注音反映的往往是静态、普遍的读音情况，而且它们所记载的汉字数也最多。第三种是对某些特殊注音作必要的简化处理，使之类同于一般注音。不同的处理方法都会直接影响到音节的数量。为了更好地包容《现汉》所有的音节类型，这里采取了第三种方法。对六种特殊注音形式做了如下的简化处理：

对第1、2种是选一舍一。"合音字"和"又音字"标示的实际上是两个音节，将两个音放在一起统计显然是不当的。对合音字排除双音节音，保留单音节音；对又音字取前舍后，因前一个往往是常用音。值得注意的是"瓩qiān wǎ"，这是一个典型的合音字，却念成两个音节"qian wa"，这是汉字与单音节的不对等处。当合音字有双音节也有单音节的读音时，可以取单音节读音来统计，而像"瓩"这样只有双音节音的，在统计时就应把它排除在外。"合音字"从本质上说仍是一种文字现象而非语音现象。这样，我们的调查对象就是除"瓩"以外的10775个单字条目了。

对第3种"大写音"等同于一般注音方式。因为大小写纯属根据所表意义的特性而在书写上做出不同的标示，而实际语音无异。

对第4种"辅音音节"直接保留。纯辅音音节在音素构成上特别，但已具备了一个音节的独立条件。

对第5种"轻重音"做了归并处理，把7个"//·"音归入轻声音节类。因为"//"是从语用角度，显示的是该音节在与实词搭配时前面会出现的灵活插入情况，它与音节本身的存在状态关系不大。

对第6种"轻声"类予以保留。轻声是现代汉语音节中的一种特殊形式。如何处置也会直接影响到音节总量的构成和分布。

这样，《现汉》10776个音节，按它们的标音形式及简化处理，可作以下归类：

	分类	音节数	统计类	总数
一般音节	一般音节	10275	10701（＋瓩＝10702）	10776
特殊音节	合音音节	12		
	又读音节	13		
	大写音节	389		
	纯辅音音节	12		
	轻重音音节	7	74	
	轻声音节	67		

统计时没有包括74个"轻重音音节"和"轻声音节"。这是为了更好地显示在音质音位基础上组合出来的音节，共10701个。

2. 分声调的音节数

10701个音节汉字，排除重复者，即不考虑汉字因素，把相同音节归并处理，得到的音节数是1298个。

要了解《现汉》的音节构成，不相重的音节数是一个关键概念，它包含两个重要信息：一是《现汉》使用的不同的音节数，二是每个音节重复出现的次数，即每个音节的载字量。每个音节出现了几次，说明它表示了几个意义，这几个意义一般都用了不同的汉字来表示。载字量是衡量音节常用度的一个重要指标。

下面是对《现汉》分声调的音节载字量情况调查：

统计项目	音节数	
音节总数	1298	
每个音节的平均载字量	8.24	
每个音节的最大载字量	93	
每个音节的最小载字量	1	
所有音节中载字量位于中位的数	6	
相同载字量最多的音节	1	
有重复的音节	1102	85%
无重复的音节	196	15%

统计项目		音节数
四分位数分布	25%	2.5
	50%	5
	75%	11
	100%	93

上述各栏的含义如下：

"每个音节的平均载字量"：总汉字音节数10701个，不相重音节数是1298个，平均每个音节载字量8.24个。

"每个音节的最大载字量"：即一个音节表示汉字最多的数。排第一位的是93个，yì音节；排第二位的是82个，xī音节；排第三的是70个，bì音节。

"每个音节的最小载字量"：即一个音节表示汉字最小的数，为1个。

"所有音节中载字量位于中位的数"：1298个音节按每个音节载字量多少排列，位于中间的数是5个。中位数低于平均数8.24，说明载字量少的音节要多于在平均线之上的音节数。

"相同载字量最多的音节"：相同载字量最多的是载字数为1的音节，共有196个音节，也就是说有196个音节每个音节只表示了一个汉字。

"有重复的音节"：即一个音节出现了两次或两次以上的有1102个，占所有音节的85%。

"无重复的音节"：即一个音节只出现了一次的有196个，占所有音节的15%。

"四分位数"表示的是在全部1298个音节中，根据它们载字量的多少，每四分之一的数所处的位置。第一个四分之一数位于每个音节载字量为2.5个处，第二个四分之一数（即二分之一）位于每个音节载字量为5个处，该数与中位数相同；第三个四分之一数（即四分之三）位于每个音节载字量为11个处；第四个四分之一数（即百分之百）位于每个音节载字量最高的93个处。2.5∶5∶11∶93，四者之间的比例说明一个音节记载汉字最小与最大之间的数距为92个，但从分布上看，有一半在5个以下，在2.5个以内的达四分之一。从整体上看一个音节记载汉字量在总体上仍偏低。

把上面的音节分析换成人们熟悉的同音汉字，得到结论就是这样：在《现汉》中同音汉字最多的是93个，平均8.24个，四分之一的同音汉字在2.5个以下，没有同音字的汉字是196个。对了解普通话音节总数来说，这是很有用的数字。里面是否包括口语音、方言音、古今音，或外来音？要甄别到什么程度，都会直接影响到对普通话音节总数的把握。但对汉字与汉语音节关系来说，特别看重的却是196个单用音节以外的1102个音节，它们占音节总数1298个的85%。也就是说，汉字对85%的一音多义现象都起到了离析的作用。

在研究中还统计了"不分声调的音节"情况，得到了不分声调的音节共有419个的结论。由于声调是汉语音节一个必不可缺的部分，它参与了表义的过程。不考虑声调只对了解纯音质音位的音节构成有帮助，而对了解汉字与音节关系来说，汉字所起的作用应该是在声调辨义之后的阶段，因此，这里统计的重心自然是"分声调的音节"。1298个分声调的音节对汉字与音节关系来说，至关重要。

第二节　汉字与汉语音节的适切

有了上面统计出来的现代汉语音节数，现在来看汉字与音节之间的适切就很清楚了。

在总共1298个音节中，重复出现的有1102个，占音节总数的85%，如果音节与表意只是一对一的话，它只能表示1102个意义。如果真是这样，那将是难以想象的情况：或是大量出现同音词，85%的音节都会有同音异义现象出现，最多的达到一个音表93个义；或是为了对付大量的同音异义现象，早早进入"复合造词"的阶段。后者还会让人想到没有了大量的高频单音词存在，语言交际的长度将会以倍数来增加。当然，这里所说的几种情况都是假设。正是因为有了汉字，有了汉字参与其中的离析同音音节的作用，起到了扩大音节载义量、表意量的倍增作用，将上面统计出来的每个音节载字8.24个，减1后为7.24倍，如此算来对汉字的重要作用就不能不高度正视了。

1102个音节重复最多的是93字，最少1字，共有48个的重复级别。为了更好地显示汉字离析同音音节的作用，下面将这48个重复级别各举一例显示如下：

序号	载字量	组数	音节	例字[1]
1	93	1	yì	狋、艾、嗌、映、食[3]、一、衣、义、义[1]、义[2]、亿、弋、刈、忆、艺、仡、议、亦、屹、异、佚、吃、役、抑[1]、抑[2]、杙、苅、译、邑、佾、峄、怿、易[1]、易[2]、泆、绎、诣、驿、奕、弈、枻、疫、羿、轶、唈、悒、挹、浥、益[1]、益[2]、谊、肄、勚、埸、翊、翌、蓺、逸、晹、意、溢、缢、肆、裔、嬑、廙、湙、瘗、蜴、毅、熠、镒、鹝、劓、暣、殪、燚、醫、薏、螠、癔、鞥、黳、翼、臆、鲐、癔、镱、鷁、饐、鹢、懿、藙
2	82	1	xī	巂、腊[1]、恓、栖、磎、蹊、茜、裪、夕、兮、汐、西、吸、希[1]、希[2]、昔、析、矽、岁、肸、郗、饻、唏、奚、娭、息、悕、晞、浠、牺、悉[1]、悉[2]、惜、欷、浙、烯、硒、菥、傒、晰、犀、晰、稀、栖、翕、舾、傒、溪、皙、锡[1]、锡[2]、僖、熄、熙、蜥、稀、嘻、嗋、嬉、瘜、膝、樨、歙、熹、熺、窸、羲、螅、螣、豀、豀、觿、禧、醯、爔、曦、爔、饙、蟢、鹔、憙、鰕
3	70	1	bì	贲、秘、币、必、毕、闭、庇、诐、邲、苾、哔、怭、毖、珌、荜[1]、荜[2]、陛、毙、狴、铋、婢、庳、敝、梐、萆、弼、愊、愎、湢、皕、滗、煏、痹、腷、蓖、禆、跸、辟[1]、辟[2]、辟[3]、閟、弊、碧、箅、蔽、馝、獙、驳、髲、壁、襞、篦、薜、膟、膪、避、濞、臂、鞞、奰、璧、镥、襷、襣、躄、躄、泌、秘

---

[1] 汉字后面的数字表示《现汉》处理为同字异目。准确说这里的93、82、70的数字应是音节重出数，载字量等于音节重出数减去同字异目数。

序号	载字量	组数	音节	例字
4	64	1	yù	墺、谷、滆、菀、尉、蔚、与、雨、语²、玉、驭、吁、聿、芋、妪、饫、育、郁¹、郁²、彧、昱、狱、峪、浴、钰、预¹、预²、域、堉、欲、淯、谕、阈、喻、寓、御¹、御²、棫、矞、裕、遇、鹆、愈¹、愈²、澦、煜、罭、薁、誉、毓、蜮、燠、奥、豫¹、豫²、豫³、遹、燏、燠、歈、鹬、鬻、熨、粥
5	61	1	zhì	识、至、志¹、志²、志³、忮、炙、制、庢、帙、帜、治、炙、质¹、质²、质³、郅、峙、庤、陟、挚、桎、狨、秩¹、秩²、致¹、致²、致³、贽、轾、掷、栉、畤、痔、窒、絰、袠、鸷、彘、智、滞、痣、蛭、鹭、寘、滍、稚、置、锧、雉¹、雉²、疐、瘈、銍、膣、觯、踬、搋、蟹、礩
6	56	1	fú	佛、夫、弗、伏¹、伏²、凫、刜、孚、扶、芙、苻、芾、绂、怫、拂、服、绂、绋、符、苩、俘、氟、洑、袚、罘、茯、郛、袚、枎、浮、砩、莩、蚨、蜉、桴¹、桴²、涪、符、艴、菔、袱、幅、罦、福、蜉、辐、榑、箙、幞、蝠、髴、鳆、澓、襆、鹏、市
7	53	2	lì	茣、鬲、莉、力、历¹、历²、厉、立、吏、丽¹、丽²、丽³、利、励、呖、坜、沥、苈、例、戾、枥、渗、疬、隶、俐、俪、栎、荔、轹、郦、栗¹、栗²、猁、砺、砾、苙、唳、笠、粒、栃、蛎、傈、溧、痢、詈、跞、雳、溧、缡、篥、鬲、砾、盭、枥
8	52	1	jì	迹、绩、勣、计、记、伎、纪¹、纪²、妓、忌、技、芰、际、剂、季、哜、垍、既、洎、济、继、觊、偈、寂、寄、徛、悸、祭、惎、蓟、蓟、塈、暨、漈、概、愵、霁、鲚、稷、鲫、冀¹、冀²、穄、髻、蓟、檵、骥、鬾、鲫、齐、荠、系
9	46	1	jī	要、讥、击、叽、饥¹、饥²、乩、圾、机、玑、肌、芨、矶、鸡、咭、剞、唧、姬、屐、积、笄、基、嵇、犄、缉、赍、畸、跻、箕、畿、稽¹、稽²、觭、齑、墼、激、禨、镜、羁、羁、几¹、几²、禨、期¹、其、奇
10	45	2	qí	七、祁、齐¹、齐²、圻、岐、芪、其¹、其²、其³、奇、歧、祇、祈、痕、旂、耆、脐、颀、埼、崎、淇、畦、萁、跂、骐、骑、棋、琦、琪、祺、蛴、锜、旗、綦、蜞、蕲¹、蕲²、麒、鳍、麒、馨、荠、俟、歧

序号	载字量	组数	音节	例字
11	44	1	shì	莳、士、氏、世、仕、市、示、式、事、侍、势、视、试、饰、室、恃、拭、是[1]、是[2]、是[3]、昰、柿、贳、适[1]、适[2]、栻、舐、轼、逝、铈、弑、谥、释[1]、释[2]、嗜、筮、誓、奭、噬、澨、螫、襫、似、峙
12	39	2	bó	柏、袯、脖、伯[1]、伯[2]、孛、驳[1]、驳[2]、驳[3]、帛、泊、瓟、勃、亳、浡、钹、铂、舶、博[1]、博[2]、渤、鹁、搏、馎、鲌、僰、箔[1]、箔[2]、膊、踣、镈、薄[1]、薄[2]、馞、髆、欂、襮、礴、魄
13	37	2	jí	废、革、及[1]、及[2]、伋、吉、岌、彶、汲、级、即[1]、即[2]、极、亟、佶、姞、急、笈、疾[1]、疾[2]、戢、棘、殛、集、嫉、楫、蒺、辑、瘠、蕺、踖、鹡、蹐、籍、嵴、诘、藉
14	36	3	lù	鲸、崁、罷、蓼、六、露[1]、露[2]、甪、陆、录、赂、辂、渌、菉、逯、鹿、琭、禄、僇、睩、碌、路、漉、箓、戮[1]、戮[2]、辘、醁、潞、簬、璐、簏、騄、鹭、麓、绿
15	35	2	jiǎn	囝、拣[1]、拣[2]、枧[1]、枧[2]、俭、柬、茧[1]、茧[2]、捡、笕、减、剪、检、趼、揃、睑[1]、睑[2]、硷、裥、锏、暕、简[1]、简[2]、简[3]、絸、谫、戬、碱、翦、謇、蹇、鬋、瀽、譾
16	34	3	lí	厘、梨、狸、离[1]、离[2]、骊、犁、喱、鹂、犛、漓[1]、漓[2]、缡、蓠、蜊、嫠、璃、犛、蔾、鲡、黎、篱[1]、篱[2]、罹、醨、藜、鵹、黧、蠡、劙、丽、梩、纚、杝
17	33	1	mò	嘿、脉、冒、没[1]、没[2]、磨、抹、末[1]、末[2]、妹、殁、沫、茉、陌、眜、秣、莫、眽、寞、漠、蓦、貊、靺、墨[1]、墨[2]、瘼、镆、默、貘、礳、纆、耱、万
18	32	1	líng	〇、棱、伶、灵、囹、泠、苓、柃、玲、瓴、凌[1]、凌[2]、昤、铃、陵、鸰、棂、笭、绫、羚、翎、聆、舲、菱、蛉、祾、零[1]、零[2]、龄、鲮、酃、醽
19	31	5	hé	纥、禾、合[1]、合[2]、何、劾、和[1]、和[2]、和[3]、河、郃、曷、阂、饸、核[1]、核[2]、盉、盍、荷[1]、荷[2]、涸、盒、菏、龁、鉌、颌、貉、阖、翮、鞨、鶡
20	30	1	zī	菑、吱、仔、孜、兹、咨、姿、赀、资[1]、资[2]、谘、嗞、孳、嵫、淄、滋[1]、滋[2]、粢、辎、觜、趑、锱、缁、镃、龇、鼒、髭、鲻、訾[1]、訾[2]

序号	载字量	组数	音节	例字
21	28	3	yàn	咽、研、厌、彦、砚、喭、宴、晏、艳、贬、验、谚、嘽、堰、焰、焱、雁、滟、墕、酽、谳、餍、燕¹、燕²、赝、嬿、燗、鷃
22	27	5	dài	紫、大²、代¹、代²、轪、岱、甙、绐、迨、带¹、带²、待¹、待²、怠、殆、玳、贷、埭、袋、逮¹、逮²、骀、戴、黛、襶、隊、骀
23	26	9	wù	恶、阢、乌、坞、兀、勿、务、戊、阢、屼、扤、杌、芴、物、误、悟、晤、焐、婺、痦、靰、鹜、雾、寤、鹜、鋈
24	25	8	qiān	磏、千、仟、阡、扦、芊、迁、佥¹、佥²、岍、汧、钎、牵、悭、铅、谦、愆、签¹、签²、骞、鹐、搴、褰、褰、韆
25	24	9	wèi	为、硊、卫¹、卫²、未¹、未²、位、味、畏、胃、尉、谓、喂¹、喂²、渭、猬、蔚、慰、蔚、魏、霨、鳚、罻、遗
26	23	7	gū	估、咕、姑¹、姑²、孤、沽¹、沽²、轱、罛、鸪、菇、菰、蛄、菁、觚、軱、辜、酤、毂、箍、骨、苽、呱
27	22	9	shū	书、殳、抒、纾、叔、枢、姝、倏、殊、梳、淑、菽、郰、疏¹、疏²、舒、摅、毹、输¹、输²、蔬、儵
28	21	6	yáo	侥、陶、铫、爻、尧、肴、垚、姚、峣、轺、珧、窑、谣、徭、摇、猺、遥、瑶、飖、繇、鳐
29	20	14	biāo	杓、彪、标、飑、猋、焱、幖、滮、骠、熛、膘、瘭、镖、飙、瀌、麃、穮、镳¹、镳²、摽
30	19	22	hù	糊³、虎、互、户、冱、护、沪、岵、怙、庈、枑、祜、笏、戽、瓠、鄠、鹱、鳠、楛
31	18	16	huàn	奂、轘、睆、幻、奂、宦、唤、换、浣、涣、患、焕、逭、痪、豢、漶、皖、擐
32	17	16	lú	卢、庐¹、庐²、芦、垆、垆¹、垆²、泸、炉、栌、胪、轳、鸬、舻、顱、鲈、瓐、纑
33	16	29	qián	犍、轩、前、荨、钤、虔、钱¹、钱²、钳、乾、掮、垪、潜、黔¹、黔²、灊
34	15	24	máo	猫、毛¹、毛²、毛³、矛、牦、茅、旄、酕、锚、髦、蝥、蝥、蟊、茆
35	14	29	wú	无、毋、吴、吾、芜、郚、唔、梧、浯、鹀、蜈、鼯、捂、铻

序号	载字量	组数	音节	例字
36	13	39	pì	辟[1]、辟[2]、釽、埤、屁、淠、媲、睤、僻、澼、譬、讐、鸊
37	12	44	tiáo	调[1]、调[2]、苕、条、岧、迢、笤、蓨、蜩、蜩、髫、鲦
38	11	40	shǔ	暑、黍、署[1]、署[2]、鼠、蜀、薯、曙、癙、数、属
39	10	45	bǐng	鞸、丙、邴、秉、屛、柄、炳、饼、禀、屏
40	9	48	jiǒng	炅、絧、冋、泂、迥、炯、煛、窘、颎
41	8	56	lào	唠、涝、烙、耢、酪、嫪、络、落
42	7	74	nóng	农、侬、哝、浓、脓、秾、醲
43	6	65	cuó	瘥、嵯、痤、矬、醝、酂
44	5	98	lǐn	菻、凛、廪、懔、檩
45	4	89	kǔn	悃、捆、阃、壸
46	3	138	tōng	恫、通、嗵
47	2	129	bí	荸、鼻
48	1	196	shōu	收

　　表中的"组数"指的是具有相同载字量的音节共有多少个。"载字量"指的是每一个音节表示了多少个汉字。在每一组载字量相同的有多个音节的话一般是取按音序排首位的音节，"例字"里列出该音节表示的所有汉字。

　　以上数据清楚显示一个音节正是由于有了汉字，才起到了清楚表示多个不同意义的效果。汉字有效地离析了大量的同音异义音节。汉字字形的别义作用，汉字的庞大数量，与汉语音节数量少，同音音节多，二者之间，一多一少，"堤内损失堤外补"，达到如此契合程度，个中原因的确值得探究。日本语言学家金田一春彦也思考过类似的问题，虽然他努力对比的是日语音节与英语音节。日语音节与汉语音节尽管不太一样，但与西方语言相比，它们都属于音节内的元音辅音搭配过于规整，音节总数偏少的语言。作者对英语音节的思考相当有趣，给我们在思考汉语音节时也带来启发。[1]

　　[1]［日］金田一春彦：《日语概说》，李德、陶振孝译，外语教学与研究出版社1985年版。

第三节　汉字声旁的表音能力

上面比的是形音义兼有的"汉字"与汉语"音节"总量与适用的情况，显示出汉字是带着两个优势来补汉语音节数量少之短的，这两个优势是"形能别义"与"数量众多"。下面则来考察汉字是如何获得表音能力的。这会深入汉字结构内部，探讨汉字各个部件是如何落实表音能力的，从而更好地把握汉字表音能力及变化趋势，更准确地评价汉字性质与价值。

一、声旁的出现及与古音的关系

1. 声旁的出现

要谈汉字的表音能力就不能不谈声旁。在汉字结构中，有形旁、声旁、符号三部分，声旁的功能就是表示声音的，"声旁兼意"也可算在里面。形声字里面有形旁、声旁的结构。"会意兼形声"或"形声兼会意"，则是包括了"声旁兼意"。

汉字的整体表音，是从汉字产生之初，汉字进入了语言交际之初就有了的，但汉字声旁的出现则是汉字发展到了一定阶段才开始出现的。现有的"六书"理论中定义取自《说文》，顺序取自《汉书》，就是因为"象形""指事""会意""形声"的顺序体现了汉字的繁衍过程。"单体为文，合体为字"，就表现为汉字发展的两个大阶段，其界限是汉字组合的基本单位是什么。在前一个阶段中，其共性是只含有一个字根。"单体为文"，意思是只有一个字根。在这个阶段中，仅有一个字根，一个独立字形，不可再作任何拆分的，就是"象形字"；如除了一个字根，还另有一两个不成字的符号，则为"指事字"。在后一个阶段中，其共性是包含两个或两个以上的字根。"合体为字"，"体"就是独立的字，"合"就是要有两个或两个以上的字根。在这个阶段中，几个字根都参与表意的为"会意字"，有的字根表意，有的字根表声的为

"形声字"。显然，声旁产生于第四个"形声"阶段的。

清代学者王筠对《说文解字》中的9353字做过统计，象形字是264个，指事字是129个，会意字是1653个，形声字是7697个。会意与形声的造字能力强多了，呈现几何式的增加。在此之后的新造字，大体也是以会意或形声的方式来构成，特别是以形声的方式，如"氯氢氮氡氦"类的气字头字，"镭锰镁镍镉"类的金字旁字。象形字指事字是形与义、音的直接结合，义是衍生无穷的，形、音是有限的，故以"形""音"的组合式来代替直接使用，以适应有限之形、音对无限之义之变化。而会意字只能解决"形"之局促，形声字才能解决"音"之局促。同时，会意字形声字在解决"形""音"数量局促之同时，又在前形与后形、前音与后音之间建立了你中有我、我中有你的内在联系，这也就是形类、声类的来由。部首的"凡山必言山，凡水必言水"就是一个形类表示一个义类、一个意义范畴。声旁所代表的"同声必同部"就是一个声旁必有古音之联系。

2. 段玉裁的声旁研究

段玉裁在《说文解字注》后著有《六书音均表》，探求汉字的音义关系。共五篇：《今韵古分十七部》、《古十七部谐声表》、《诗经韵分十七部》、《群经韵分十七部》。同时代的一些学者对其在揭示古音古义上的贡献做过高度评价。钱大昕誉为："定古音为十七部，若网在纲，有条不紊，穷文字之源流，辨声音之正变。洵有功于古学者已。古人以音载义，后区音与义而二之，音声之不通而空言义理，吾未见其精于义也。"[1]

段玉裁理论的核心认为音与义是相贯通的："字义不随字音为分别，音转入于他部，其义同也。音变析为他韵，其义同也。"这一思想集中体现在对谐声旁的认识上："一声可谐万字，万字而必同部，同声必同部，明乎此而部分音变平入之相配，四声之今古不同，皆可得

---

[1] 钱大昕:《六书音均表·原序》，见段玉裁《说文解字注》，上海古籍出版社1981年版，第804页。

矣。""谐声之字，半主义，半主声。凡字书以义为经，而声纬之，许叔重之说文解字是也。凡韵书以声为经，而义纬之，商周当有其书，而亡佚久矣。"[1]

3. 沈兼士的声旁研究

最早试图突破古音研究的范围，将声旁系统引入语源学研究范围的学者是沈兼士先生。他选择了承接古今汉字演变之枢的中古韵书《广韵》，"取其形声字之主谐字为纲。凡各韵中属于某主谐字之诸被谐字，均类聚系属于同一主谐字之下"。这项研究的主要目的有四个："一、叙列周秦两汉以来谐声字发达之史迹。二、提示主谐字与被谐字训诂上文法上之各种关系。三、比较主谐字与被谐字读音分合之现象。四、创立以主谐字为纲之字典模范。"可见它的主要目的还是在探讨汉语发展的源流方面，主谐字与被谐字读音分合就属于这方面的研究。作者于1933年开始研究，集十余年之功而成《广韵声系》。统计出谐声字有2593个，其中第一主谐字947个，第一主谐字之异读者293个；第二主谐字966个；第三主谐字327个；第四主谐字51个；第五主谐字9个。[2]

《广韵声系》对声旁从汉字中离析出来的方法颇似于《说文解字》对部首的归纳原则："凡某之属皆从某。"如"其""基""欺""綦""斯"都因为有以它们为构字部件的所属字，故均被列为声旁字。其中"其"为第一主谐字，后四个为滋生出来的主谐字，它们都建构在"其"字之上，以"其"为声旁。

4. 王力的《同源字典》

《同源字典》是研究同源字的一部开创性著作，"同源字的研究，其实就是语源的研究"[3]。书卷首篇是《同源字论》，长达3万余字，论述了同源字的四个问题："什么是同源字"、"从语音方面分析同源字"、"从词义方面分析同源字"、"同源字的研究及其作用"。这四个问题中

---

[1] 段玉裁《古音义说》、《古谐声说》，见《说文解字注》，上海古籍出版社1981年版，第816页。

[2] 沈兼士：《广韵声系》，文字改革出版社1960年版，第2~43页。

[3] 王力：《同源字典》"序"，商务印书馆1982年版，第1页。

没有谈到如何看待"汉字""字形"的问题。是不言而喻，还是因强调的是从语言角度来研究而有意回避汉字？不得而知。但从序文的论述中还是看得出与汉字是很有关系的。请看下面的论述：

"还有一类很常见的同源字，那就是分别字（王筠叫做'分别文'）。分别字历代都有。背东西的'背'，晚近写作'揹'，以区别于背脊的'背'。尝味的'尝'，晚近许多人写作'噇'，以区别于曾经的'尝'。这些字曾经行用一个时期，汉字简化后，才又取消了。……这些字我们都当作同源字看待。"（第6页）

"在汉字中，有所谓会意兼形声字。这些形声字的声符与其所谐的字有意义上的关连，即说文所谓'亦声'。'亦声'都是同源字。"（第10页）

"有些字，说文没说是会意兼形声，没有用'亦声'二字，其实也应该是'亦声'。"（第11页）

以上的论述是夹在"什么是同源字"中来论述的。

下面的论述则是夹在"从词义方面分析同源字"的：

"3.分别字。（甲）说文已收的分别字，即早期的分别字（如"右、佑；沽、酤；雕、彫、琱；息、熄；"）。……（乙）说文未收的分别字，即后期的分别字（如伯、霸；歷、曆；禽、擒）。"（第21～22页）

《同源字典》中还有许多未作为汉字问题来论述，但在论述词义、语音联系时所罗列的例证中显示有汉字联系的。如"背、负；左、佐；汤、盪；腋、掖；砚、研；耳、聅、珥；鱼、渔；臭、嗅；田、佃；衔、琀、含"。

从王力的这些论述来看，尽管他非常强调同源词是"音义皆近"、"音近义同"、"义近音同"，是从语言学而不是从文字学上来研究，但实际上汉字与汉语联系是非常密切的，难以分割开来。

以上引述了多家有代表性的成果，这些都是立足于字形上来看汉字的表音，因为声旁也是属于字形的一部分。从里面可以清楚地看到"形""音""义"是紧密联系在一起的。从语音、音节的角度来看，能提供的信息也非常多。最早出现的字已经把当时语言中的音节都表示了，或说是用完了。数量庞大的后起字，它们并没有表示出新的音节——不是不想表示，而是实际语言中已经没有未被汉字记载过的音节了。后来繁衍出来的汉字并没有追求对新的语音的"独占"式的表达，而是希冀于借助形旁来对原有义类进行关联，以达到触类旁通、由此及彼的旁及效果；同理，声旁的效果也是这样，借助于声旁来对原有声类音类进行关联，以达到同音复用、类音延用的效果。当汉字字根在繁衍、字根在充当后起字的构字部件时，不仅仅是它们的字形、字义进入了繁衍字中，字音也一起进入了。所以，单纯考虑字形因素来对汉字部件进行归纳，可以归纳出检录法性质的部首；把字形与字义结合起来一起进行归纳，可以归纳出形义合一的字根系统，即文字学性质的部首；而对表达了声音的字根即声旁进行归纳，则可以得出表音字根系统，即谐声系统或曰声旁系统，进而归纳出上古语音系统。在始于明末、盛于清的古音研究中，汉字谐声系统就一直是重要材料之一。对谐声旁的利用也形成了一种重要方法。这个在古音研究领域已经是常见的事实，当现在从汉字与汉语，从汉字与语音关系的角度来看时，它同样给人们带来许多新的认识和启示。

二、现代声旁的表音能力

汉字以数量庞大的字形来离析同音词，这是从汉字总体与音节总体的对应关系来观察问题；声旁显示出声类与谐声关系，这是从声旁彰显语音功能的角度来观察问题。在现代，人们还经常习惯于把声旁当作一个纯粹的记音符号，从记音符号与记音效果的角度来提出思考。这是因为更多地从"断代"语言学来思考声旁的功能，只看现在不问过去；习惯于将声旁等同于记音符号，不管是对音标还是对注音符号，评价标准都是准确、清晰、简省。当然，这样的思考不是没有问题，因为声旁的出现并不是像音标那样追求的只是准确记音，而是起着类化语音的作用；也因为声旁出现后随着汉字一起经历了篆、隶、行、草、楷的变化，还有繁化与简化，到现在已是历经沧桑；更因为声旁进入后起字的繁衍重构并非一时一地，时空有异，人物生变。但现代对声旁表音能力的考察在相当程度上仍可以给我们提供许多新的观察和思考。当代对声旁表音能力的研究中，周有光与龚嘉镇的研究尤为值得重视。

1. 周有光的现代声旁表音能力研究

据周有光先生在《汉字声旁读音便查》的调查，[1]现代汉字中的声旁有1348个，所表示的不计声调的音节是415个，各个音节所使用的声旁数如下。本书引用时对表格略作调整：

	声旁数	音节数	音节数比例
无声旁或不成字声旁		68	16.39%
	1	81	19.52%
	2～5	198	47.71%
声旁	6～9	48	11.57%
	10～24	19	4.58%
	29	1	0.24%
总计	1348	415	100.00%

他还将《新华字典》中所有汉字的声旁进行了排比归类，求出了声旁表音率。有这么几组基本数字：

（1）声旁字有1348个，含旁字有6542个，另有不含旁的孤独字185个。各占17%、81%、2%。

（2）同音声旁有473个，除去不成字的和多音字的，同音声旁有408个。408个同音声旁占所有声旁1348个的30%。这是汉字的有效声旁比。

（3）同音含旁字有3426个，除去多音字309个，剩下的为3117个。3117个同音含旁字占所有含旁字6542个的48%。这就是汉字的有效含旁比。

（4）在有效声旁比与有效含旁比之间求平均值，即为39%。这就是现代汉字声旁的有效表音率。计算公式：（30%+48%）*1/2=39%。

---

[1] 周有光：《汉字声旁读音便查》，吉林人民出版社1980年版。"现代汉字中声旁的表音功能"章。

以上统计显示有效表音率为39%。这个数字与古代汉字中声旁表音率相比肯定是低了不少，但作为提供认知参数的研究来说应已经足够了。因为这一研究所含有的前提太多，它针对现代汉字来说，而无须论及在长期历史演变中汉字所发生的字形演变情况；它是从现代读音来说，也无须论及在长期的历史语音变化中的许多音变现象，及音变带来的与汉字字形关系的变动。这些因素都会影响到有效表音率的结果。具体表现如下：

对"声旁"的认定："把部首以外的半边一概视作声旁，其中包括能表音的和不能表音的，还有形式类似声旁而实际不是的。""取字形的半边，不取半边的某一部分。"

对"汉字结构"的认定是："按现代字形机械地归类，不考虑原字的历史背景。"

对"同音"的认定是："只有能够准确表音的（不论声调）才有表音功能。"

对"不成字声旁"的认定是："可能是异形字、繁笔字、古字、简化形成的新偏旁、本字典不收而其它字典收的字。"

对"表音功能"的认定稍宽些，即只求声母韵母同，不求声调同。即"不论四声，只论声母和韵母"。

也就是说，即使汉字演变到了现在，在字形与字音的变化都比较大的今天，汉字表音率仍能达到如此程度应是很值得重视的一种现象。

2. 龚嘉镇的现代汉字声旁表音能力研究

龚嘉镇也做过现代汉字声旁表音能力的研究。[1]该研究以《现代汉语通用字表》为基本对象，有7000字，其中625个多音字，共得到7705个汉字，形声字为6252个，占81%。声旁的读音同异情况如下：[2]

---

[1] 龚嘉镇：《现行汉字形音关系研究》，湖北人民出版社1995年版。

[2] 龚嘉镇：《现行汉字形音关系研究》，湖北人民出版社1995年版，第78页。这里的表格对原表有调整。

	所谐形声字	字数（个）	比例（%）
单音声符	读音全同	1975	34
	仅调不同	1152	20
	声异韵同	1157	20
	韵异声同	375	7
	声韵不同	1079	19
	小计	5738	
多音声符	读音全同	238	46
	仅调不同	94	18
	声异韵同	78	15
	韵异声同	45	9
	声韵不同	59	12
	小计	514	
合计		6252	

以上统计稍作归并，会发现有两个数据很值得重视。第一个数据是两处"读音全同"的共有2213个，占总数7705个的28.7%。第二个数据是把两处的"读音全同"与"部分相同"相加共有5114个，即只排除"声韵不同的"1138个，相同与部分相同的占总数的66.3%。

三、影响汉字表音能力的若干因素

现代汉字的表音率要比古代汉字的表音率低。这从上面的现代汉字表音率的分析中已经可以看出来。其中有多方面的原因。

1. 汉字声旁的古今变化

在汉字长期的历史发展中，由于字体与字式的变化，许多汉字的造字理据会发生变化，表音部件与表意部件的结构与功能，也会出现新的变更。有的转变后会更清晰，但多数是朝着弱化的方向变化。下面是声旁的一些变化情况。观察的主要是声旁在改变的情况下表音功能是否发生了变化，而不包括声旁是一个，只是声旁自身的繁与简，笔画的多与少，且表音功能完全一样的现象。如：镮—鐶、拧—擰、侬—儂、讴—謳、侨—僑、湾—灣、恢—懨、仪—儀、蚁—蟻等。

声旁结构变化与表音功能变化之间会出现以下几种情况。这里在观察表音能力变化时采取的是较宽松的标准，承认同音有时也包括了联系紧密的声类与韵类。

（1）新声旁代替老声旁，保留表音功能。

村—邨、捶—搥、担—擔、胆—膽、灯—燈、递—遞、遁—遯、麸—稃、俯—俛、秆—稈、赶—趕、蚝—蠔、迹—蹟、舰—艦、阶—階、堦、秸—稭、惊—驚、剧—劇、惧—懼、据—據、历—厤曆歷、梅—楳、刨—鑤、炮—礮、苹—蘋、千—韆、揪—揫、让—讓、认—認、尸—屍、怂—慫、袒—襢、趟—蹚、啼—嗁、厅—廳、听—聽、碗—盌、虾—蝦、仙—僊、纤—縴纖、跙—躘、亿—億、忆—憶、拟—擬、昵—暱、娘—孃、泄—洩、痒—癢、佣—傭、拥—擁、痈—癰、优—優、忧—憂、园—園、猿—猨、运—運、韵—韻、赃—臟臟、脏—髒臟、毡—氈、战—戰、钟—鐘鍾鐘、桩—樁

（2）声旁简化，保留表音功能。

掸—攛、锵—鏘、沟—溝、构—搆構、购—購、钩—鉤、眷—睠、练—練、炼—煉鍊、庐—廬、芦—蘆、垆—壚罏、泸—瀘、炉—爐鑪、栌—櫨、胪—臚、吗—嗎、迈—邁、宁—寧、咛—嚀、拧—擰、狞—獰、柠—檸、聍—聹、泞—濘、农—農、侬—儂、哝—噥、浓—濃、脓—膿、讴—謳、欧—歐、殴—毆、瓯—甌、鸥—鷗、呕—嘔、怄—慪、沤—漚、恶—慝、踊—踴、总—總

（3）字形简化，形旁消失，声旁保留，保留表音功能。

凳—櫈、傕—傕、号—號、类—類、离—離、里—裡裏、栗—慄、曲—麯、舍—捨、升—昇、声—聲、誊—謄、洼—窪、系—繫、系—係、咸—鹹、显—顯、县—縣、悬—懸、线—綫線、响—響、飨—饗、医—醫、殷—慇、余—餘、欲—慾、沾—霑、制—製、总—縂

（4）出现新声旁，有表音功能。

异—異、耻—恥、奸—姦、进—進、态—態

（5）新声旁代替老声旁，表音功能弱化或消失。

桲—梼、积—積、笋—筍、坛—壜壇罈墰罎、乡—郷、咽—嚥、

胭—臙、爷—爺、跃—躍、澄—澂

（6）声旁简化或符号化，失去了表音功能。

原有的声旁演变后成为纯符号字，使得本来是有声旁的字因此而变为无声旁的字。尽管在该字中仍可视为表音的部件，但在同类字中失去了表音功能。

币—幣、层—層、丑—醜、春—旾、导—導、邓—鄧、敌—敵、动—動、独—獨、队—隊、对—對、个—個箇、顾—顧、观—觀、广—廣、欢—懽歡、还—還、环—環、鸡—雞、艰—艱、仅—僅、举—舉、过—過、旧—舊、脉—脈衇、盘—盤、权—權、叹—嘆歎、头—頭、应—應、誉—譽、扎—紮劄、只—衹、妆—粧、团—團、向—嚮、戏—戲

（7）声旁消失，无表音功能。

声旁消失，如：么—麼。有的会出现新的表意部件，使形声字变成了会意字，如：阳—陽、笔—筆。

通过以上分析可以看到，（1）、（2）、（3）是原有声旁功能的保留，（5）、（6）、（7）是原有声旁功能的消失或消褪。只有（4）是新出现的声旁字。因此，从总体上看声旁结构是处于字形不完整、不典型、不清晰的弱化过程，表音功能是处于不准确、近似、类化的弱化过程，二者都造成了汉字表音的弱化。其中最典型的现象是声旁的符号化，如"顾—顧"，本来"雇"的表音是很清晰的，而简化后就失去了表音功能。

当符号化不仅仅是出现在一对一的替代过程，而是一对多的情况下，其表音功能的失去就是彻底的了。因为如果是一对一的话，人们还可以用对应的替代法，而当是一对多时，连这点"对应"、"替代"的可能都完全失去了。如"又"，在下列简化字中它都替代了原字的声旁：邓—鄧、对—對、观—觀、欢—懽歡、鸡—雞、艰—艱、仅—僅、戏—戲。

2. 声旁的古今读音变化

在汉字声旁演变的同时，声旁所表示的对象——语音也在发生着变

化。许多在古代是有明显音韵联系的字开始变得"半同音"或"异音"了。如"般"是声旁,"搬""瘢"是同音含旁字,声母是"b","磐"念"p",只能算是半同音的含旁字。可在古代"b"与"p"发音部位都相同,只是发音方法是一个送气,一个不送气。又如念fan与念pan的"番",在古代是轻唇与重唇关系。pan音与"潘""蟠"同音关系,与"幡""鄱"是半同音关系,与"播"是异音关系。可在"古无轻唇音"的语音环境中,它们与念轻声fan的"幡""翻""燔""蕃"也都可统统算是同音或半同音的关系。

上面两种因素都会带来汉字表音能力的降低。有的是形变音变,有的是形变音不变,有的是形不变音变。既不可能要求形与音的绝对不变,也不可能要求二者的变化完全同步。因此汉字表音能力的弱化确是一种必然。

除了以上两种客观因素外,研究者的主观认识与分类方法也会影响到声旁表音度的统计数据。最明显的要算是对"声旁"范围的划分。"把部首以外的半边一概视作声旁"实际上是扩大了声旁的范围,因为"部首"只是为了从字形上归纳汉字的需要而分离出来的一个汉字部件。在一个汉字中除了"部首"以外,其他部件很复杂,把它们统统归入声旁只会使真正的声旁淹没在杂芜的结构之中。例如对声旁只取字形一半的做法,看似灵便,实则未必妥贴。如:把"做"中的"故"看做是声旁,"做"是一形一声,"亻"为形"故"为声,其实"做"未尝不可看做是二形一声,即"亻"、"攵"为形,均表手部的动作义,"古"为声。

把"觅"看做会意字就比看做以"见"为声旁的形声字要妥当。

把"视"作为"见"的异音含旁字就不当。"视"是形声字,声旁应是"礻"而不是"见","见"恰恰是表意的义旁。《说文》云:"视,瞻也。从见示声。"

把"舂""舀""鼠""舁"都作为"臼"的异音含旁字也不妥。这四个字中间的"臼"并不是用来表声的声旁。"舂,捣粟也。从廾持杵临臼上舞。""舀,抒臼也。从爪臼。""舁,共举也。从臼从卉。""鼠，穴虫之总名也。象形。"前三个是象形的形旁，后一个是象老鼠头部之形的形符，都只因楷化而变成了一个"臼"字。它们都算不上是"臼"的含旁字。

周有光先生把声旁表音研究严格限定在"现代汉字"的范围，这个前提无可非议。但由于汉字本身是发展的，只考虑它的现存状况，只究其然，而不究其所以然，不问它的历史与源流，即使是对现代汉字、现代声旁、现代表音的方式与效果，也是难以达到理想结果的。

在研究现代汉字的表音能力时，对那些曾经有而在后代已流逝不见、隐而不显的联系，确实可以略去不究。但对历史上不曾有过语音联系而在现代仅因其字形相像而说成是有语音联系的，则应特别慎重，除了像"进—進"这样有明确现代造字理据的除外。这些相关问题的处理，都会直接影响到现代汉字表音率的统计结果。

3. 整个汉字字形的表音化

一般情况下汉字是形、音、义的统一体，每一个汉字都有独自的形、音、义三部分。但有时汉字又会成为单纯的表音符号，即只有表音的作用，没有表义的作用。可分为两种情况：一是在造字之初就没有意义的，如本无其字的"假借"。二是在表达复音单纯词、外来译音词时，拆开后的汉字是无表音功能的。如"葡""萄"、"徘""徊"、"犹""豫"，如"布尔什维克""摩托""摩登""沙发"，拆开的汉字也是没有意义的。只是这时所运用的"形音义"的标准已经发生了变化，指的是汉字已经进入了实际使用，承载着词语后的情况。在复音单纯词中汉字并没有使用到在原始构形时的意义，只是借用汉字的"形"和"音"，弃其义不用。当把这些汉字从"词"的范围分离出来，还原到它本身的"字"领域时，它还是有独自意义的。

但即使是这样，在只肯定汉字的表音功能时，汉字的表音功能与一般的音标表音还是有所不同的。因为汉字的表音仍是借助于字形与所表示的音节之间的固定结合，而不是像一般的表音符号那样缺乏对特定音节的专指性。如"葡、萄、徘、徊"与"pu、tao、pai、huai"音节的结合是固定的，与同样表这四个音节的"菩、莆、蒲、捕、醅、匍、脯、濮、璞、镤、仆"、"咷、桃、匋、淘、醄、喝、陶、绹"、"桒、排、俳、徘、牌、箪、簰"、"淮、怀、穰、槐、踝"，正是凭借着字形的不同，才起到了清晰的别义作用。

第四节　汉字表音的特点与价值

认识汉字表音能力特点，重要的是用发展的眼光，既正视汉字表音能力的现实，又要深入到汉字历史的源流，追本溯源，探讨汉字表音能力的最初源头，以此为起点，才能梳理清楚现代汉字的表音能力与特点。

一、汉字表音的特点

1. 以音节为表音对象

汉字的表音对象是汉语音节。音节是音素的组合体。汉语音节的构成具有极强的规律性。以一个元音为核心，前后叠加的辅音有着严格限制。在一个音节中辅音数量有限，不重叠出现，元音后面的辅音数量与种类有限。语流组合中音节有着高度独立性。音节与音节之间松散度高，可灵活组合。音节的这些特点，汉字正好也具备。汉字是笔画、偏旁结构的组合体，字与字之间有很强的独立性，每一个汉字都可独立存在。字与字之间可以进行灵便的搭配组合。这些都使得汉字与汉语音节在基本生存形式、生存单位的物质形态上紧紧地契合在一起。

2. 表达语音的载体具有高度的稳定性

汉字作为语音的书面载体稳定少变。汉字一经产生，就具有相当稳定的特性。在小篆之后的两千余年中，虽然汉字字体有过隶、楷、行、草和繁化简化的种种变化，但这些变化并未造成汉字结构方式的重大变化，特别是"方块形"这个特点一直保持下来了。而这是与音节相类似的最基本条件。发生了繁化简化的字在汉字总数中所占比重并不太大，何况其间又以类化为主，如偏旁简化，都会在相同偏旁的字中同步体现出来。因此，这变化并未给古今汉字的总体性质带来重大改变。而汉语口语中的实际语音变化却是经常的，时历数百年就可以积小移为大变。这样一方面使汉字与实际语音之间的差距逐步拉大，使汉字表音的功能逐步降低，另一方面也就使汉字与古代语音之间的联系保存得更长久，具有了一种超稳定性。通过汉字的谐声旁、异体字、多音字而可以寻得两三千年前的古音，这在当今世界文字中是绝无仅有的。作为汉语语音载体的汉字，它的稳定性还会通过汉字字形的繁衍而在派生字、繁化字中体现出来。表达了语音的部件以声旁的成分进入到新字中。

3. 汉字表音能力扩大与"以形系联"

汉字表音能力扩大的方式以"以形系联"的方式进行。

汉语中音节总数有限。最初的汉字字根也很有限。后起的汉字在作为一个表意符号的同时，还兼作表音作用。后起的汉字将字根作为声旁吸收进新字，从而使新字与作字根的声旁之间具有了同音作用。汉字的表音结构与能力随汉字字形的扩散而扩散，随汉字字形的繁衍而繁衍。"以形系联"成为汉字的字形、结构、表意性质、表音能力等诸多方面蔓延、繁衍的最主要形式。"以形系联"实际上就是汉字字形的繁衍过程。

4. 汉字对语音表示能力的下降

汉字从产生之初就与实际语音有了结合，记载着一个具体的读音，因此，从理论上说依据汉字的产生年代能考察出当时的语音实际状况的。甲骨文的历史有3500年了，完整的声旁系统形成估计当在二三千年前。声旁系统的形成成为保留汉字记音能力最强有力的佐证，使得汉字与语音之间存在着一种较牢靠的可溯性，可顺其变化的轨迹追寻到它的原始语音面貌。清代学者钱大昕发现的"古无轻唇音"、"古无舌上音"、"古人多舌音"、"古影喻晓匣双声"等音变规律，主要根据之一就是声旁的演递关系。如以"番"做声旁的有读轻唇"f"的"幡、翻、燔、蹯、蕃"；有读重唇的"b"或"p"的"潘、蟠、皤、鄱、播"。据此可以断定古音同属一个声母。在这里声旁就起到了重要的揭示作用，把众多的音变字都汇集在一起。至于哪个音是"番"最初的声母，又根据保留古音最稳定的人名地名、古书通假字、南方方言读音等，判断出重唇声母是"番"字的最初音。

但考察汉字表音能力的古今变化，却不能不说表音能力的下降是一种趋势。这一趋势与汉字表意能力的下降趋势是同步的。对后起汉字的表音来说，愈来愈多的是一种模糊、近似的显示。

无论是汉字字形的演变，还是实际语音的演变，都会带来愈来愈多的汉字已难以做到对实际读音的准确反映。当这种模糊反映发展到最后，也就成为只是一个汉字的字形对一个音节单位的指向。从汉字与语音之间的稳定性关系来看，二者构成了形式与内容的关系：当内容——语音动荡不已，形式——汉字却相当稳定时，内容与形式之间的结合就会出现一种离心力，导致汉字与语音之间的差距日益明显。这时，降低的多是汉字与语音的对应能力。音节作为音素组合体，发生面目全非的变化很少。大都是音节的某一部分发生变化，或是声母，或是韵母出现部分变异。这样使得后起汉字更多是对原声旁所载音节的残存部分进行揭示，使得声旁与含旁字之间的读音出现象征、近似、模糊或类变的关系。如"者"声旁派生出来的字声母有念"zh"的"诸、猪、渚、煮、箸、翥、著"；有念"sh"的"奢"；有念"d"的"者、赌、睹、都"；有念"ch"的"褚"；有念"t"的"屠"；有念"x"的"绪"。这里表现出来的实际上是卷舌音与舌头音之间的变迁，送气音与不送气音之间的替换、舌上擦音与舌根擦音之间的旁及。在部分变化使汉字表音效果弱化的同时，又部分相似使得汉字表音功能犹存。

后起汉字是靠字根的"以形系联"而获得表音能力，每一次"以形系联"，每一次的声旁扩张，都有可能带来新字表音能力的递减，造成后起字与原有声旁读音之间出现衰减。如"工"是"贡、巩、江、空"的声旁，可"贡"又是"赣"的声旁；"巩"又是"恐、蛩、跫"的声旁；"江"又是"鸿"的声旁；"空"又是"崆、控"的声旁。每一次声旁的演递，都会使声旁的音类发生些许的变化。在上例中大都是在舌根音中变化，或读"g"，或读"k"，或读"h"，有的会体现在晚起的音变现象中，如舌根音与舌面音之间出现变化，读成"j"、"q"或"x"。

　　汉字本身也是变化的，"叠床架屋"的繁化、笔画减少的简化、字体方正的楷化、造字方法的优化、异体字的归并、假借字的流传，也都会使汉字的表音能力退化，使汉字原有的表音理据消失。如"顧"向"顾"的变化，"陽"向"阳"的变化，这时如仍把"顾""阳"看做是形声字，自然是表音能力出现了退化。"郑"也是因声旁被替代而变得似有实无。"禽"本是象形字，因楷化后被视为用了形同义异音异的"离"为声旁，这实际上是对声旁的一种误读。

　　表音于汉字本就不是它的专职，汉字与语音的历史演替又带来了汉字表音能力的下降，使得汉字对语音的揭示愈来愈近似一种模糊的指向。相当多的汉字已不再具有准确表音的作用，但它毕竟提供了探究语音历史变化的轨迹。这是我们评价汉字表音能力时不应忽视的地方。

二、汉字表音功能的认识价值

　　上面对汉字所表示的语音基本单位、汉字与音节之间的关系、汉字表音能力的变化、汉字表音能力的特点等问题作了论述，已经可以看到汉字表达语音的能力是基础理论问题，也是牵涉面非常广的实践问题。对它的正确认识和处理将有助于汉字教学与研究中诸多问题的解决。

1. 对汉字性质认识的作用

　　对汉字性质的认识中有一个重要部分就是对汉字表音功能的看法。夸大了汉字表音功能的作用，就会说汉字是表音文字；无视汉字表音功能的存在，又会说汉字与汉语脱离甚远，无助于认清汉字的生命之源与前途。因此正确评价汉字的表音功能成为认识汉字性质的关键问题之一。

　　汉字的本质应仍属于以形示意。只是由于汉语中最初的词语单位基本都是单音词，汉字与单音词产生了严密的契合关系。汉字表达单音词，既表达了单音词的意义，也表达了单音词的语音。表音于汉字来说，只是一种附加的功能。即使在汉字具备了表音功能的情况下，它仍以其字形发挥了区别义类的作用，使口语中的大量单音同音词在用汉字来表达时，清楚将它们的义类表现出来。这种替补性功能是单纯的表音符号所无法做到的。在新产生的汉字中，声旁本身就是一个形音义相结合的完整单位，它的形音义三方面都在新字中发挥着或多或少或明或隐的作用。

认识到这一点，就会看到用单纯的标音符号来记音可能会在精确性上有所帮助，但对汉语音节数量少的不足则难以做出替代性的补偿。同时，单纯的标音符号也远不如声旁那样能在汉字体系中起到显示古今语音流变、揭示语音发展脉系的作用。汉字就是这样的一种文字：它不是表音文字，却有较强的表音作用；它的标音作用不如单纯的标音符号，但它的作用却远超出后者。汉语需要的是既能表意又能表音的文字，而不是只能表音不表意的纯标音符号。这已为汉语汉字的使用实践所证明。

2. 有助于古音体系的建构

在各国的语言学中，像中国这样对古代语音研究卓有成效的国家还很少。其中一个重要因素就是因为中国有汉字这样完整、系统的声旁系统材料可资利用。声旁直接昭示着古代语音音位的存在，声旁的派生谱系直接昭示着古代语音音类的存在。既要看到现代汉字表音能力较弱的现实，也要看到在古代汉语中汉字表音能力较强的过去及历史延续性。这样才不至于对现代汉字的表音能力采取漠然待之的态度。对古代语音的研究，传统的繁体字确有其便利处。"一声可谐万字，万字而必同部，同声必同部"，"故视其偏旁以何字为声，而知其音在某部，易简而天下之理得也"[1]，是对汉字声旁所蕴含的语言原理的深刻概括。

3. 有助于汉语语源的研究

汉语史的研究有一个重要课题就是对汉语语族、语源的研究。汉语是如何从古走到今的，汉语内部的语源是什么，语源的发展脉络如何，汉语的音义两大系统具有什么样的关系，它们之间又是如何相互影响、相互制约的，这种相互关系对今天的汉语存在产生着什么样的影响，都是汉语史研究中亟待解决的基础理论问题。对这些问题的探索，声旁及

---

[1] 段玉裁：《说文解字注·六书音韵表》。

声旁系统能提供很好的研究材料和途径。

由于汉字是形音义的统一体，在汉字起到表音作用之后，字根向声旁靠拢，由表义向表音做出倾斜后，汉字是形音义的统一体的性质并没有发生变化。只不过是它的表音功能走上前台，表义功能隐于其后，但只是隐而不显，并不是消而不存。只是由浅显的表层义变成了隐含的内部深层义，并仍然对派生字、声旁的衍生字起着圈定意义范围的作用。同声旁的同族字中，往往是音与义两方面都发生着密切联系。"音同义近"、"声近义通"，就是前人对古代汉语音义关系研究得出的宝贵结论。王力先生在《同源字典·总论》中列举了15组同源词例子，其中有声旁联系的同源词占到13组，完全相同声旁联系的7组。[1]

4. 提高汉字教学效果

现代语言学对理想的表音符号提出了简便、清晰、单纯、与音素单一对应等要求。现代对汉字表音能力低的批评大都是从这些标准出发的。假如换个角度，看到汉字在书写形成与语音中的基本单位保持一致的情况下，文字形体既能显示意义类属，又能揭示语音的大致形象，这也应该是其长处。既有"见山之旁知山，见水之旁知水"的类推作用，又有"秀才识字识半边"的事半功倍效果。如果能摆脱西方的纯符号学的理论牵系，而是紧扣汉字，深入挖掘其内在信息，相信在汉字汉语教学中是能获得意外效果的。

---

[1] 王力：《同源字典》，商务印书馆1980年版。

第五章 汉字的语言基础之二：语法

　　语法是语言组词造句的规则，表现为语言组合中的一种规则、一种关系，应该说跟文字的关系并不大。字词，人们总是习惯于将文字与词语联在一起。其实语言是一个有机整体，按照系统论的观点，系统内的每一部分都是互相适应、互相制约的。汉字参与了汉语的交际，共同构成了汉民族语言文字交际系统，汉字与汉语的每个子系统、各个要素也都表现出了适应、配合、协调、制约的关系。

第一节　汉字与汉语语法的适应性

　　汉语教科书谈到现代汉语的基本特点时，都会说到汉语是无形态或少形态语言，以词序和虚词为主要语法手段，词法与句法的高度一致。这些特点的核心是汉语缺乏形态变化，正是由于词的内部缺乏足够的形态变化，词作为一个独立使用的最小单位，有着内在的牢固凝合度，缺乏"灵活"、"机动"的适变性，因此为了表达更多的语法功能，只好借助于"词"以外的东西。无形态、少形态是汉语语法的内在特性，词序和虚词是为了弥补、适应这种特性而在"词"以外表现出来的两种最主要的替代手段。这正好为汉字的存在提供了最好的语言生态环境。

一、词序

在无形态的汉语中，语素多为单音节。单音语素用方块汉字表示，二者紧密地结合在一起。语素顺序表现为字序，借助于顺序可以将语素丰富的意义表达出来。在由单音语素向合成词、复合词的演变中，词序起了重要的作用。《现代汉语词典》有一千余组反序词，就是语素相同、词序不同的词。词序的不同会生发出许许多多的变化。大致有以下三种：

意义大致相同，只是体现出时代、地域、语体的少许差异。如：介绍—绍介、整齐—齐整、要紧—紧要、干菜—菜干、爱怜—怜爱、谙熟—熟谙、煎熬—熬煎、篱笆—笆篱、海拔—拔海、夜半—半夜、伴侣—侣伴、装扮—扮装、办置—置办、联邦—邦联、膀臂—臂膀、毁谤—谤毁、依傍—傍依、冰棒—棒冰、准保—保准、报呈—呈报、加倍—倍加、辈行—行辈、脊背—背脊、奔逃—逃奔、润笔—笔润、比较—较比、秕糠—糠秕、蔽障—障蔽、荫庇—庇荫、灯标—标灯、离别—别离、士兵—兵士、吞并—并吞、疫病—病疫、撒播—播撒、薄厚—厚薄、剪裁—裁剪、刚才—才刚、老苍—苍老、莽苍—苍莽、苍穹—穹苍、躲藏—藏躲、藏匿—匿藏、药草—草药、策划—划策、查抄—抄查、核查—查核、缉查—查缉、检查—查检、寻查—查寻、觉察—察觉、汉港—港汉、拌颤—颤拌、肠断—断肠、酬唱—唱酬、首倡—倡首、通畅—畅通、悟彻—彻悟、浮沉—沉浮、沉浸—浸沉、烟尘—尘烟、诚笃—笃诚、诚实—实诚、继承—承继、承揽—揽承、应承—承应、延迟—迟延、汤池—池汤、要冲—冲要、应酬—酬应、冤仇—仇冤、柜橱—橱柜、鸡雏—雏鸡、存储—储存、流传—传流、讹舛—舛讹、词语—语词、香醇—醇香、瑕疵—疵瑕、丛林—林丛、改窜—窜改、逃窜—窜逃、留存—存留、谬错—错谬、配搭—搭配。

部分意义相同，部分不同。如：爱情—情爱、抚爱—爱抚、图版—版图、大半—半大、管保—保管、报酬—酬报、风暴—暴风、战备—备战、被覆—覆被、铅笔—笔铅、闭关—关闭、经闭—闭经、选编—编选、论辩—辩论、回驳—驳回、不无—无不、才干—干才、蔬菜—菜蔬、探测—测探、潮红—红潮、时辰—辰时、重言—言重、出外—外出、传世—世传、喘气—气喘。

意义不同，在所指的体与用，名与动或形，或是事物类型上，都会表现出明显的差异。如：舞伴—伴舞、游伴—伴游、法办—办法、公办—办公、皮包—包皮、背书—书背、警报—报警、喜报—报喜、银白—白银、眼白—白眼、露白—白露、蜡白—白蜡、灰白—白灰、道白—白道、马鞍—鞍马、爱心—心爱、轮班—班轮、钟摆—摆钟、结巴—巴结、犯案—案犯、本戏—戏本、笔画—画笔、试笔—笔试、下笔—笔下、量变—变量、乱兵—兵乱、病害—害病、长波—波长、贴补—补贴、可不—不可、要不—不要、风采—采风、色彩—彩色、青菜—菜青、油菜—菜油、虫草—草虫、插花—花插、茶花—花茶、岔眼—眼岔、火柴—柴火、地产—产地、生产—产生、产物—物产、生长—长生、超出—出超、车棚—棚车、手车—车手、职称—称职、号称—称号、分成—成分、形成—成形、成天—天成、府城—城府、杆秤—秤杆、口吃—吃口、盐池—池盐、浴池—池浴、足赤—赤足、害虫—虫害、初年—年初、月初—初月、发出—出发、演出—出演、除开—开除、力畜—畜力、传单—单传、真传—传真、民船—船民、纱窗—窗纱、口疮—疮口、铺床—床铺、次等—等次、骨刺—刺骨、寸头—头寸、过错—错过、应答—答应。

相同的语素，相同的词性，从表面的语法特点来看是一样的，但其内在的语义结构不同，所构成的合成词迥然不同。

推而广之，汉语句子意思的表达，撰文修辞效果的追求，顺序都是一种极为重要的运用手段。

"夕阳无限好，只是近黄昏"的传统表达，与"只是近黄昏，夕阳无限好"推陈出新的使用，情差趣异，只在于前后两句的变换。

"一切为了学生、为了一切的学生、为了学生的一切"，六个字，三种顺序，却把一所高水平学校的最高办学理念形象地表现出来，把所有的学生、学生的学习生活各个方面、学校的所有工作都囊括其中。

"不怕辣、辣不怕、怕不辣"，三个字，三种顺序，把多个省区的百姓弄得颠三倒四地，就是想把里面的一般厉害、比较厉害、特别厉害的差别找出来。

词序、句序使用得好，其表意的精妙自在不言中。曾有一则报道，说水利部高官到昆明考察，这位高官说："最近我随全国人大环资委到云南昆明考察滇池的水污染防治，结果非常失望。三年前的滇池清水中发现有蓝藻，而三年后却在蓝藻中没有找到清水。"[1]还有什么样的表白能胜过这里变换词序所取得的效果？

江苏金坛市的百姓们悼念以身躯拦车救学生的英雄教师殷雪梅，献送的一幅挽联写道："瞬间的永恒，永恒的瞬间。"[2]这里用的仍是平常无比的顺序变更方法，可表达出来的却是精准无比的场景描写和怀念深情。

词序的重要意义在于它扎根于缺乏足够形态变化的语法，反映了更多的语义关系。汉语的语法关系、语法类型、语法范畴，其深层都表现为语义关系。语法关系的基础，正是将它最小的语法单位——语素，用汉字来加以承载、分离、固化。

二、虚词

虚词是汉语用来表示语法关系的另一种主要手法。西方语言的数、性、格、时、态等语法形态在汉语中没有，但其语法意义、语法功能在汉语中用其他形式得到了体现。即西方的形态语言是以语法形态、语法范畴来体现，而汉语是以词汇形式特别是语法词的形式来体现。下面列出的是《现代汉语分类词典》[3]的一级类"辅助词"→二级类"副词"→三级类"时间"下面的四、五级类的所有词语，可以观察到汉语词汇所表现出来的时间情态义。

---

[1] http://finance.sina.com.cn（2004年12月08日12:04人民网–华东新闻）。

[2] http://www.sina.com.cn（2005年04月05日08:54《常州日报》）。

[3] 苏新春：《现代汉语分类词典》，商务印书馆2013年版。

四级类	四级名	五级类	五级名	词语
a	起先、刚刚	01	首先	首先、先是、起先、率先、先后、首、初次、初步、初度、首次、最初、第一
		02	随即	随后、随之、随着、接着、下一步、随之而来、跟着、紧跟着、紧接着、跟脚、跟手、然后、始而、继、就、于是乎、接下来、从头、从此、从今
		03	正在	正在、正、在、方、同日、同月、同期
		04	即将	即将、行将、终将、将、将次、将要、快要、就要、正要、待会儿、稍后、临了、且
		05	刚刚	刚刚、刚、刚才、适才、方才、方可、才、方、新、初、乍、顷、甫
		06	暂且	暂且、姑且、聊且、聊以、且、权且、权、聊、姑
		07	预先	预先、预、先、事先、先期、先行
b	已经、终于	01	已经	已经、曾经、几曾、业经、久已、早已、现已、为时、既已、业已、早就、早些、一度、已、曾、既、就、都、尝
		02	不曾	不曾、可曾、尚未、过早
		03	终于	终于、终究、终归、终久、到底、总算、算是、算、终、竟、卒、高低、到头来
		04	最后	末了、最后、最末、最终
c	突然、偶然	01	突然	突然、忽然、溘然、猛然、骤然、蓦然、陡然、遽然、霍然、霍、骤起、赫然、猝然、蓦地、霍地、忽地、猛地、猛可、忽、忽而、倏忽、倏尔、倏地、突、陡、骤、猝、溘、冷丁、冷不丁、冷孤丁、冷不防、抽冷子、猛不防、顿然、猛孤丁、乍猛的
		02	偶然	偶然、偶、偶尔、有时、有时候、无意间、时而、间或
		03	临时	即兴、临时、现
d	逐渐	01	逐渐	逐渐、逐步、渐臻、日臻、逐年、逐月、逐日、渐、渐渐、渐次、渐冉、漫渐、积渐、日渐、日见、日趋、日益、慢慢、垂垂、浸
e	立刻	01	立刻	立刻、立、立即、立马、立时、立地、即时、即刻、随即、当即、迅即、旋即、瞬即、旋、顿时

四级类	四级名	五级类	五级名	词语
e	立刻	02	及时	及时、登时、当时、应时、眼看、眼见、马上、当下、应声、应运、倏然、垂成、就、即、便、一下子、一骨碌、一时间、霎时间、一眼、一晃、一经、一旦、一俟
f	准时	01	准时	准时、按时、准点、正点、如期、按期、克期、克日、限时限刻
g	一直、连续	01	一直	一直、一味、直、老、总、尽、辄、迳、始终、时刻、时时刻刻、时时、随时、随时随地、无时、无日、尽自、无时无刻、每时每刻
		02	每次	每次、每回、每当、次次、回回、天天、历次
		03	不断	不断、不止、不停、不住、不休、不已、不迭、不置、不了、不辍、源源、源源不绝、频频、连连、连连、连、绵绵、缕缕、无间、无休止、三天两头、没完没了、没结没完、无尽无休、联翩、穿梭、连珠
		04	连续	连续、断续、陆续、连、接连、一连、连天、连日、连年、连台、累年、络绎不绝、川流不息、源源不断、流水作业、接连不断、连接不断、连续不断、一气、一口气、一股劲儿、一个劲儿、一连气儿、一鼓作气
		05	仍然	仍然、仍、仍旧、一仍其旧、依然、依旧、如旧、照旧、照例、例行、照常、照样、还、还是、兀自、原旧、循例

这里是对现代词语的考察，而如果考察其源，其实是有着由实词到语法词、由实而虚、由单音而复音的演变过程。台湾淡江大学高晓瑜博士的《汉语常用借设连词演变研究》分析了表假设关系的连词，按源起于"像似义"、"借设义"、"使役义"、"或然义"、"意志义"、"极微义"六个小类，分别探究了其古今演变规律，表现出从初始的实词到语法词，由单音而复音的演变过程。这个概括是符合汉语语法词的形成过程的。

汉语语法词与词汇词有着密切联系。一词二兼、实词虚化的现象相当普遍。如"将""把""在""对""向""来""去""比""到""于"

"同""朝""沿""由"等，它们都有着语法词与词汇词二兼的功能。而能将它们两种身份两种功能区别开来的只能是凭借其意义，及立足于此而在句子中表现出来的不同功能。

第二节　汉字对汉语语法的制约

汉字在适应汉语语法无形态、单音语素化、词根化的同时，也以它那牢固、独立、稳定、清晰的方块字形制约着汉语语法的灵活变化。尽管这些变化还只是局部、个别，但于汉字来说，以其硬朗、固定的字形，大都是将这些局部、个别的灵活变化框束在字形之内。或是湮没、吞噬，或是借凭其字形而外化显化等。下面作一简要论述。

一、儿化词

儿化是指一个单音词的韵尾发生的卷舌动作。有的儿化是习惯性动作，但有的儿化是有表义作用的。一般说来它有三种表示意义。一是显示词性和词义的变化。有儿化的是名词性，指名物；无儿化韵的多是动词性或形容词性，指动作或性状。如"盖"与"盖儿"，"画"与"画儿"，"错"与"错儿"，"绊"与"绊儿"，"尖"与"尖儿"。二是词性无变化，只是词义出现变化。如"头"与"头儿"。三是表小、细、弱或喜爱等色彩义。如"使劲"与"使劲儿"，"老头"与"老头儿"，"鸟"与"鸟儿"，"店"与"店儿"，"爷"与"爷儿"，"枪"与"枪儿"。

显然这样的儿化是值得高度重视的，它已经承担起了表意的功能，由于这样的意义具有类型化的特点，有着语法范畴义的性质。儿化发生在词的韵尾，在一个词的范围内部，也具有形态变化的特点。尽管儿化与非儿化之间还不是那样有着严格的别义作用，还有着大量由于习惯性发音所带来的儿化现象，但其价值不容忽视却是再明显不过的。正是由于汉字，使得这种现象在书面语中出现了两种情况：一种是不加显示，将儿化吞没，另一种是将其突显为一个独立的音节。这两种方法都是不妥的。不显示，将其掩盖、湮没，姑且不论是否会造成这种语法形式发展的受挫，但造成文字形式与语言内容差异的扩大却是事实。而用汉字加以反映，将本来只是韵尾的"r"这个微小的卷舌动作扩展为一个音节"er"，变成一个元音，成为一个独立的音节。

《现代汉语词典》找到了一个折衷办法，将"儿"小写置于原字的右下方。如"尖儿""老头儿"，这样在视觉上是清楚了，也符合其对儿化的定义。"汉语普通话和某些方言中的一种语音现象，就是后缀'儿'字不自成音节，而和前头的音节合在一起，使前一音节的韵母成为卷舌韵母。例如'花儿'的发音是huār，不是huā ér。""儿化"不是音节，只是一个卷舌动作，依附在前一音节的后面，改变其性质，成为卷舌韵。声调仍标在前面的主要元音上。处理为"儿"是符合儿化性质的。但问题又来了，其一，"儿"的标法在实际运用中缺乏可操作性，它难以与一般汉字同步使用。其二，这样标出来的儿化词算不算一个独立的音节。这个疑问并不是空穴来风，是在《现代汉语词典》的处理中已经表现出了这样的尴尬。"白面儿"、"被窝儿"该算两个音节还是三个音节，"捡破烂儿"、"耍心眼儿"该算三个音节还是四个音节，人们一般不会细究，反正它们都是复音节词，但像"鼻儿"、"哥儿"、"爷儿"、"今儿"、"块儿"这样的词就含糊不了。根据儿化韵的性质来看，"鼻儿"类的词应该算单音节词，应该归到单字下，成为"鼻"字的一个义项义。可现在统统列入复音节词目，这就意味着把"鼻儿"当成了双音词，把"儿"当作独立音节来看待了。1996年的第三版《现代汉语词典》二音节以下的"儿"尾词共有75例，表"儿子"义的有17例："产儿、宠儿、孤儿、孩儿、健儿、娇儿、男儿、娘儿、女儿、弃儿、乳儿、少儿、胎儿、小儿、爷儿、婴儿、幼儿"。这是实词义，所标音是"er"，只有"娘儿"是例外，标音为"niángr"。其他58例的不示音释义情况如下：

词	拼音	释义
绊儿	bànr	绊子①：他一使～就把我摔倒了。
倍儿	bèir	〈方〉非常；十分：～新｜～亮｜～精神。

词	拼音	释义
蹦儿	bèngr	蹦子。
鼻儿	bír	（1）器物上面能够穿上其他东西的小孔：门～｜针～。（2）〈方〉像哨子的东西：用苇子做了一个～。
碴儿	chár	（1）小碎块：冰～｜玻璃～。（2）器物上的破口：碰到碗～上，拉（lá）破了手。（3）嫌隙；引起双方争执的事由：找～｜过去他们俩有～，现在和好了。（4）指提到的事情或人家刚说完的话：答～｜话～｜接～。（5）〈方〉势头：那个～来得不善。
吃儿	chīr	吃的东西：家里没～了。
雏儿	chúr	（1）幼小的鸟：燕～｜鸭～。（2）比喻年纪轻，阅历少的人。
当儿	dāngr	（1）当口儿：正在犯愁的～，他来帮忙了。（2）空儿；空隙：两张床中间留一尺宽的～。
刀儿	dāor	小的刀：小～｜剃～｜铅笔～。
地儿	dìr	坐或立的地方；容纳的地方：在那间房里腾个～放书柜｜里边有～，请里边坐。
朵儿	duǒr	（1）花朵：牡丹花开的～多大呀！（2）量词，同"朵"。
幡儿	fānr	旧俗出殡时举的窄长像幡的东西，多用白纸剪成。也叫引魂幡。
份儿	fènr	（1）搭配成整体的东西；整体分成的部分：这一～是你的。（2）地位：这个团体里没有我的～。（3）〈方〉派头；气势：摆～｜跌～。（4）程度；地步：都闹到这～上了，他还当没事儿呢。
肝儿	gānr	指供食用的猪、牛、羊等动物的肝脏。
哥儿	gēr	（1）弟弟和哥哥（包括本人）：你们～几个？｜～俩都是运动员。（2）称有钱人家的男孩子：公子～。
个儿	gèr	（1）身材或物体的大小：他是个大～｜棉桃的～可真不小。（2）指一个个的人或物：挨～握手问好｜买鸡蛋论斤不论～。（3）〈方〉够条件的人；有能力较量的对手：跟我摔跤，你还不是～。
果儿	guǒr	〈方〉鸡蛋：卧～（把去壳的鸡蛋整个放在汤里煮）｜甩～（把去壳的鸡蛋搅匀后撒在汤里）。
过儿	guòr	〈方〉量词，遍：这衣服洗了三～了｜我把书温了好几～。
好儿	hǎor	（1）恩惠：人家过去对咱有过～，咱不能忘了。（2）好处：这事要是让他知道了，还会有你的～？（3）指问好的话：见着你母亲，给我带个～。
后儿	hòur	后天。也说后儿个。

词	拼音	释义
花儿	huā'ér	甘肃、青海、宁夏一带流行的一种民间歌曲。
会儿	huìr	指很短的一段时间：一~｜这~｜等~｜用不了多大~。
几儿	jǐr	〈方〉哪一天：你~来的？｜今儿是~？
姐儿	jiěr	〈方〉姐妹①b、②：你们~几个？｜~仨里头就数她最会说话。
今儿	jīnr	〈方〉今天：~晚上我值班。也说今儿个。
侃儿	kǎnr	〈方〉隐语；暗语：调（diào）~｜这是他们那一行的~。也作坎儿。
棵儿	kēr	植株大小的程度：这棵花~小｜拣~大的菜拔。
块儿	kuàir	（1）个儿。（2）〈方〉处；地方：这一带我熟得很，哪~都去过｜你哪~摔痛了？｜我在这~工作好几年了。
乐儿	lèr	〈方〉乐子。
亮儿	liàngr	（1）灯火：拿个~来。（2）亮光：远远看见有一点~。
落儿	làor	〈方〉生活上的着落（指钱财等，只用在"有、没有"后边）：有~（富足）｜没~（穷困）。也说落子。
漫儿	mànr	指金属钱币没有字的一面。
苗儿	miáor	〈方〉苗头：这事情有点~了｜猪瘟刚露~就被控制住了。
明儿	míngr	（1）明天①：~见｜他~一早就动身。也说明儿个。（2）明天②：~你长大了，也学开飞机。
哪儿	nǎr	哪里：你上~去？｜~有困难，他就出现在~｜当初~会想到这些山地也能长出这么好的庄稼？
那儿	nàr	（1）那里：~的天气很热。（2）那时侯（用在"打、从、由"后面）：打~起，他就每天早晨用半小时来锻炼身体。
脑儿	nǎor	供食用的动物脑髓或像脑髓的食品：猪~｜羊~｜豆腐~。
黏儿	niánr	〈方〉像糨糊或胶的半流体：枣~｜松树出~了。
鸟儿	niáor	指较小的能飞行的鸟。
片儿	piānr	同"片"（piàn）①，用于"粗片儿、画片儿、唱片儿"等词。
漂儿	piāor	〈方〉鱼漂。
前儿	qiánr	〈方〉前天。也说前儿个。
球儿	qiúr	（1）小的球。（2）特指小孩儿玩的小玻璃球（也有用石头做的)。
人儿	rénr	（1）小的人形：捏了一个泥~。（2）〈方〉指人的行为仪表：他~很不错。

词	拼音	释义
忒儿	tēir	〈方〉象声词，形容鸟急促地振动翅膀的声音：麻雀~一声就飞了。
托儿	tuōr	〈方〉指从旁诱人受骗上当的人。
响儿	xiǎngr	〈方〉响声：听不见~了。
想儿	xiǎngr	〈方〉希望：有~｜没~。
小儿	xiǎor	〈方〉（1）指幼年：从~｜自~。（2）男性婴儿：胖~。参看〖小儿〗（xiǎo'ér）。
姨儿	yír	〈方〉姨母：三~。
音儿	yīnr	〈方〉（1）（说话的)声音：他急得连说话的~都变了。（2）话里边微露的意思：听话听~。
爪儿	zhuǎr	（1）爪子：老鼠~。（2）某些器物的脚：三~锅。
这儿	zhèr	（1）这里。（2）这时候（只用在"打、从、由"后面）：打~起我每天坚持锻炼。
整儿	zhěngr	〈方〉整数②：把钱凑个~存起来。
主儿	zhǔr	（1）指主人。（2）指某种类型的人：这~真不讲理｜他是说到做到的~。（3）指婆家：她快三十了，也该找~了。
准儿	zhǔnr	确定的主意、方式、规律等（大多用在"有，没有"的后面）：心里有~｜他到底来不来，还没有~。
昨儿	zuór	〈方〉昨天。也说昨儿个（zuór·ge）。
座儿	zuòr	影剧院、茶馆、酒店、饭馆等指顾客；拉人力车、三轮车的指乘客：上~｜拉~。

考察以上用例，不难发现儿化词是有着清晰的别义作用的。不带"儿"的"绊"意思是"挡住或缠住，使跌倒或使行走不方便：~手~脚｜~了一跤"，带"儿"的"绊"是"绊子①：他一使~就把我摔倒了"。不带"儿"的"倍"意思是"（1）跟原数相等的数，某数的几倍就是用几乘某数：二的五~是十。（2）加倍：事半功~｜勇气~增"，带"儿"的"倍"是"〈方〉非常；十分：~新｜~亮｜~精神"。

"刀"与"刀儿"的义差也是明显的。"刀"的意思是："（1）古代兵器，泛指切、割、削、砍、铡的工具，一般用钢铁制成：菜~｜军~｜铡~｜铣~。（2）形状像刀的东西：冰~｜双~电闸。（3）量词，计算纸张的单位，通常一百张为一刀。（4）（Dāo）姓。""刀儿"的意思是"小的刀：小~｜剃~｜铅笔~"。

　　另一个就是儿化的音节化。可儿化与非儿化区别只在有无卷舌韵尾动作，音标为"r"，可为什么会被列入复音词目范围，处理为独立音节呢？不难看出汉字所起的作用。汉字由于其独特性，对语音要么不予反映，要反映就是表示为一个音节。它不可能只反映音节的某一部分。儿化了的单音节词被列入复音词范围，其思路大概为：单音节→汉字；卷舌韵尾→"儿"字；"儿"字→汉字；"汉字"→单音节。被汉字牵着鼻子走，从而将一个卷舌韵尾独立、外化为一个完整音节了。

二、轻声词

　　轻声词是汉语词汇中的另一种特殊情况，就是第二个音节读轻声。《现汉》的"凡例"作了这样的规定："条目中的轻声字，注音不标调号，但在注音前加圆点，如〔便当〕biàn·dang、〔桌子〕zhuō·zi"。还有几条变例都是立足于此的。

　　标了轻声符号的共有1812个词例。轻声词的存在有两种情况，第一种是发音习惯，双音节词中第二个音节因各种原因出现发音轻微的现象。有的是受前一个音节的影响而弱化，有的是出于省力，有的是听觉上的"舒服"。这种情况占了1812例中的绝大部分。

　　第二种是为了区别意义。即轻声与非轻声是各表有不同的意义。这样在词目上就表现为同形词，即字相同却因有两个不同的意义而并列为不同的词目，读音上声、韵、调都相同，只有轻声与非轻声的区别。这表明轻声起到了区别意义的作用。

　　请看下面的例子：

编号	词语	拼音	释义
1	霸道	bàdào	（1）我国古代政治哲学中指凭借武力、刑法、权势等进行统治的政策。（2）强横不讲理；蛮横：横行~|这人真~，一点理也不讲。
	霸道	bà·dao	猛烈；厉害：这酒真~，少喝点吧。
2	帮手	bāng//shǒu	帮忙：~不上手|~得上手|劳驾，请您过来~把手。
	帮手	bāng·shou	帮助工作的人：找个~。
3	褒贬	bāobiǎn	评论好坏：~人物|一字~|不加~。
	褒贬	bāo·bian	批评缺点；指责：有意见要当面提，别在背地里~人。
4	本事	běnshì	文学做品主题所根据的故事情节：~诗|这些诗词的~，年久失考。
	本事	běn·shi	本领：有~|学~|~大。
5	避讳	bì//huì	封建时代为了维护等级制度的尊严，说话写文章时遇到君主或尊亲名字都不直接说出或写出，叫做避讳。
	避讳	bì·hui	（1）不愿说出或听到某些会引起不快的字眼儿：旧时迷信，行船的人~"翻"、"沉"等字眼儿。（2）回避：都是自己人，用不着~。
6	别人	biérén	另外的人：家里只有母亲和我，没有~。
	别人	bié·ren	指自己或某人以外的人：~都同意，就你一人反对|把方便让给~，把困难留给自己。
7	别子	biézǐ	古代指天子、诸侯的嫡长子以外的儿子。
	别子	bié·zi	（1）线装书的套子上或字画手卷上用来别住开口的东西，多用骨头制成。（2）烟袋荷包的坠饰。
8	宾服	bīnfú	〈书〉服从：听服。
	宾服	bīn·fu	〈方〉佩服：你说的那个理，俺不~。
9	裁缝	cáiféng	剪裁缝制（衣服）：虽是布衫布裤，但~得体。
	裁缝	cái·feng	做衣服的工人。
10	差使	chāishǐ	差遣；派遣。
	差使	chāi·shi	旧时指官场中称临时委任的职务，后来也泛指职务或官职。

编号	词语	拼音	释义
11	地道	dìdào	在地面下掘成的交通坑道（多用于军事）。
	地道	dì·dao	（1）真正是有名产地出产的：～药材。（2）真正的；纯粹：她的普通话说得真～。（3）（工作或材料的质量）实在；够标准：他干的活儿真～。
12	东西	dōng·xi	（1）泛指各种具体的或抽象的事物：他买～去了｜雾很大，十几步外的～就看不见了｜语言这～，不是随便可以学好的，非下苦功不可｜咱们写～要用普通话。（2）特指人或动物（多含厌恶或喜爱的感情）：老～｜笨～｜这小～真可爱。
	东西	dōngxī	（1）东边和西边。（2）从东到西（距离）：这座城～三里，南北五里。
13	故事	gùshì	旧日的行事制度；例行的事：虚应～｜奉行～（按照老规矩敷衍塞责）。
	故事	gù·shi	（1）真实的或虚构的用做讲述对象的事情，有连贯性，富吸引力，能感染人：神话～｜民间～。（2）文艺作品中用来体现主题的情节：～性。
14	呱哒	guā·da	同"呱嗒"（guā·da）。
	呱哒	guādā	同"呱嗒"（guādā）。
15	呱嗒	guādā	（1）象声词：地是冻硬的，走起来～～地响。（2）〈方〉讽刺；挖苦：～人。‖也作呱哒。
	呱嗒	guā·da	〈方〉（1）因不高兴而板起（脸）：～着脸，半天不说一句话。（2）说话（含贬义）：乱～一阵。‖也作呱哒。
16	灌肠	guàn//cháng	为了清洗肠道、治疗疾病等，把水、液体药物等从肛门灌到肠内。
	灌肠	guàn·chang	一种食品，原来是用肠衣塞肉末和淀粉，现在多用淀粉制成，吃时切成片，用油煎熟。
17	卵子	luǎnzǐ	卵①。
	卵子	luǎn·zi	〈方〉卵③。
18	罗锅	luóguō	（1）（～儿）驼背：他有点～儿。（2）（～儿）指驼背的人：这人是个～儿。也叫罗锅子。（3）拱形：～桥。
	罗锅	luó·guo	弯（腰）：～着腰坐在炕上。

编号	词语	拼音	释义
19	忙活	mánghuó	（～儿）需要赶快做的活：这是件～，要先做。
	忙活	máng//huó	（～儿）急着做活：这几天正～｜你忙什么活？
	忙活	máng·huo	忙碌：他们俩已经～了一早上了。
20	门道	méndào	门洞儿。
	门道	mén·dao	门路①：农业增产的～很多｜外行看热闹，内行看～。
21	面糊	miànhù	（1）用面粉加水调匀而成的糊状物。（2）〈方〉糨糊。
	面糊	miàn·hu	〈方〉食物纤维少而柔软：白薯蒸熟了，很～。
22	日头	rìtóu	（1）日子①（多见于早期白话，下同）：我也有盼着他的～。（2）指白天：半个～。
	日头	rì·tou	太阳。
23	说道	shuōdào	说（小说中多用来直接引进人物说的话）：校长～："应该这么办！"
	说道	shuō·dao	〈方〉（1）用话表达：你把刚才讲的在会上～～，让大家讨论讨论。（2）商量；谈论：我跟他～～再作决定。（3）（～儿）名堂道理：他为什么突然改变主意，这里头肯定有～。
24	外道	wàidào	佛教用语，指不合佛法的教派。
	外道	wài·dao	指礼节过于周到反而显得疏远；见外：你再客气就显得～了。
25	乌拉	wū·la	东北地区冬天穿的鞋，用皮革制成，里面垫乌拉草。也作靰鞡。
	乌拉	wūlā	（1）西藏民主改革前，农奴为官府或农奴主所服的劳役，主要是耕种和运输，还有种种杂役、杂差。（2）服上项劳役的人。‖也作乌喇。
26	喳喳	chāchā	小声说话的声音：喊喊～。
	喳喳	chā·cha	小声说话：打～｜他在老伴儿的耳边～了两句。
27	自然	zì·ran	不勉强；不局促；不呆板：态度很～｜他是初次演出，但演得挺～。
	自然	zìrán	（1）自然界：大～。（2）自由发展；不经人力干预：～免疫｜听其～｜～而然｜你先别问，到时候～明白。（3）表示理所当然：只要认真学习，～会取得好成绩。

以上词例的汉字书写与语音的声、韵、调都完全一样，只有轻声与否的差别。这说明了轻声在此是有着别义作用的。

《现汉》中轻声词与非轻声词之间有的还会有其他形式的不同，如声、韵、调或轻重音中的某个因素不同。如"便宜（biànyí与pián·yi）"、"出来（//·chū//·lái与chū//·lái）"、"出去（chū//·qù与//·chū//·qù）"、"大夫（dàfū与dài·fu）"、"大王（dàwáng与dài·wang）"、"当头（dāngtóu与dàng·tou）"、"肚子（dǔ·zi与dù·zi）"、"垛子（duǒ·zi与duò·zi）"、"嘎嘎（gāgā与gá·ga）"、"过去（guòqù、guò//·qù与//·guò//·qù）"、"杆子"（gān·zi与gǎn·zi）、"矫情（jiáo·qing与jiǎoqíng）"、"卷子"（juǎn·zi与juàn·zi）、"笼子（lóng·zi与lǒng·zi）"、"摩挲（mā·sā与mósuō）"、"泡子（pāo·zi与pào·zi）"、"片子（piān·zi与piàn·zi）"。两词意义差别可能是由轻声以外的其他语音形式来载现的，故这里的分析暂时不考虑这种现象。

《现汉》的标音追求尽量反映语言实际，细微的语音差异都予以标示，这对离析同音词、同形词是有意义的。同形异义的同形词如果连读音也完全一样，那么区别其意义只能靠语句来确定了。但当连语句这样的小语境也没有时，光凭汉字是无能为力的，那就只能靠强记了。汉字对实际语言中显示意义差异的语音反映是不敏感的。方块字形既是一种强力的外助力，有时也是一种强大的约束力。使得通过轻声变化来表示词义差别的这一可能上升为更具表现力的语法手段受到了严重约束。特别是当南方方言普遍缺乏这种语言手段时，使得普通话的轻声别义法的推广，使得轻声词的学习与使用，总是困难重重。这个影响是不是与汉字有关呢？

三、单音同形词

所谓同形词就是字形相同意义不同的词，单音同形词指的是同一个字表示了不同的意义。单音同形词有的没有读音区别，有的有读音区别，则前者全称为单音同形同音异义词，后者为单音同形异音异义词。

这两种情况，于汉字来说都是了无反映，都是同一个字。下面各举两例以显示：

1. 单音同形同音异义词

【戚】qī 忧愁；悲哀：哀~|休~相关。

【戚】qī（1）亲戚：~谊（亲戚关系）|~友（亲戚朋友）。（2）（Qī）姓。

【戚】qī 古代兵器，像斧。

【签】qiān（1）（~儿）上面刻着文字符号用于占卜或赌博、比赛等的细长小竹片或小细棍：抽~儿|求~（迷信）。（2）（~儿）作为标志用的小条儿：标~儿|书~儿|在书套上贴一个浮~儿。（3）（~儿）竹子或木材削成的有尖儿的小细棍：牙~儿。（4）粗粗地缝合起来。

【签】qiān（1）为了表示负责而在文件、单据上面亲自写上姓名或画上记号：~名|~押|请你~个字。（2）用比较简单的文字提出要点或意见：~呈|~注意见。

2. 单音同形异音异义词

【铅】qiān（1）金属元素，符号Pb（plunbum）。青灰色，质软而重，延性弱，展性强，容易氧化。用来制合金、蓄电池、电缆的外皮等。（2）铅笔芯。

【铅】yán 铅山（Yánshān），地名，在江西。

【期】jī〈书〉一周年；一整月：~年|~月。

【期】qī（1）预定的时日；日期：定~|限~|到~|过~作废。（2）一段时间：学~|假~|潜伏~|三个月为一~。（3）量词，用于分期的事物：训练班先后办了三~|这个刊物已经出版了十几~。（4）约定时日：不~而遇。（5）等候所约的人，泛指等待或盼望：~待|~望。

《现汉》第3版将同一个汉字列为不同字目的有1500余组。有语音差异的，即"同形异音异义词"要更多些。但这在注重汉字字形的研究领域如中文信息处理，它只认汉字字形，有无语音差别对它们是无关紧要的。在计算机领域，对字形的依赖比人的汉字使用要重要得多。

四、词性活用与读破

词性活用在汉语中是普遍现象，即一词多类，依临时语境而生变的词性活用相当多。对这种现象，汉字是无能为力的。区别词性活用的方法最管用的是"关键词鉴别法"，如名词前有"不"的一定是活用为动词，前有"很"的活用为形容词。还就是看其充当句子的功能等。当然这些都与汉语无形态的特质有关，汉字只是适应，还谈不上汉字在里面起着怎样的"约束"作用。但当汉语中已经使用了别的手段来区别词类活用所蕴含的功能变化、意义变化时，汉字对这样的新手段却是像对待轻声词一样，"熟视无睹"，遮掩得无影无踪，如"读破"现象。

所谓读破就是通过声调变化来表现原词的语法意义、语法功能或词汇意义的局部变化，也就是四声别义现象。曾经有人努力概括声调变化规律，如平声为名词义，去声为动词义；或平声为动词义，去声为名词义。结果仍只能显示四声之间有别义作用，却不能指定某种声调一定反映出某种确定的词性。《马氏文通》列举了以声调变更显示词义与词性变异的词57个，试作归纳后发现，名词义读平声，动词义或形容词义读上声或去声的有26个，为"比、王、尼、依、妻、除、虑、冠、咽、庭、衷、钉、荷、盛、屏、创、汤、丧、楷、膏、剂、坟、论、监、桡、盐"。而名词义读上声或去声，动词义或形容词义读平声的有31个，为"分、令、空、思、扇、乘、疏、培、牵、教、钞、量、传、号、称、铺、弹、缘、缝、亲、烧、操、磨、兴、担、骑、闻、藏、难、笼、观"。[1]几乎是一半对一半的现象说明，声调确有区别语法功能与词义变更的功能，只是这种变化尚不能体现在具体的声调变化类型与固定的语法属性身上。

【熬】āo 烹调方法，蔬菜等放在水里煮：～白菜 | ～豆腐。

【熬】áo（1）把粮食放在水里，煮成糊状：～粥。（2）为了提取有效成分或去掉所含水分、杂质，把东西放在容器里煮：～盐 | ～药。

---

　　　　[1] 马建忠：《马氏文通》，商务印书馆1983年版，第35页。

（3）忍受（疼痛或艰苦的生活等）：～夜丨～苦日子。

【铺】pū（1）把东西展开或摊平：～床丨～轨丨～被褥丨～平道路◇平～直叙。（2）〈方〉量词，用于炕：一～炕。

【铺】pù 用板子搭的床：床～。

【铺】pù（～儿）铺子；商店：肉～丨杂货～儿。

【铺】pù 旧时的驿站，现多用于地名，如五里铺、十里铺。

从宽来看"读破"属于上面所说的"单音同形异音词"现象，动用了语音形式来区别不同的词义。从严来算也可以把它独立出来，就是因为声调变化在语音各要素中是一个更细微的变化，其变化的目的性更强，"变调"的可知性更突出。但即使是如此，到了汉字那仍得不到任何反映，自然也就遮掩了具有区别语法属性和语法功能的语音手段，更谈不上促进其发展了。

五、合音字

合音字指的是两个字的读音合为一个音，字形也合为一个字的现象。这里的合音字是指已经完全独立的字，语音和语义都已经完成固定了。如"甭"béng，合的是"不""用"两字的读音和字形，表示"不需要"义；"诸"念zhū，合的是"之""于（乎）"的读音，表示动作的施及对象；"勡"念fiào，合的是"不""要"两字的读音和字形，表示"不要"义。

六、合体字

还有一种现象就是合体字，即它的读音是两个，意义也是两字或多字的合意，但字形上却是合成了一个。从广义来说，汉字繁衍过程中的"合体为字"也都是合体字，但这里专指将已经定型的两个字只在字形上合成一字，读音、意义仍保留了合并前原字音义的现象。这样的字不稳定，还处在定型化的进进退退过程中。如："瓩qiānwǎ，千瓦旧也作瓩。""瓩"是一个字，音是两个音，表现为"字"合"音"未合。"旧也作瓩"则表示这个"合字"也在退化中，回到了"千瓦"的状态。"圕túshūguǎn，'图书馆'俗作圕。"这里表现为三字合为一字，读音仍是三个音节。它出现在《现汉》第2版，第3版已删除。这表明已从"合体字"范围退出去了。这个字好歹还在正式辞典中出现过，像民间常见的"招财进宝"合四字为一字的则没有在辞典中出现过，说明它还处在一个初始的阶段，甚至是当作一幅"字画"来看待。

《现汉》对一组合体未合音字的处理是颇有启发性的。

字目	Syin	Sshiyi
呎	chǐ	又yīngchǐ英尺旧也作呎。
呎	chǐ，又yīngchǐ	英尺旧也作呎。
呎	yīngchǐ，又chǐ	英尺旧也作呎。
吋	yīngcùn，又cùn	英寸旧也作吋。
吋	cùn，又yīngcùn	英寸旧也作吋。
哩	lǐ，又yīnglǐ	英里旧也作哩。
哩	yīnglǐ，又读lǐ	英里旧也作哩。
浬	lǐ，又hǎilǐ	海里旧也作浬。
浬	hǎilǐ，又lǐ	海里旧也作浬。
唡	liǎng，又yīngliǎng	英两（盎司）旧也作唡。
唡	yīngliǎng，又读liǎng	英两（盎司）旧也作唡。
噚	xún，又yīngxún	英寻旧也作噚。
噚	yīngxún，又xún	英寻旧也作噚。

这几组字各出现了两次，一次是念单音节，一次是念两个音节，一字两现，就保证了根据两种读音都能找到它们。念单音节，符合汉字的特点；念两个音节，符合外来词的原义。释义中的"旧也作"、"旧称"显示写成一个字的是旧称，这里的一个字就是合体字。两音节更符合外来词的音义特点，一个字既念成单音节又念成双音毕竟不方便，故这里把合体字的写法处理为旧法，把合体字的两读也处理为旧法，最后根据两个音节写成两个字的定为规范的词形。如：

"英尺yīngchǐ，英美制长度单位，1英尺等于12英寸，合0.3048米，0.9144市尺。旧也作呎。"

"英寸yīngcùn，英美制长度单位，1英寸等于1英尺的1/12。旧也作吋。"

"英里yīnglǐ，英美制长度单位，一英里等于5280英尺，合1.6093公里。旧也作哩。"

"海里hǎilǐ，计量海洋上距离的长度单位，一海里等于1852米。旧也作浬。"

"英两yīngliǎng，盎司的旧称。旧也作啢。"

"英寻yīngxún，英美制计量水深的单位，1英寻等于6英尺，合1.828米。旧也作㖊。"

这个现象显示合体字在同化外来词时曾经"努力"过，也曾生存过一段时间。在"字形"与"音节"的抗争中，"字"失败了，"字"向"音节"靠拢了。但并不是汉字都像这次这样弱势，它总会顽强地表现出自己的存在。

之所以把合体字现象归于此，就是因为字形会表现出很强的刚性，经常会以不容易被人察觉的方式与那些具有表意功能的新语音手段和语法手段来较劲。

第六章　汉字的表意性

第一节　汉字字根的象形性

一、汉字字根

汉字的总量是一个非常庞大的数字，超过了六万个。对如此庞大的汉字要提纲挈领地了解，最有效的莫过于先掌握它的字根。尽管《说文解字》9353个汉字中80%是形声字，现代汉字中90%是形声字，再加上数目可观的会意字，合体字的数目占到汉字的绝大多数。但为数不多的汉字字根对认识汉字有着极为重要的作用。这不仅因为所有的汉字都是以它们为基础构成的，更重要的是字根意义也都以种种不同方式、不同程度地渗透到后来繁衍出的汉字中。

汉字字根大体上有两种说法，一种是《说文》540个部首字。这一说法由来已久，"以说文部首为单行本者始自唐李腾集李阳冰篆书。按崇文总目云，阳冰为滑州节度使，为李勉篆新驿记。贾耽镇滑州见阳冰书叹其精绝，因命阳冰侄腾集其篆书，以许慎说文目录五百馀字刊于石用为世法，名之曰字原"[1]。这种说法有很大影响。清代不少专门研究《说文》部首的书就直接以此为名，形成《说文字原》、《说文揭原》、《说文提要》之类的著作。

---

[1]《许学丛书四种·〈说文提要〉校订序》。

另一种说法指的是象形字。认为最早产生的汉字是象形字，指事字、会意字、形声字都是在象形字基础上产生的。

这两种说法有不合之处，540个部首中象形字只有221个，不到部首总数的一半，还有30个部首没有统率一字，当然也就谈不上所谓"字根"、"字原"。不少部首字还是合体字，可以拆开为不同的字。如"男"字从田从力，是会意字，会出"丈夫"义，但"男"在《说文》中没有归入"田"部或"力"部，而是自己充任了部首。"见"字从儿从目，也是会意字，会出"视也"义，"见"在《说文》中没有归入"儿"部或"目"部，也是直接充任了部首。它们之所以能为部首，是因为它们有所属字，有别的字以它们作了构字部件。以"男"为构字部件的有"舅""甥"，以"见"为构字部件的有"视""览""觐""觉""觊""觑""观"。可以这样说，以《说文》部首为"字原"主要是从字的构字能力来说的。由于《说文》坚持了凡是一个字被别的字用作了构字部件就独立出来为部首的原则，如乙以甲为构字部件，丙以乙为构字部件，丁又以丙为构字部件，这样甲乙丙三个字都要独立出来作为部首存在，丁字归入丙部而不是归入甲部。

这两种说法也有相通之处。因为象形字是汉字中产生最早、形体简单，往往又是构字能力最强的，象形字在《说文》中基本上充当了部首，所率字也最多。因此，从狭义上来说，汉字"字根"为象形字，广义说指《说文》的540个部首字。前者是从汉字的产生过程来说的，后者重在汉字的组合能力。

在说到什么是汉字字根时，还应该说到甲骨文和现代检字法部首。

甲骨文早于《说文》时代1000多年。从汉字的发生学来看，甲骨文已是比较成熟的文字。但就甲骨文本身来说，发现的不同的字形有四千多，但考释出的只有一千多，不到一半。[1] 而且甲骨文的字形还未最后定型，字无定格，书写时大小分合，正反侧倾比较任意，一字异形、异字同形的现象也相当多。[2] 可以这样认为，从整个汉字发展的历史

［1］王凤阳：《汉字学》，吉林文史出版社1989年版，第107页。
［2］陈伟湛、唐钰明：《古汉字学纲要》，中山大学出版社1988年版，第59页。

来说，甲骨文还处于相当早期的汉字构形过程中。无论是汉字的数量还是字形的稳定上，都与后来经《说文》整理过的小篆有巨大差距。《说文》整理过的文字在总体上继承了甲骨文的基本内容，又提供了完善的汉字构成理论和条例，故以《说文》为研究汉字字根的基本材料还是很起作用的。

现代汉字部首能不能说是"字原"呢？不能。因为现代汉字部首中包含有一些笔画，说不上是独立的字。这些部首的性质与产生是着眼于检索的方便，它可以不顾及这个字的字义构成和历史演变过程。现代部首只是后人为了方便查字，对汉字拆卸拼装，依照一定的构字顺序和查找原理归纳而成的。

二、汉字字根的特点

汉字字根的最主要特征就是它的象形性。所谓象形性就是指能够从一个字的字形上直观形象地辨知到这个字的大致意义。传统说法称汉字为象形文字就是从这个意义而言的。作为汉字字根，在取物为象上有两个明显特点。

1. "近取诸身，远取诸物"

所谓"近取诸身，远取诸物"，就是说近以人体某个部位为象形形体，远则以人们熟知的某个事物为象形形体。200多个象形字基本上可分为两类：如"人、手、足、口、耳、目、首、面、心、止、身"，表示的是人体部位。有时同一个部位的象形字，因为在字的不同结构位置上还可以衍化出不同的象形字。如"手"所像是往上伸去、五指上扬之形；"爪"所像为手在上，五指下伸之形，置于物之上而如"采"字之上；"又"像手掌侧伸，拇指在下，四指并排居上之形，由它而衍可构成"右、叉、秉、叔、及、取、友、度"等一系列字。如果把以表示人体部位的象形字为基本象形形体，略加变化，把具备了一定构字能力的字都算在内的话，"近取诸身"的字根数量还会增多。例如，以一只手为象形基础，像双手往内相向之形为"廾"，就能构成"异、共、奉、兵、戒、弄、具、举"等字。以"又"为基础，下加一点成"寸"字，能构成"寺、将、导、专"等字。以"口"为象形基础，可以变化出"舌、甘、旨、言、欠"等字根，它们可构成"甜、语、谈、读、歌、欲、欺"等字。

远取诸物之"物"，也都是取象于人们生活中相当贴近的事物。有三类物表现得比较集中：自然物，如"山、水、日、月、木、石、云、雨、火、竹、瓜、果"；人们日常生活、生产之物，如"门、戈、斤、户、网、皿、豆"；动物，动物类象形字相当真实地反映出最早为人们所接触、所熟知的动物范围，如"羊、牛、马、鸟、隹、虫、龟、犬、鼠、象、蛇、龙、熊、鹿、兔、虎、燕"，前面几个是畜养的家畜，后面几种则是在人们生活的自然环境中最为常见的动物。

"近取诸身，远取诸物"符合汉字的产生和结构规律，也符合古汉人的认识规律和社会实践特点。对客观世界的认识都是以人为视点来转移的，对认识的结果要进行表达，所借助的媒介也是以人们最熟悉的形象来完成。

2. 取其特征的写意手法

另一个特点就是取其特征，以象征性的手法反映所要表达的客观事物最主要的形象特征。尤如漫画，扬其一点，不及其余，不必像写真素描那样去追求逼真的形似。如"马""鼠""鸟"算是比较追求总体的形似，但重点仍是落在放大了的局部特征上。"马"字放在鬃、腿、尾上，"鼠"字放在头、足、尾上，"鸟"字放在睛、翅、爪上。更多的是连总体形似也不太顾及，只求局部的神似。如"牛"像正面远远看去的抽象之形，牛头与两个大角构成三条往上的半圆线条。"它（蛇）"则只突出了蛇的头部轮廓，下面的一捺似蛇身与拖曳着的长尾。

在200多个象形字中，只求局部神似的比追求总体形似的要多。这一点对我们认识汉字的性质有很重要的意义。说汉字是象形字，仍是以特有的轮廓、线条来揭示客观事物，这与画图绘形有本质区别。当然，使用的是轮廓之形、线条之形还是符号物，揭示的客观对象是具体之物还是抽象之物，这使象形字与指事字、会意字之间有了明显区别，但在借助形体和符号来表达意义时都强调了一种象征性、喻示性，即都是

"悟其意"、"会其意",在这一点上二者是相同相通的。试想如果一种文字的所有字形都是象形的话,那么在这个文字体系中是难以寻找到这么多具体形象的。只要是文字,它就已经进入了以非常抽象、概括的方式来会意、悟意的阶段。真正的"象形",只在汉字早期的阶段才存在,应该说甲骨文时期已经由对客观事物的"形似"进入了"神似"的阶段。以"神似"作为表意的方式,也就是要求用字者以"会意"、"悟意"的方式得意。汉字字根的这一特点在后来的指事字、会意字中得到了进一步的发展。

三、汉字字根是如何蔓延的

从狭义的汉字字根即象形字来看,数量并不多,那么它是如何影响到其它汉字,以至于整个汉字系统的呢?

汉字字根的以形示意是通过字根作为构字部件来造字构字的。如"木"是一个象形字,表示树木的木,当人们需要进一步分辨树木的某一部分时,并没有重新造一个新的象形字,而是以它为基础,略加改造。如要表示树木的根部,就在下面加一短横成"本"字。要表示树木的尾梢部,就在上面加一短横成"末"部。要表示树上结出的果实,就在"木"上安上一个圆形物成了"果"字。要表示捆扎树木就在"木"字中间加一道绳索成为"束"字。指事字就是在一个象形字的基础上加一个或几个不成字的符号来构成的。

"木"又可以作为一个造字部件,与另外一个或几个部件组成一个新的合成字,"木"的意义也就成为新合成字意义的一部分。如"木"与"人"相合成"休"字,表示人依靠在树木上休息。一只手放在木上成"采"字,表示"采摘"义。有时两个相同的构字部件,因为各自所处的位置不同也可以表达出不同的意义。如"木"与"日"二字,木在下成"杲"字,表示日头高挂,木在上成"杳",表示天色已冥。这就是"会意字",用几个能够独立成字的字体会合出一个新字,其中的每一个构字成分都在里面起到一定的表义作用。

"木"作为造字部件时,只有它单独起着表义作用,另外的构字部件表示声音的构成。这时"木"字所表示的意义更加抽象，表现出明显的类化特征。如表示树名的"柏""松""榆""梓""柳""榛""杨""栎"；表示树之果实的"桃""柚""李""柿""梨""杏""橙""桔"；表示木之形状的"枯""柔""枉"；表示以木制成物的"柱""楣""栋""楼""梳""案"；表示以木作为击打工具或动作的"杖""椎""析""梏"等。这就是"形声字"，"木"被称为形符或义旁，形符表示的是一个大的意义范畴。

在会意字和形声字两大部分中，新字的构字部件中由于其中的一个或几个仍是象形字，仍能从字形上直接揭示出意义所在。由于它的存在，在蔓延、繁衍产生出来的合成字、再生字中，字形在意义的表达和理解中仍起着强烈的示意作用。这种突出的直观示意性加上几个构字部件的组合搭配、交叉映衬，使得新合成字的意义总是会或多或少、或显或隐地从构字部件中反映出来。

在整个汉字的体系中，字根的这种象形性、以形示意的作用是如何贯彻其中的呢？要系统了解其内在奥秘，不能不对《说文解字》部首进行分析。540部是汉字历史上的第一个部首，它对汉字形成规律的揭示与诠释有着非常独到的作用。

第二节　《说文解字》部首的形类与义类

王力在《古代汉语》中有一句耐人寻味的话："《说文》540部首是值得研究的，因为它是文字学原则的部首，而不是检字法原则的部首。"[1]"文字学原则的部首"揭示了《说文》部首的本质和价值。那么，这种性质的部首与后来的检字法部首区别何在？它是如何体现这一本质属性的呢？了解《说文》部首分部的奥秘，成为了解《说文》这部巨著，进而了解整个汉字体系奥秘的一个关键所在。

----

[1]王力:《古代汉字》第一册，中华书局1981年版，第166页。

一、"凡某之属皆从某"

《说文》在每一个部首中总是把代表这个部首的字放在最前面，在解释部首字的最后一句都注有"凡某之属皆从某"。这句话看上去很平常，就是说凡是以这个字为构字部件的都归到这个部首中。像"男"是由"田、力"构成，照说应该归入其中一部，但"男"又成为别的字的构成部件，即"男、田、力"三个字都被别的字用作了构字部件，因此这三个字就分别都充当了部首。《说文》对"凡某之属皆从某"这一原则执行得很彻底。如"火、炎、焱、赤、黑、炙"六字都是部首字，里面都有一个"火"字，也都与"火"义有关。"火，象形"，"炎，从重火"，"焱，从三火"，"赤，从大从火"，"黑，从炎上出囱"，"炙，从肉在火上"。从字形字义来说把它们都归入"火"部也无何不可，特别是"炎""焱"两字，更是与"火"有密切关系。但为什么要分别立部呢？因为"餤、燚、赧、黯、爒"等字，它们都充当了构字部件，如果就这四个以火为构字部件的部首字来说，它们固然可以按字形字义并入"火"部，可其结果是势必造成以它们为构字部件的字不好归类。又如"黑"字虽然形与义都与"火"有关，但它毕竟在意义上形成了一个特定语义范畴，且这个特定的语义范畴在"黰、黜、黯、黥、黠、黔、黪、黪"等字中都集中、稳定地存在。假如把它们一一拆开，按照最小的构字部件归入"火"字部首的话，不难想象，"黑"所独立具有的意义范畴必将失去。

《说文》的"凡某之属皆从某"原则执行得相当严格，有许多像"炎""焱""赤""黑""炙"这样可以归入"火"部的都因为有自己的所属字而独立出来了，造成了相类似部首并行不悖、祖孙同堂的情景。下面几组也是比较典型的例子。

"又"与"史"、"支"、"支"、"殳"：

"又，手也，象形。三指者，手之列多，略不过三也。"以"又"为构字部件的有"右、叉、尹、及、反、秉、叔、取、友、度"等27字。

"史，记事者也，从又持中。中，正也。"以"史"为构字部件的有"事"字。

"支，去竹之枝也，从手持半竹。"以"支"为构字部件的有"敊"字。

"攴，小击也，从又卜声。"以"攴"为构字部件的有"肇、敏、故、政、数、改、更、赦、救、寇、收、攻、牧"等76字。

"殳，以殊人也。……从又几声。"以"殳"为构字部件的有"役、毅、殴、段"等19字。

这五个部首字都是从"又"而成，也与手部的动作有关，可都因它们各有所属字而分别立为部首。

又如"廾"与"共""異""舁"：

"廾，竦手也，……杨雄说：廾从两手。"以"廾"为构字部件的有"奉、丞、弄、戒、兵、弈、具"等16字。

"共，同也，从廿廾。"以"共"为构字部件的有"龚"字。

"異，分也，从廾从畀。"以"異"为构字部件的有"戴"字。

"舁，共举也，从臼从廾。"以"舁"为构字部件的有"与、兴"等3字。

这四个部首都是从"廾"派生而来，表示双手共执这一动作，但也因各有所属字而分别立为部首。

还如"人"与"从、丛、比、大"也是这种关系。

进一步考察还可以发现，在540个部首中有36个部首一个所属字也没有。原来，这36个部首中少数是因为它的所属字作了其他字的构字部件而成了部首，反使自己落空了，更多的是因为它们本身是象形字，既无所属字，又不便拆开归入其他部首。如"燕，玄鸟也，象形"，"它，虫也，从虫而长，象冤曲重尾形"。这种情况应该看做是由于严格执行了"凡某之属皆从某"归字原则的结果。

《说文》部首执行"凡某之属皆从某"的原则，有这样两个特点：（1）"某"是对合成字一次性划分的结果。如"班"从"珏"从"刀"，而"珏"又是从双"玉"，"班"该归"珏"而不是归"玉"。

（2）"某"应是一个独立的字，具有自己的形、音、义。这样不仅使它自己在作了构字部件之后能够独立为部首字，也使得它的"音"和"义"能够一起随着"形"进入到一个新字之中。即使没有所属字，它也可以继续充当部首而获得独立的形音义。

二、形义合一的归部原则

值得思考的是，为什么《说文解字》部首要如此严格地执行"凡某之属皆从某"的归部原则呢？即使是空无一字的部首也还要"凭空而立"，而不是依其形近形似而入相邻之部呢？思考的结果是我们不得不这样来猜测：其目的是为了保证拥有相同构字部件的字有其形的同时又有其义。作为一个字根，它的意义是稳定、单一的。稳定说的是它能够随形而存，在构成一个新字时，形与义皆能进入新字当中。单一说的是它的意义具有原始意义的特点，因此而有较广的覆盖面，能够统括以它为构字部件的繁衍字。如果繁衍字超过按一次划分出的构字部件归类的话，即不是归入直接的构字部件而是归入更深层的更小单位的构字部件，那么就会在意义上破坏义类，使得同在一个部首的字不能保证拥有同一个最小公约数的义类。

如此看来，《说文》部首在以形归类的表面现象下，更深层的动机却是寻求义类的确立。准确地说，《说文》部首归部用的是形义合一的原则，即通过一个个形类的分合以达到一个个义类的分合。严格执行"凡某之属皆从某"正是为了保证这一目标实现的具体措施。前人对《说文》部首所具有的义类特点的论述很多，有的说它是"义类"，有的说它是"概念范畴"，有的说它是"同义词"，有的说它是"转注类"，措词不一，其实都说到了其特有的义类价值。

把《说文》部首"凡某之属皆从某"、形义合一的分类标准放到汉字体系中来考察，还可以发现，它的价值远不止于"形类"与"义类"的区分，对汉字总体性质的形成也有着深刻影响。汉字字根是有着象形性和以形示意的功用，这些字根在构造新字时它们的形、音、义都进入了新字，由于字根构字的组合层次不同、造成新字的生成力不同，字根的意义在众多新字中保留的意义成分也有着多少众寡的区别。因为汉字不是一时一地一人的产物，而是经过多人之手的创制，经过长期的使用，《说文》所面临的庞大而复杂的汉字整理工作是可想而知的。而"凡某之属皆从某"这一归类原则的确立和严格执行，使得汉字的形类立，义类亦立，字根明，字族亦明。所以正是凭借着《说文》部首分立中"凡某之属皆从某"这一原则，使得汉字字根的象形性及字形字音字义被清楚地继承下来了，从而漫覆于所有汉字的身上。这正如古人所言："每见一字先求其母，如山旁必言山，水旁必言水，此则万无移易者，因于其偏旁所合之字，详其为何义，审其为何声，虽不中不远矣。"[1]

第三节　"六书"之序显示汉字发展趋势

一、"六书"定义

有关汉字构造理论当首推"六书"理论的提出。《说文》"后叙"对此有完整的论述：

指事者，视而可识，察而可见，上下是也；

象形者，画成其物，随体诘屈，日月是也；

形声者，以事为名，取譬相成，江河是也；

会意者，比类合谊，以见指撝，武信是也；

转注者，建类一首，同意相受，考老是也；

假借者，本无其字，依声托事，令长是也。

历代学者都认为这里的解释言简意赅，每一"书"用两句八字，外加两例字，作了精彩的诠释。除了"转注"定义和"假借"的例字略有疑虑外，几成不更之言。

不过现在流传下来的"六书"，采用的是《汉书·艺文志》中的表述，即"象形"、"指事"、"会意"、"形声"、"转注"、"假借"的顺序。

---

[1] 陈建侯：《说文提要·序》，京江粹存斋印，光绪戊申（1908年）。

流传至今的"六书"理论就是取许慎的定义，取班固的顺序，合双璧而成。"六书"理论在清代还有过一次大的发展，就是著名学者戴震提出，经他的学生段玉裁光大了的"四体二用"说。戴、段认为，六书中只有象形、指事、会意、形声四书是关于汉字结构的学说，转注、假借是关于汉字应用的规律。只有前四书才能据其法造新字，后二书并不能造出新字。后来还有学者提出过"转注"、"假借"是文字繁衍发展过程中的两大规律。大多数学者认为"四体二用"之说更为合理。如果是放在一个时空平面上进行分析的话，所有汉字的构成基本上可以用前四书予以解释。

二、六书之序的意义

如果说"六书"的定义其价值在于揭示了汉字的结构方式，那么"六书"的顺序则反映了汉字由产生到发展，由少数字根繁衍到整个汉字体系的发展趋势。其趋势表现出了这样几个特点：

1. 含有意义的汉字形体始终贯穿于所有的汉字之中，形音义三合一的汉字字根成为构成汉字的构字部件，其"形""音""义"皆不同程度地进入到新字之中。在"指事"字中，象形字的义与形成为意义点化的基础。在"会意"字中，象形字的义与形分别在新字的形体结构和意义结构中各占其位置。对意义结构来说，这个"部分"有时会以义项的形式出现，有时则不能以独立存在的义素形式出现。在"形声"字中，一个或几个形体昭示着新字的所属义类，另一个形体显示新字的声音。

2. 字形表意度的弱化。在汉字由象形向指事、会意、形声的发展过程中，汉字字形的表意度呈现出同步的弱化现象。这就好像一缶水，在一个器皿中盛着时它是充盈洋溢，用几个器皿来盛，它的盛载量就有限了。分装得愈多，类化的现象愈明显，字形表意度也就相应愈加减弱、淡化。上面分析过的"木"字例就是如此。再看"人"字，由"人"到"企""仔""从""众"，再到"伟""儒""伯""仲""佩""佳""俊""伦"，再至"北""比""并""衣"等，都表明"人"这个字形的表意能力逐步而明显地在减弱，弱化主要表示为类型化、语境化。类型化体现为意义的抽象与概括，语境化体现为一个新字新义的产生基础、条件和背景。

3. 意义的虚化。表意度的弱化是指这个字形表意度能力的降低，使人们由这个字形联想到它的原始意义的可能性减退，而意义虚化指的是字根所表示的意义进一步扩大，所能涵盖的对象更多，概括性更强，虚化程度更大。"人"最初所指是很实在的，指的就是一个人之形。后来由"人"加上一只脚，合成为"企"字，表示人踮着脚站着；加上"子"成"仔"，表示人之小者；加上另一个"人"，表示跟随义；两"人"相背成"北"，表示违悖义；一件物品遮盖在人身上表示"衣"，等等。"人"的所指范围扩大了很多，已经开始超出了最初所指的"人"这个实在之物。到了形声字，凡是与人有关的一切性、色、貌、质、关系、名称、动作、态度、形状都可以用字形"人"来示意时，"人"这个字根的意义已经虚化成一个类别。

4. 表音成分开始进入汉字的形体结构。从象形、指事到会意，都还是完全靠汉字字形的绘形、具象、搭配、组合来显示意义。这三书尽管在表义的程度上有差异，但仍属于形与意之间发生联系的范围。到了形声字阶段，表音的字形开始进入到新字的字体结构中，这象征着汉字的发展进入到一个新阶段。形声字与前三书的差距比起前三书相互之间的差距有着明显的不同。如何评价这一新阶段，如何评价这种质的差异，很值得探讨。同时，还应该看到，形声字的表音仅仅是表音类而不是确指其音值。即使是充当声旁，声旁原有的意义在新字中仍发挥着重要的显示"义类"的作用。假借字可以说是完全以形体来寓示声音，假借字是汉字使用过程中的产物，这与形声字中的声旁是性质不同的。尽管假借字有不少沉淀下来了，但毕竟其数量在汉字总体中所占的比例不高，它的存在并没有在质上改变汉字的性质。

"六书"理论对汉字发展过程中的字形变化与表意功能变化的反映是准确的。在汉字的繁衍过程中，汉字字形的表义方式走向了组合化，意义状态出现了虚化、概括化、类化的趋势，表义效果也更加隐蔽曲折。到目前为止，汉字的发展仍在继续这一过程，并没有中断或转换。因此，据形得义仍是符合汉字基本性质，也仍将是人们用之有效的析字求义的基本方法之一。

第七章　汉字表意功能的制约因素

讨论汉字的表意性与表意功能必须要有历史观念。不同时期的汉字，所具有的表意性与表意功能有不同程度的表现。其影响因素是多方面的，以下几点不容忽视。

第一节　字体与字式

王力在概括汉字字形变迁时说："关于字形，应该分为两方面来看，第一是字体的变迁；第二是字式的变迁。字体是文字的笔画姿态，字式是文字的结构方式。"[1] 下面就从字体与字式两方面来看看汉字的演变对表意功能的影响。

一、字体

"字体"指文字的笔画姿态。传统分法将汉字的古今字体分为两类：刀笔类文字和毛笔类文字。刀笔类文字包括甲骨文、金文、小篆，毛笔类文字包括隶书、楷书、行书、草书。汉字字体的划分实际上是按汉字书写形式的不同而做出的，书写形式的不同又与书写工具有着直接关系。

---

[1] 王力：《汉语史稿》，中华书局1980年版，第39页。

在刀笔文字中，如最早的甲骨文，笔画瘦长，没有弯笔、圆笔，一笔中无粗细变化。一个字的构成似笔画横竖斜直的搭架，像一个鸡爪形、竹叶形。到了金文，由于是倒模浇铸而成，笔画上出现了粗细不一的变化。小篆字形的复杂程度超出了以往，可以有弯笔、曲笔，但毛笔文字最重要的特征如肥笔、连笔，在小篆中是没有的。刀笔文字受书写工具的限制，显然不便于交际。可以说刀笔文字是文字的初级阶段，也是文字的贵族阶段，它的服务对象不是大众，甚至可以说文字那时还根本没有走向民众。汉字书写还几乎是一次性的，不轻易写，但一旦写下后，牛甲龟板，勒石铸鼎，生命力也就特别的长久。

在毛笔文字中，汉字的笔画横有起伏、直有弯曲，一笔中可以有粗细变化，最显著之处就是出现了肥笔。在一笔完成的笔势中，在末尾处的或撇或捺，会出现笔锋肥大宽厚、趋粗趋细的变化。由于毛笔松软，墨汁浸润，使得笔锋的连转折曲也很容易，笔画的结写、合写、略写也就轻而易举。这种现象首先出现在隶书中。隶书的最主要特征是横笔末尾与斜笔弯处的那一顿，笔形特别的肥厚。在此后的各种毛笔文字中，曲笔、折笔、连笔都成为最常见的笔画走势。毛笔文字是汉字大众化的产物，毛笔的运用本身就是源起于下层文化人的使用之中，反过来，毛笔文字的形成又大大促进了汉字的普及。人们可以轻松随便地进行书写，随时进行交际。只有到了毛笔文字阶段，才能说汉字成为民众手中的日常交际工具。

二、字式

字式指的是汉字的结构方式。如由象形到指事的变化，由单体到合体的变化，由会意到形声的变化，甚至还包括字体的繁化与简化。"从小篆到隶书，不但字体变了，连字式也发生了很大的变化。……从隶书到楷书，字式很少变化，……但文字也不是一成不变的，起初是人民群众的创造，后来文字学家也不能不跟着走。群众的创造有两个方向：第一是类化法，第二是简化法。"[1]这里只从书写方式改变的角度作一

---

[1] 王力：《汉语史稿》，中华书局1980年版，第41页。

分析。

汉字字体的变化趋向主要体现在书写的方便、汉字结构的简化、笔画之间的连写与省略。随着书写工具的进步、日益丰厚的文化积累、文字日益走向大众，汉字必须进一步适应大众日常交际的要求，这就必然会在汉字结构上体现出来。这就是字体变化引起字式变化的内在原因。初起看来，字体的变化似乎是一种文字因素以外的因素，实际上汉字的生命在于能够为人们所运用，在于能够有效地表达人们的思想认识。汉字的表达、传递、识别诸环节中所需借助的工具、环境、手段也就构成了汉字存在于其中的一个生态环境。这个文化生态环境受到汉字强大的影响，反过来又给汉字以深深的影响。

汉字字体给汉字结构方式的影响主要是发生在小篆以后的汉字存在形式上。小篆以前的汉字，文字的定型程度还比较低，一字异形的现象多。文字还较多地体现出直观性，象形色彩比较浓。到了小篆，汉字已经完全成熟，结构完整，汉字数量也达到相当程度。在以形表意的道路上向抽象化的会意方向大大跃进了一步。这时的汉字已经不是以象形指事为主，而是以合体会意，和一部分字形表示意义范畴，一部分字形以表示声音类别的形式为主。小篆成为古文字向今文字进化的一个转折点，是古汉字的集大成者，又是今汉字的直接源起者。

小篆是字形结构相对完整、笔画组成完备、书写严谨的汉字。这时的汉字字体还不能完全适应手写。严谨的汉字结构与书写便捷之间存在矛盾。最终汉字作为书写符号的交际工具性质占了上风，在保留汉字基本性质的前提下，在字形结构的严谨性作了让步。这场源于汉字交际功能，书写工具、书写方式变化的字体发展，最终给汉字结构方式以深远的影响。主要表现为草书楷化、方块字化、结构简化。下面先就前两者作一分析。

1. 草书楷化

汉字由小篆开始向便于书写的字体方向发展，达到顶峰的就是草书字。在草书中，汉字的横、直、弯、撇、捺都不是那么讲究，只要能具有一个大致的轮廓就行了。草书字发展到一定时期，它又要走向规范。

因为汉字作为社会共同使用的交际物，它必须要为全社会所共识。在讲究使用者个性的草书中，自由度的极度发展必然会影响到汉字的社会通用性。这时文字的规范性又会对汉字定型起很大的制约作用。这样许多汉字在草书中出现了的简化、略化、代笔等书写方式就会通过楷书的形式确定下来。这样原来结构完整、笔势清楚的汉字就向线条化、抽象化的方向大大迈进一步。据《汉字简化字与繁体字对照字典》记载，[1]草书楷化字数量还不少。现代简化字中不少就是因草书楷化而成。如"当、导、东、断、归、过、还、会、监、见、将、尽、举、来、乐、联、陆、娄、卖、门、齐、金、庆、热、丧、扫、单、湿、师、时、势、寿、书、树、帅、苏、肃、孙、头、图、为、乌、显、写、兴、亚、养、页、隐、应、渊、长、执、质、昼、专、学、庄、发、堕、水、爱、鱼、报、车、马、层、鸟、断、夹、栈、呙、击"等。把这些草书简化字与原来的繁体字一对比，就很清楚发现，草书楷化字的笔画大为减少，结构也简略了许多。

其中象形字的草书楷化更为突出。最早的象形字都尽量在字形的轮廓上做到形似神似，而草书楷化中的象形字，象形度大为降低。如"鸟"字下面原是一脚爪，现在成了一横。"马"字下面原是四点，表示四条腿，现在也成了一横。"燕"字和"鱼"字下面原来表示的是尾巴，现在前者代之以"灬"，后者代之以"一"。"水"字原来是俯看的水流状，现在笔画构成已难以看出它是水的流行图。"鼠"字本来是一只老鼠的全貌缩形，上面是鼠头，下面圈曲着四条腿，右下为鼠尾。楷化后，头成为"臼"字，老鼠尾巴与四条腿并行而略长。"牛"字本来象似牛头，朝上方两边伸出又长又弯的牛角，楷化后成了四条简单的线条且毫无对称感。草书是造成汉字表意性质弱化最为明显的一种字体，草书后的楷化则是将这种弱化固定下来，将汉字书写的"自由体"草书以线条的形式确定下来，大大加重了汉字的符号字性质。

2. 方块化

字形的方块化就是原字的部件、偏旁与结构并未发生变化，只是由

---

[1] 苏培成：《汉字简化字与繁体字对照字典》，中信出版社1992版。

于字体的不同，笔画的走势有了区别，而导致了汉字结构的变迁。在方块字化的变迁中，汉字字理的因素下降了，汉字字形的美观因素上升了，虽然会使汉字显意作用下降，但却提升了汉字的美感，强化了汉字方块字形的独立性。如"堂"是上下结构，上面是"尚"，为声旁，下面是"土"，表示意义范畴。方块化后"尚"成了"⺌"，把本来处在"尚"字中间的"口"凸显出来，几乎要脱离"⺌"，由上下结构变成了上中下结构。"及"本来是左边为"人"，右边为"手"（又），表示由后及人义，字体方块化后，"人"与"手"均看不出了，两个原本是独立的汉字交织在一起形成了一个笔画组合的整体。

汉字的字体影响到汉字的字式，这是符合汉字作为交际工具性质的。当一种书写符号成为大众交际工具时，它的交际性、社会性、功能性必定会是主要的影响因素。虽然汉字是以象形为起源，以直观的象形写意为主要目的，但当它大规模地进入到人们的日常使用后，全民的普遍使用必定会对它提出简易、便捷的要求，使得汉字日益变得方便于书写和交际。先天的象形性慢慢让位于后天的规定性。

第二节　检录法部首

早期的汉字部首以《说文解字》540部为代表。它又叫做文字学部首，其性质就是一个部首往往表示一个义类，同属一个部首的字都具有这个部首的意义色彩。部首与偏旁都同属汉字组字的结构，只是部首更看重组合成字的能力，在统辖所有汉字的分析系统中，它是汉字系统中管辖、查询的一个重要单位。偏旁则只注重对具体汉字的结构分析，偏旁的范围要来得比部首更为宽泛。

文字学性质的部首是在保留汉字形音义三者统一情况下对汉字组合规律概括的结果。每个部首字都有自己的音、义、形，在这个部首的所有部属中，部首字的音、义、形都进入了所属字中。因此，通过文字学性质的部首来了解汉字的形系统、义系统、音系统都比较方便。当然，在《说文解字》部首中，为了保证文字学部首性质的实现，最重要的一条规则就是"凡某之属皆从某"。这在上一章已经作了论述。

检录法部首划分的原则与文字学部首完全不同，它不寻求形音义三者的统一。在拆解这个汉字结构时，并不顾及原有的结构规律，并不保证拆解后的汉字构件独立成字，或是符合原有的构字理据的。这样，检录法部首中的部首有的就成了有形无义的部件，仅仅是笔画的组合。造成检录法部首如此结果的原因主要有两个：一是它并不溯及汉字的最初来源，所面对的只是经过长期演变而来的后代汉字；二是目的并不在于对汉字作形义兼顾的分类，只是为了检索的方便。检录法部首对汉字表意性质的影响是多方面的。

一、改变了部首字的汉字字根性质

检录法部首首先造成的是对汉字字根的冲击。所分出来的许多字根已经不是符合汉字最初结构、富有字理的字根，而是或分解成了笔画，或与其他笔画、偏旁进行了新的组合。如"及"字原是"人"与"又"两个字根合成，但在检录法部首中，归入左边一撇"丿"的部首。"夹"字原是"大"和两个"人"，《说文》："持也。从大侠二人。"段注："夹者，盗窃怀物也。从亦，有所持。夹怀物，故从二人。夹持人，故从二人。大者，人也。一人而二人居其亦，犹一人二亦间怀物也，故曰从大夹二人。"[1]在检录法部首中，"夹"字不再从"大"入部，而是从"一"入部，"从大侠两人"的结构字理也就不复存在了。"恭"本是一个形声字，上为"共"，声旁，下为"心"字，义旁，表示意义类属。"友"本为双手相交貌，以示两人相合。但"恭"、"友"在检录法部首中，都根据最先书写的是一笔而归入"一"部。

至于象形字就更不用说了。在检录法部首中，许多原来已有的象形字部首被取消了，它们都依照原字的某一笔画作了归部。如"燕"字本像一只完整轮廓的燕子，现归入"灬"部，依燕尾来归部。"永"字本

---

[1] 段玉裁：《说文解字注》"大部·夹字"注。

是像水流径貌，现在归入"丶"部，看重的似是水流的浪头。"面"字本像人面之形，现归入"一"部，依起笔来归部。"电"字本像雷电闪动貌，现在归入"丨"部，说它是按中间一笔来归类，似是而非，中间一笔本是曲笔而非直笔。"兔""龟"本也是像轮廓完整的兔和龟，现都入"丿"部，按起笔而归。

检录法部首中也分出了不少本无其字的"部首字"。这样的部首只能是有其形而无其义，只是笔画部首。如"夫"是一部首，所属字有"奉、秦、舂、春、泰"等。这些字在文字学部首中按形义合一原则分别归入"手"旁、"禾"旁、"臼"旁、"艹"旁、"水"旁。下面是《说文》中的解释。

"奉：承也。从手从廾，丰声。"（《说文》卷三上，"廾"部）。

"秦：伯益之后所封国。地宜禾。从禾，舂省。一曰秦，禾名。"段注："汉地理志之陇西秦亭，秦谷也。地宜禾。从禾，舂省。地宜禾者，说字形所以从禾从舂也。职方氏曰：雍州谷宜黍稷，岂秦谷独宜禾与。匠鄰切。十二部。按此字不以舂禾会意为本义，以地名为本义者，通人所传如是也。"

"舂：捣粟也。从廾持杵临臼上。午，杵省也。古者雍父初作舂。"（《说文》卷七上，"臼"部）

"春（萅）：推也。从艸从日，艸春时生也；屯声。"（《说文》卷一下，"艸"部）

"泰：滑也。从廾从水，大声。"（《说文》卷十一上，"水"部）

"奏：奏进也。从夲从廾从屮。屮，上进之义。"（《说文》卷十下，"夲"部）

"禾、臼、艹、水、夲"都是它们的义旁，字归其部，义入其理。而"夫"出现后，毫不相关的字都拢到一起了，显然它针对的是已经楷化了的字。

检录法部首针对的是后代汉字，后代汉字处于一个变动过程，尚未定形，故其部首也是依其变而变。如"夫"在《新华字典》中就还未出现，"春"是归"日"，"奏、奉、秦、泰"是归"一"部，"舂"

是归"臼"部。这时的"春"和"舂"还是根据义旁而归部,"春"字"从艸从日",无论是归"艸"归"日",都属于文字学部首。"奏、奉、秦、泰"是根据笔画的起始而归类,属于检录法部首。到《辞海》(1979版)中,设立了"夫"部首,将这些字都收了进来。《新华字典》是189部,《汉字大字典》、《汉字大词典》是200部,《辞海》(新版)是250部,它们的部首数量相差这么大。其实传统部首大体相同,差别大的主要是新部首的分合,这些新部首主要来源于汉字楷化后带来的笔画、笔形的变化。由于检录法部首的归并不看重字理,因此归归并并,各行其是,也就难免了。即使是在《现代汉语词典》2005版,"奉、奏"仍可在"大部"中找得到它们的身影。

二、改变了查检顺序

检录法部首对汉字性质的影响还表现在对部首的查检顺序上。它不太理睬文字学部首中形合义合的归部原则,即按主要表义部件归部的原则。关注的是方便、直观、统一,遵循的规则是"从上到下"、"从左到右"、"从外到里"。在会意字和形声字中,表示意义范畴的义旁在整个汉字结构中处于什么位置并无固定位置,而是约定俗成的结果。可到了检录法部首,义旁的这种位置不确定性却得接受整齐划一的位置优先原则的重置,这就势必使许多汉字重新归部,使许多原来不同义旁的字,仅因位置的因素被归入同一个部首;也使许多原来有着相同义旁的字也因位置的因素而归入不同的部首。

属于前一种情况的如"莫"字例:"莫、募、墓、慕、暮、幕、摹",在文字学部首中分别归入了"日、力、土、心、巾、手"等偏旁。这些义旁都处在合成字的下部,它们的位置固定,构字规整,字理清晰,但在检录法部首中,却因不符合"从上到下"的原则而全部被拆开,仅依据位置原则,因是上下结构而统归入"艹"部。其实"艹"部于它们根本连"旁"都算不上,只是声旁"莫"中的一部分,无丝毫字理可言。

属于后一种情况的如"口"字例:"口"旁字表示与"口"的形

状、位置、动作有关的意义，字入口部，很好理解。如"吞、古"（十口相传为古）、召、句、台、吉、名、咨、否、含、哉、哲，都与口的形状、说话、动作有关，在文字学部首中它们都归入"口"部。可在检字法部首中，它们却因"口"这个义旁位置不符合查检的原则，统统被拆开了，归入到不同的部首中。如"吞"归入夭部，"古"归入十部，"召"归入刀部，"句"归入勹部，"台"归入厶部，"吉"归入土部，"名"归入夕部，"咨"归入文部，"否"归入不部，"含"归入人部，"哉"归入截字头。结果可想而知，汉字形以表意功能丧失殆尽。有时"口"偏旁在下的汉字，由于上面的偏旁不是部首，或与字义相去较远，就归在口旁，如"吾、咨"上面的"吾、次"都不是部首，故仍归口部。如"咨"上面的"冫、欠"虽是部首，"哲"字上面的"扌、斤"虽是部首，可仍归口部。这些情况并无助于汉字表意功能的保留，只会使得汉字的归部与查找更加紊乱，使得对汉字部首的归纳整理放弃了意义范畴这一最有利的条件。

　　检录法部首是在不考虑汉字起源与形义结合的字理发展轨迹的基础上，只对汉字作了纯笔画和部件的位置与顺序的形式化分析的产物。它是在汉字线条化、楷化、符号化出现之后的一种查检方法，它顺应了这一变化，并进行了强化，是促使汉字表意性质进一步弱化的一个重要原因。

第三节　繁化与简化

　　字形的繁化与简化一直是相随伴生又相互制约的一对孪生姐妹。它们共同组成了汉字字形的古今变化大势，又共同影响着汉字的结构部局、表达功能及文字性质。

一、繁化与简化的手段

　　汉字在长期的发展演变中，字形经历着增减聚散的种种变化。人们将笔画或构件由少到多，由省到复的过程称为汉字的"繁化"，反之称为"简化"。"繁化"与"简化"都大量存在着。

1. 繁化及繁化手段

汉字的"繁化"最简单地说就是笔画少的字变为笔画多的字。最突出也最简易的方法就是在原字基础上再增加一个表义的偏旁，习惯称之为"义旁"。汉字的繁化往往与汉字字形变化有关，因字形变化使得字理不彰，从而在字式上做出相应的改变。如最早表示自私的私是没有禾字旁的"厶"，先秦时就有过解释："自环为厶，背私为公。"后来人们觉得"厶"于字义不显，在左边加上一个"禾"成"私"，变原来的象形字为形声字。发生演变的原因可能是作为象形字的"厶"字在楷化以后，已经不太容易从字形观察到"自环为厶"的字义了，而"禾"在农耕社会是最重要的生产物，是财物象征之一，故用它来表示一种惜财自重的心理。

"奉"字，从小篆可以看出"奉"的字形上面"丰"做声旁，左右是两边相向用力的"两只手"，下面是往上伸出的"手"，用三个手表示小心翼翼、毕恭毕敬地端捧着。这是一个完整的形声字结构。可后来"丰"与"两只手"合三为一，成了"春字头"，下面的一只手变成两横一竖，字理全无。原本表示小心翼翼捧着义的"奉"字变得形难辨义难识。为了彰显其义，后来就在"奉"字左边再加上一只手而成"捧"字。意义上"奉"与"捧"也有了些许分工，前者义虚，后者义实。

又如"欲"与"慾"，"杀"与"殺"，"云"与"雲"都是如此。

单纯地因为字体变化原因，为彰显字义而造成字形繁化的还只是一种纯粹方便于视觉的行为，它的语言功能只是增加了词语在书面表达上的清晰度。而当字形的繁化是出于其他原因时，它的作用也就相应地变大了。如传统所说的"古今字"，就是古字的字义渐渐增多，最后仍用一个字形来表达而不堪负担时，只好采用将古字分化成几个字的方法来分别载现其中的部分意义。如"顷"与"倾"，"张"与"胀、帐"，"臧"与"藏、臟、贜"，"辟"与"避、僻"，"竟"与"境"，"章"与

"彰"。这里的汉字繁化已经起到了固定词义分化结果、区别词语单位的作用。它的语言表达功能显然大大进步了。

原有的古字被借用为别的字，为了有效地加以区分，有时会在古字基础上另加一个偏旁，形成一个新字以代古字而行之。如"莫、暮、其、箕"。"莫"原本就已经是"日在草中"，被借为"没有谁"的无定代词后，在原字下加了"日"旁成"暮"字，表达"日夕"之义。"其"原本就是簸箕义，是象形字，被借为"其他"义后，在原字上加"竹"成"箕"字，表达簸箕义。

汉字繁化的基本功能与汉字的表意性相一致，就是强化了汉字的字理，方便于人们辨认词语，可以把它概括为"易读"的功能。它其实是对汉字字形表意弱化的一种纠正。

2. 简化及简化手段

所谓汉字简化就是指后来字比原字在笔画上要简省。

有的简化是保持了原字大致轮廓，里面的基础结构与笔画都大为简省了。如"达"与"達"、"尔"与"爾"、"罗"与"羅"、"仑"与"侖"、"书"与"書"、"农"与"農"、"讠"与"言"、"贝"与"貝"、"页"与"頁"、"车"与"車"、"会"与"會"、"饣"与"食"、"马"与"馬"、"氵"与"水"、"门"与"門"、"礻"与"示"、"韦"与"韋"、"风"与"風"、"龙"与"龍"、"钅"与"金"、"鸟"与"鳥"、"麦"与"麥"、"齿"与"齒"。大部分的简化部首都是用的这种方法。

有的简化字是舍去原繁体字中的某一个构字部件而形成。如"粪"从原字"糞"省去"田"；"虏"从原字"虜"省去"田"；"奋"从原字"奮"省去"隹"；"时"从原字"時"省去"土"；"吨"从原字"噸"省去"頁"；"夺"从原字"奪"省去"隹"；"堕"从原字"墮"省去"工"；"独"从原字"獨"省去"罒"和"勹"；"虑"从原字"慮"省去"田"；"萨"从原字"薩"省去"生"；"亩"从原字"畝"省去"久"；"亲"从原字"親"省去"见"；"昆"从原字"崐"省去"山"；"启"从原字"啓"省去"攵"；"条"从原字"條"省去"亻"；

130

"鹏"从原字"鵬"省去"鹿"。

　　有的简化字甚至舍去了原字的大部，只取其中一小部分来做为定型字。如"向"与"嚮"、"籴"与"糴"、"宝"与"寶"、"医"与"毉"、"声"与"聲"、"开"与"開"、"儿"与"兒"、"疟"与"瘧"、"习"与"習"、"业"与"業"、"号"与"號"、"巩"与"鞏"、"灭"与"滅"、"亏"与"虧"。有的简体字是取繁体字的义旁，有的是只取声旁或义旁中的一部分。

　　有的就是"返老还童"，拿历史上早已存在的笔画少的古字作简化字。如"万"之于"萬"、"余"之于"餘"、"岩"之于"嵒"、"须"（表示胡须之"须"）之于"鬚"、"胡"（表示胡须之"胡"）之于"鬍"、"困"（表示想睡之义）之于"睏"、"电"之于"電"。

　　有的简化字是用笔画少的偏旁变换了笔画多的偏旁。如"泪"代替了"淚"、"怜"代替了"憐"、"聂"代替了"聶"、"轰"代替了"轟"、"歼"代替了"殲"、"体"代替了"體"、"园"代替了"園"、"佣"代替了"傭"、"拥"代替了"擁"、"痈"代替了"癰"、"认"代替了"認"、"队"代替了"隊"、"对"代替了"對"。

　　许多简化字充当了别的字的偏旁，这就带动了其它相关字进入了简化字的行列之中，这就是类推简化字。如上面所列举了的"罗、农"就是，还有如"齐、东、单、仓、当、乡、尝、从、数、网、弯、为、无、岂、夹、佥、寻、显、肃、尧、办、华、区、专、毕、卢、聂、宾、乔、队、刍、急、义、娄、举、灵、孙"等。由于部首字和偏旁字的组字能力都比较强，因此它们的简化也就使得一大批汉字的笔画大大减少。

　　正像汉字的繁化一样，汉字的简化也无时不在、无时不有地渗透进汉字的日常使用之中。从汉字繁化与简化的最基本动机来说，都是为了提高汉字使用的效率，为了在交际使用中能够做到快速准确、便捷方便。但汉字简化又与汉字繁化追求的目的不一样。繁化是为了增加字体的区别度，为了在阅读中有效地区分词语，它作用于人们的视觉。简化则是为了方便书写，节省书写时间。它要做到的是在不妨碍有效阅读、保证字形具有一定区别度的前提下，尽量做到字形简略，它作用于人们的书写。繁化与简化都是为了有效地记录、表达、传递汉语，但所凭借的手段却是相互抵牾。

1986年10月，国家语委经国务院批准重新发布了《简化字总表》，内分四种情况：不作偏旁用的简化字350个，可作简化偏旁用的简化字132个，简化偏旁14个，类推简化字1753个。

不作偏旁用的简化字350字：

碍〔礙〕肮〔骯〕袄〔襖〕

坝〔壩〕板〔闆〕办〔辦〕帮〔幫〕宝〔寶〕报〔報〕币〔幣〕毙〔斃〕标〔標〕表〔錶〕别〔彆〕卜〔蔔〕补〔補〕

才〔纔〕蚕〔蠶〕灿〔燦〕层〔層〕搀〔攙〕谗〔讒〕馋〔饞〕缠〔纏〕忏〔懺〕偿〔償〕厂〔廠〕彻〔徹〕尘〔塵〕衬〔襯〕称〔稱〕惩〔懲〕迟〔遲〕冲〔衝〕丑〔醜〕出〔齣〕础〔礎〕处〔處〕触〔觸〕辞〔辭〕聪〔聰〕丛〔叢〕

担〔擔〕胆〔膽〕导〔導〕灯〔燈〕邓〔鄧〕敌〔敵〕籴〔糴〕递〔遞〕点〔點〕淀〔澱〕电〔電〕冬〔鼕〕斗〔鬥〕独〔獨〕吨〔噸〕夺〔奪〕堕〔墮〕

儿〔兒〕

矾〔礬〕范〔範〕飞〔飛〕坟〔墳〕奋〔奮〕粪〔糞〕凤〔鳳〕肤〔膚〕妇〔婦〕复〔複、復〕

盖〔蓋〕干〔乾、幹〕赶〔趕〕个〔個〕巩〔鞏〕沟〔溝〕构〔構〕购〔購〕谷〔穀〕顾〔顧〕刮〔颳〕关〔關〕观〔觀〕柜〔櫃〕

汉〔漢〕号〔號〕合〔閤〕轰〔轟〕后〔後〕胡〔鬍〕壶〔壺〕沪〔滬〕护〔護〕划〔劃〕怀〔懷〕坏〔壞〕欢〔懽〕环〔環〕还〔還〕回〔迴〕伙〔夥〕获〔獲、穫〕

击〔擊〕鸡〔雞〕积〔積〕极〔極〕际〔際〕继〔繼〕家〔傢〕价〔價〕艰〔艱〕歼〔殲〕茧〔繭〕拣〔揀〕硷〔鹼〕舰〔艦〕姜〔薑〕浆〔漿〕桨〔槳〕奖〔獎〕讲〔講〕酱〔醬〕胶〔膠〕阶〔階〕疖〔癤〕洁〔潔〕借〔藉〕仅〔僅〕惊〔驚〕竞〔競〕旧〔舊〕剧〔劇〕

据〔據〕惧〔懼〕卷〔捲〕

开〔開〕克〔剋〕垦〔墾〕恳〔懇〕夸〔誇〕块〔塊〕亏〔虧〕困〔睏〕

腊〔臘〕蜡〔蠟〕兰〔蘭〕拦〔攔〕栏〔欄〕烂〔爛〕累〔纍〕垒〔壘〕类〔類〕里〔裏〕礼〔禮〕隶〔隸〕帘〔簾〕联〔聯〕怜〔憐〕炼〔煉〕练〔練〕粮〔糧〕疗〔療〕辽〔遼〕了〔瞭〕猎〔獵〕临〔臨〕邻〔鄰〕岭〔嶺〕庐〔廬〕芦〔蘆〕炉〔爐〕陆〔陸〕驴〔驢〕乱〔亂〕

么〔麼〕霉〔黴〕蒙〔矇、濛、懞〕梦〔夢〕面〔麵〕庙〔廟〕灭〔滅〕蔑〔衊〕亩〔畝〕

恼〔惱〕脑〔腦〕拟〔擬〕酿〔釀〕疟〔瘧〕

盘〔盤〕辟〔闢〕苹〔蘋〕凭〔憑〕扑〔撲〕仆〔僕〕朴〔樸〕

启〔啓〕签〔簽〕千〔韆〕牵〔牽〕纤〔縴、纖〕窍〔竅〕窃〔竊〕寝〔寢〕庆〔慶〕琼〔瓊〕秋〔鞦〕曲〔麴〕权〔權〕劝〔勸〕确〔確〕

让〔讓〕扰〔擾〕热〔熱〕认〔認〕

洒〔灑〕伞〔傘〕丧〔喪〕扫〔掃〕涩〔澀〕晒〔曬〕伤〔傷〕舍〔捨〕沈〔瀋〕声〔聲〕胜〔勝〕湿〔濕〕实〔實〕适〔適〕势〔勢〕兽〔獸〕书〔書〕术〔術〕树〔樹〕帅〔帥〕松〔鬆〕苏〔甦、蘇〕虽〔雖〕随〔隨〕

台〔臺、颱、檯〕态〔態〕坛〔壇、罎〕叹〔歎〕誊〔謄〕体〔體〕枭〔糶〕铁〔鐵〕听〔聽〕厅〔廳〕头〔頭〕图〔圖〕涂〔塗〕团〔團、糰〕椭〔橢〕

洼〔窪〕袜〔襪〕网〔網〕卫〔衛〕稳〔穩〕务〔務〕雾〔霧〕

牺〔犧〕习〔習〕系〔繫、係〕戏〔戲〕虾〔蝦〕吓〔嚇〕咸〔鹹〕显〔顯〕宪〔憲〕县〔縣〕响〔響〕向〔嚮〕协〔協〕胁〔脅〕亵〔褻〕衅〔釁〕兴〔興〕须〔鬚〕悬〔懸〕选〔選〕旋〔鏇〕

压〔壓〕盐〔鹽〕阳〔陽〕养〔養〕痒〔癢〕样〔樣〕钥〔鑰〕药〔藥〕爷〔爺〕叶〔葉〕医〔醫〕亿〔億〕忆〔憶〕应〔應〕痈〔癰〕

133

拥〔擁〕佣〔傭〕踊〔踴〕忧〔憂〕优〔優〕邮〔郵〕余〔餘〕御〔禦〕吁〔籲〕郁〔鬱〕誉〔譽〕渊〔淵〕园〔園〕远〔遠〕愿〔願〕跃〔躍〕运〔運〕酝〔醞〕

杂〔雜〕赃〔臟〕脏〔髒、臟〕凿〔鑿〕枣〔棗〕灶〔竈〕斋〔齋〕毡〔氈〕战〔戰〕赵〔趙〕折〔摺〕这〔這〕征〔徵〕症〔癥〕证〔證〕只〔隻、祇、只〕致〔緻〕制〔製〕钟〔鐘、鍾〕肿〔腫〕种〔種〕众〔衆〕昼〔晝〕朱〔硃〕烛〔燭〕筑〔築〕庄〔莊〕桩〔樁〕妆〔粧〕装〔裝〕壮〔壯〕状〔狀〕准〔準〕浊〔濁〕总〔總〕钻〔鑽〕

可作简化偏旁用的简化字132个：

爱罢备笔毕边参仓尝虫从窜达带党动断对队尔丰广归龟国过华画汇夹荐将节尽进举壳来乐离历丽两灵刘卢虏卤录虑买麦黾难聂宁岂气迁亲穷啬杀审圣时属双岁孙条万为乌无献乡写寻亚严厌业艺阴隐犹与云郑执质贝宾产长车齿刍单当东发风冈会几戈监见龙娄仑罗马卖门鸟农齐金乔区师寿肃韦尧页义鱼专

二、"繁化"与"简化"的功能

"繁化"与"简化"这对矛盾，会直接影响到汉字的语言功能。要处理好这对矛盾，首先应分析繁化与简化会对汉字语言功能带来什么样的影响。繁化和简化都是汉字在自身运行中表现出来的一种调节、适应机制，它们都从一个侧面表现出了为完善汉字功能的一种努力。繁化和简化都有一个度，只要将这个度处理好了，将它们的长处有层次地发挥出来，把短处尽量限制在一定范围内，就能使汉字的字形结构以自己特有的方式和演变规律来为汉语表达服务。在汉字的历史发展中，繁化与简化都以一种历史惯性在运行着，相互之间的制约也是自发的，正因为繁化与简化得不到有力的调谐，出现了一些不规范的行为。在汉字历史上也曾有过若干次大规模、有组织的汉字整理工作。能不能在理性上充分认识到繁化与简化的内在规律和特点，会对汉字整理的实践产生重要影响。事实也证明，繁化与简化工作的成功与不足都与对相关问题的认识有着密切关系。

1. 繁化的功能

以字形结构增多、笔画繁复为主要表现形式的汉字繁化所具有的语言功能主要体现在以下方面。

（1）维护了汉字的表意这一根本性质

汉字的表意性质就是由汉字字形可以猜测到意义，繁化主要是通过增加具有表意功能的义符来实现，义符的出现凸显了汉字的表意性质。汉字在长期演变中，原有的义符在偏旁记号化、符号化或表音化的过程中往往隐匿不见，从而降低了表意功能。隶化、楷化、假借字、分化字都是表意弱化过程中的产物。新义符的出现虽然从字理上来说属"叠床架屋"累赘之举，却使繁化字的意义外露，强化了汉字的表意性质，抵消或淡化了汉字符号化的过程。对有着独特语音结构和语法结构的汉语来说，是迫切需要汉字的这种变化形式的。

（2）提高了汉字的表词能力，促使了汉语词的发展

词语是随着人们认识世界能力的发展而不断丰富，汉字发展到一定程度后其数量会相对稳定，当二者的发展不同步时，就会出现矛盾。字形发展过快，会出现大量冗余的异体字；词语发展过快，又会出现一字多词现象，表现为同形异义字。前者为文字的冗余，后者为文字的匮乏。但无论是冗余还是匮乏，其结果都会降低文字表意、汉字表达的清晰度。汉字的基本字体是有限的，难以靠增加基本字体的方法来跟上新增词的步伐。汉字的繁化、汉字的组合也就成为与汉语词繁衍同步运行的最好方法。在这里，繁化有了更广泛的含义，它与汉语词的发展、孳乳相吻合。汉字通过字形的繁化将新词义表现出来，实际上是参与到了词的分化、形成、固定过程之中。当一个新词从旧词中分孽时，它往往是不定型、不明确、游离的。单靠词义距离的远近来判断是一个词还是两个词，有时会相当困难。这时有了字形的差异，问题就会变得很容易了。新的字形将处在分孽过程中的新词义一目了然地从旧词中分离，结果自然是促使了汉语词的发展，促使了汉字与单音词之间的一对一

关系。

当汉语口语中一个音节的表词意义过于繁杂时，就会需要借助于字形来分离多义。如"唎、裂、冽、洌、趔、烈"，它们的声符是同一个，在口语中难以区分，当用上了"口、衣、冫、水、走、灬"时，就清楚地传递着意义的归属。

（3）提高汉语书面语表达的效果

当汉字用过于相近相似的字形来表示不同的词时，又会造成形近字，甚至同形异义字，会在书面表达中带来困难。如"万"与"历、厉"、"儿"与"几"、"开"与"井"、"习"与"刁"、"乡"与"幺"、"仑"与"仓"、"风"与"凤"、"东"与"车"、"认"与"讣"、"扎"与"札"、"扑"与"仆"、"从"与"丛"、"庆"与"厌"、"庄"与"压"、"计"与"讦"、"传"与"抟"、"环"与"坏"、"千"与"干"等。可在繁化字中或是两两，或其中之一都是繁体字，其形差义差的效果相当明显。

汉字繁化增强了汉字的书面表达能力，增加了汉字表词的清晰度，在用文字进行交际时，给人们的识读带来很大的方便。这种效用已经得到心理学、教育学实验的证明。越是相似的物体，辨认时相混的可能性越大。

在汉字繁化的各种手段中，义符的作用尤为值得重视。在汉字的演变中，原有的义符往往或丢失，或隐晦。如"承"、"祭"、"奉"、"丞"、"春"、"拜"等字的结构中原本都有一个或两个"手"、"又"，可后来在演变过程中却变成了别的偏旁或符号，大大弱化了汉字义符的表意功能。即使是保留较完整的义符，由于变形，彼此之间也有着强弱显隐的区别。如："廾（卝）"表示手部动作的清晰度（如"弃、弄、弈、弊、昪"）就不如"手（手）"（如"拿、拳、掌、掰、掣"）、"扌（扌）"（如"推、挤、抛、拈、扣"）；"欠（欠）"表示口部动作的清晰度（如"欢、歃、欺、歇"）就不如"口（口）"（如"嘘、吹、喊、叫、喝、吃"）；"止（止）"表示足部动作的清晰度（如"武、此、歧、步"）就不如"走（走）"（如"赶、赴、越、起、趋"）、"足

（足）"（如"跤、路、踱、踪"）。

由以上论述不难看出，汉字繁化呈现出多种多样的形式，有着多方面的语言表达功能。最基本的功用仍是与汉字基本性质一致，就是增强汉字字形区别词语的作用，从视觉上尽量将词语的特征反映出来，使原来可能是很相近相似的两个字、词变得有一定的视觉距离，成为清晰可辨的两个书面词。将汉字繁化的功能简括为"易读"正是从这个角度而言的。

2. 简化的功能

汉字简化的功能与繁化正好相反。如果说繁化的着眼点是外向，更多地承担着承载语言、强化语言表达功能的话，那么简化着眼更多的是内向，改革的内容主要是汉字本身。汉字简化主要体现在两个方面：一是汉字个体内部结构的简单化，笔画降低，偏旁缩减；二是汉字数量的减少。

从单个汉字来看，简化后笔画大为减少。如"厂"两画，繁体字"廠"是15画；"击"五画，繁体字"擊"是17画；"才"三画，繁体字"纔"是23画；"厅"四画，繁体字"廳"是27画。由于偏旁简化可以类推，影响面更是扩大，类推简化字达1753个。这个数字还只是限于《新华字典》范围，即大体相当于现代汉字的部分。若再作扩大，简化汉字的数量会是相当可观的。在减少汉字数量上，主要表现为对异体字的整理，另外还有部分被简化汉字"同音代替"掉的繁体字。

汉字简化对汉字字形的影响明显，主要体现在汉字交际中"表达"与"接收"、"书写"与"认读"中的前一方面，简言之就是简化字的"易写"功能。简化汉字的"易写"功能有益于汉字教育的普及。

简化汉字的成功主要在于对一些繁难汉字的笔画作了大量压缩，对一些冗余字体作了归并、裁减的规范。为什么第一批汉字简化字推行得比较顺利，很大程度就是简化工作对头与适度。第一批公布的简化字基本符合约定俗成的要求，具有广泛的群众基础。不少新简化字符合汉字性质与构字规律，加强了汉字的表现力。新的会意字，如"小土为尘"、"不正为歪"、"两又为双"、"盖火为灭"；以笔画少且音近的声

137

旁代替笔画多的旧声旁，如"让（讓）"、"惊（驚）"、"苹（蘋）"、"坟（墳）"、"粮（糧）"、"划（劃）"、"邻（鄰）"、"认（認）"、"证（證）"；以表意更清晰的结构来重组汉字，如"泪（淚）"、"阳（陽）"、"灶（竈）"、"帘（簾）"等都是在以形示意上做得比较成功的例子。

　　偏旁的简化也是简化过程中重点做的一项工作。为了书写的方便，用笔画少的偏旁代替笔画多的偏旁。如"袄"用"夭"代替了原字的"奥"，"坝"用"贝"代替了原字的"霸"，"币"上面用一撇代替了原来的"敝"，"齿"下面用一个"人"来表示牙齿，"国"用"玉"代替了原来的"或"。

　　概括起来说，好的简化汉字具有以下一些特点：大多数简化字在字形上都具有一定的可解性，保留了汉字字形显义的传统性质；在字形显义上保留了汉字体系原有的内在联系规律，能与民族文化的观念、思维、美感凝聚在一起；简化后的字与其他字保有一定的区别度；简化的偏旁体现出较强的类推力，起到了事半功倍的效果。

　　汉字仍将长期为汉语、汉民族服务。在它的漫漫历史中，人们如何认识汉字变化的规律，如何驾驭它，仍是摆在我们面前需高度重视的问题。汉字的繁化与简化都有着它们的合理内核。它们共同存在，相互制约与平衡，都是为了保持汉字的性质与功能，是汉字在长期发展中取得的一种谐力。试想如果没有其中的一方，只有另一方的单一发展，其结果是难以想象的，肯定会在不同程度上影响到汉字的存在和交际功能。在汉字数千年的发展演变中，繁化与简化是并立而存的，在以后的历史中肯定还将延续，从而使汉字获得一种永恒的生命力。

三、对现代简化字的反思

1. 现代简化的社会政治背景

　　汉字改革始于19世纪末，盛于20世纪初，极于50—60年代，代表成果之一是1964年行之于世的《简化汉字总表》。1986年重新发布。汉字简化是百年汉字改革的一个重要任务，有其历史与政治的必然性。在20

世纪初对封建制度、封建文化的批判中，古老的汉字首当其冲，被当做封建文化的化身而一起成为批判对象。五四运动中那幅著名的横扫汉字的漫画就是这一历史心态的写照。汉字封建论、汉字难学论成为当时的两大理论支柱。在社会大变革时期，人们很容易对旧制度、旧思想的载体——旧的语言文字形成同样的批判与憎恨。当时的中国积贫积弱，革命者为了强国富民、普及教育，把语言文字的改革放在了一个重要位置。汉字要字母化、拉丁化，走西方文字拼音化道路成为当时仁人志士追求的目标。汉字是文字的低级形式，拼音文字是文字的高级形式，成为当时的主流观点。在如此历史背景下提出的汉字简化，注定了是把汉字简化当做汉语拼音化的一个过渡阶段。这也是汉语拼音方案的初稿中有"拼音文字"说法的原因。后来拼音文字的说法不再公开提了，但期待的言行却是不时可以遇见。这种政治热情更多的是就近移到了汉字简化身上。在具体的简化过程中关注得更多的是如何与拼音化、拉丁化接轨。这种心态的影响是巨大的。

如何把握好汉字简化的分寸成为一个关键问题。应该说在有分寸的简化与拼音化的较力中，前者占了上风，"拼音文字"提法的最终退出是一个重要表现。从政治角度说就是持重观决定了汉字改革采取的是循序渐进的做法，从学术角度说是看到了汉字存在的自身价值，汉字与汉语的密切关系，而拼音化与广大方言区域语言之间的巨大隔膜，也成为拼音化难以逾越的困难。无论是出于不得已还是强力坚持，最终汉字简化还是基本能沿着汉字自身规律运行，能在基本保持汉字表意性质的基础上，完成了适度的笔画减少和冗余字形的整理工作。这样来看待已经走过的汉字简化之路，就能够比较清醒地看到汉字简化的成功与不足。但当时的历史背景，对汉字简化还是带来了一些影响，有的工作显然还是考虑欠周，简化过头过量的问题确有存在。这里不涉及汉字美观的问题，因为繁体有繁体美，简体有简体美，就是字母文字也有自己的美。这里主要从汉字表达语言的功能来说，有两个问题表现较突出，即汉字符号化与同音替代现象。这都是过度简化带来的结果，可其表现形式不一样，带来的影响也不一样。

2. 汉字符号化

过度简化带来的第一种现象就是汉字的符号化。汉字符号化表现在两个层面，一个是整字的符号化，二是偏旁的符号化。汉字是表意文字，汉字的表意性蔓延到整个汉字体系，靠的不是笔画，而是字根，是偏旁。字根与偏旁都是形音义合一的综合体，当它们成为构成新字的部件时，形音义大体上也都进入了新字当中。而汉字符号化，使得偏旁不再是形音义的综合体，而是只有"形"，义与音都失去了。没有了义与音的形，就只是一种符号、一种笔画的横竖撇点折的符号集合体。

当偏旁变成了符号时，汉字部件本来应该含有的形音义不再参与到新字的字义和字音中，这个符号在新字中所起到的联系作用也就下降了，它进入更多的汉字时也就无所羁绊，结果是把符号化影响带给了更多的汉字，使原本有较强字理的性质受到了破坏。

如"戏、邓、汉、叹、艰、鸡"用的都是"又"偏旁，这几个字因"又"而成了使用相同部件的字，其实它们原来的偏旁是不一样的。请看各自的繁体字："戲、鄧、漢、歎、艱、鷄"，这六个字都是形声字，"又"代替了六字原有的声旁，将六个不同的偏旁合二为一，它自身既无表义作用，也无表声作用，声旁可能含有的深层义当然也就无从表示了。为什么要如此简化？其原因可能是觉得取消了原字的声旁后，笔画能减少不少，示义功能交给形旁"戈、阝、水、口、鸟"来完成。其实，符号化的损失还是挺大的：形与声合二为一的结构残缺不齐了；声旁没了；因共同拥有声旁而形成的谐声系列字割断联系了；"又"字无解了，这里的"又"与"叉、友、收、及、双、叔、取"中的"又"没关系，混在一起了。

当然，上面的例子是比较典型的，简化后的字形在形、音、义三方面都缺乏理据性。下面的例子可能会好些，即"音"的表达功能保留了，用笔画少的声旁代替了笔画多的声旁，单纯从表音的角度来说，比起完全的"符号"要多了一层字理。如"沪"与"护"，两个的繁体字分别是"滬"和"護"，声旁不同，笔画分别是11画和13画，现都改用"户"作声旁，笔画只有 4 画。"爷"与"疖"，两个的繁体字分别是

"爺"和"癤",声旁不同,声旁的笔画分别是8画和13画,现都改用"卩"作声旁,笔画只有两画。"听"的繁体是"聽",有24画,"厅"的繁体是"廳",以"聽"作声旁。简化后"厅"用"丁"作声旁,只有2画。"只"的繁体是"祇","积"的繁体是"積",简化后"只"代替了"祇",又成为"積"的声旁。其它如"吓"与"虾"、"酝"与"运"、"佣"与"拥"、"痈"、"优"与"犹"都是如此。

这些改变确有进步,笔画简省了,又保留了表音功能,起到了声旁的作用。比起上文讨论过的"又"显然字形的信息功能多了一层。但也不难发现,这里的声旁其实有替代作用的,即简化后的一个声旁取代了原来的多个声旁。从单纯的表音功能来看,能做到这一点也够了,但从汉字的历史发展来看,从声旁所具有的表达深层义的功能来看,从"同部必同声"的声旁再现古音的功能来看,这样做其实又是一个损失。如"爺"中的"耶"是单纯表音,但"癤"的"節"除了表音外还有着"紧束"、"凸起"等深层义,这个深层义在"癤"字中是有体现的,可改用"卩"后深层义没有了。"下"在"吓"中是单纯的表音声旁,可"虾"的繁体"蝦"中声旁"叚"是有"红色"深层义的,如"霞"、"騢"等。

形旁是现代汉字表意的主要体现者,对它们显然不宜采用这种"跨义类"的归并做法。但可惜的是简化字中这种现象时有出现。如"凤"的繁体是"鳳",里面是一横和鸟字,按字理分析,应是形旁"鳥"和声旁"凡",一横是楷化后的结果。《说文》:"从鳥凡声。"在写成"凤"后,里面的"一"、"鸟"被"又"代替后,形旁没了,显意功能没了,"鳳"属"鸟"类这点最基本的意义范畴也丧失了。形旁的符号化彻底抹掉了汉字的表意功能。还有的是取消了原字的形旁,如"声"取消了繁体"聲"中的"殳"和"耳","类"取消了繁体"類"中的"页"。

汉字简化中,符号化在不同的字中是有程度不同差别的。有的符号化程度厉害些,有的较浅。较浅的表现为只是单纯的字形简略,厉害的则是会导致声旁、形旁的替代、混用。前者的后果是字理不显,后者则会导致字理的混淆与错乱。

3. 简化字的"同音替代"

所谓同音替代指的是用一个简化字来代替几个读音或字形相同相近、意义不同的繁体字。在当时的简化工作中，放在首要位置来考虑的是如何尽量压缩汉字的笔画和数量。最突出的表现就是同音替代。日后引起非议最多的就是在这一点上。

大多数的同音替代是"一对二"的关系，即用一个笔画少的字代替了两个笔画多的繁体字。这个笔画少的字有的是古已有之，有的是新出现的。请看下面的例子：

只——"隻"：量词，单独的。

"祇"：仅，只有。

柜——"柜"：树木名，本念ju的上声，指柜柳。

"櫃"：收藏衣物、文件的器具。

发——"發"：发射，送出、交付，表达、说出，开始行动。

"髮"：头发。

胡——"胡"：古代泛称北方和西方的各民族，外国的、外族的，随意乱来的。

"鬍"：嘴周围和连着鬓角长的毛。

须——"須"：必须、须要。

"鬚"：胡子、胡须。

困——"困"：陷在艰难痛苦之中，穷苦。

"睏"：疲乏想睡。

汇——"滙"：河流会合在一起，通过邮局将款项从一地划拨到另一地。

"彙"：同类的东西，聚集、聚合。

团——"團"：圆形的，会合在一起，一种组织形式。

"糰"：做成圆球形的食物。

丰——"丰"：容貌好看。

"豐"：盛，多，大。

坛——"壜"：口小腹大的陶器。

"壇"：古代举行祭祀、誓师等大典用的台。

钟——"鐘"：金属制成的响器，计时用的器具。

"鍾"：杯子，集中、专一，姓。

获——"獲"：擒住、捉住，得到、获得。

"穫"：收割。

脏——"髒"：不干净。

"臟"：身体内部各器官的总称。

复——"復"：转过去或转回来，回答，再次，报复。

"複"：重复，繁复，夹衣。

苏——"甦"：苏醒。

"囌"：罗嗦，说话重复累赘。

后——"后"：皇后。

"後"：在背面，与"前"相对。

几——"几"：小桌子，小木案。

"幾"：几乎，几个。

松——"松"：松树。

"鬆"：弄散、放开，不紧张，不紧密。

余——"余"：我。

"餘"：剩下，多余。

出——"出"：进出的出。

"齣"：传奇小说中的一回，戏曲中的一个独立剧目。

历——"歷"：经历，经过。

"曆"：历法，历书。

丑——"丑"：地支序位中的第二位。

"醜"：相貌难看，使人厌恶。

里——"里"：街坊，邻里，家乡。

"裏"：衣物的内层，里面。

面——"面"：脸，物体的外表，向着。

　　　　　　"麵"：粮食磨成的粉。

　　姜——"姜"：姓。

　　　　　　"薑"：多年生草本植物，可作调味品。

　　有的"同音代替"简化字还可达到一个对多个繁体字的关系，如一对三的关系：

　　升——"升"：容量单位。

　　　　　　"昇"：由低向高移动。

　　　　　　"陞"：提高级别。

　　一对四的关系：

　　台——"台"：地名、第一人称代词。

　　　　　　"臺"：平而高的建筑物。

　　　　　　"檯"：桌子或类似桌子的器物。

　　　　　　"颱"：台风。

　　一个字代替几个字的"同音代替"简化法，其后果是影响到了汉字与单音词之间一对一的天然关系，破坏了形以表义的功能，动摇了汉字表意性的基础。这也正是简化汉字后来遭到非议最多的地方。这种过度简化的结果其潜在心理动机是不是受到汉字拼音化的影响？很可能正是因为这一原因，缺乏对汉字形音义兼具、汉字对汉语词的特有表达方式与功能的正确认识，对繁体字、简化字各自的作用缺乏足够的认识，对二者之间的相互制约性、平衡度缺乏正确的把控，虑其一点，丢失其余，从而导致了"同音代替"现象的出现。随着时间的推移，这种负面影响得到了显化和扩大。在计算机处理繁简字相互转换中，在与仍在使用繁体字的地区文字交换中，这种现象也成为一个得花大气力来解决的问题。

　　从对汉字性质与使用的影响来说，应该说同音替代法比符号化造成的影响更大。因为符号化主要还只是存在于字理上，如果不去考究其构字原理的话人们一般还不会加以特别的注意。而同音替代则是进入了语言的实际交际使用中，"字"成为使用、交际的基本单位，它对词语困扰的机率会高出许多。

第八章　汉字与单音词

　　要进一步了解有关汉字的任何问题，都必须深入到汉字背后，去探究它所记载、表示的汉语，以及二者神形密合的近乎天然的关系。在汉语各个要素中，与汉字发生紧密关系并站在前台的首先是词。语音是汉语的物质形式，音节是字和单音词的表达形式，但无论是字还是词，都必须要有表意功能，特别是要有在表意过程、交际过程中的最小独立性，这恰恰是"词"之所以成为词的必要条件。

第一节　单音词的语言特征

　　不了解单音词就不能真正了解汉语词汇，这个说法并不过分。因为单音词是汉语词汇的核心、基本存在形式，也是最早出现的词汇单位。在西方普通语言学中有些说法很流行，如说汉语是"孤立语"、"无形态语"、"词根语"，这些对汉语语言性质的判断都是根据对单音词的观察而做出的。只有深入了解了单音词，才能深入把握汉语词汇的特质。特别是从记录汉语词语的书写形式——汉字这一角度来考察汉语词汇时，就更有必要首先认识单音词。汉字产生的时代比较早，几千年来汉字的存在形式并无太大的变动，汉语词汇却由单音词的几近一统天下变为今天的双音词占优势，这就必须把汉字与它产生同时的词汇状况进行关联考察，再来探讨今日的词汇结构与汉字的关系，才能提纲挈领。简单地只看当前的共时而不管历时，只从现代词汇的角度来讨论汉字与词汇的关系，是难以全面考察清楚汉字与汉语词汇关系全貌的。因此，将单音词放在考察汉字与汉语词汇关系的第一步，也就是必然的了。

一、单音词是汉语词汇的源头

汉语词汇的最初形式是单音词，从甲骨文所记载的初始汉语就是如此。这从几方面可以得到证明，汉语基本词、词根或曰语素，基本都是单音的。"不义不昵，厚将崩"（《左传》），"三人行必有吾师"（《论语》），都是一字一词。在上古汉语，单音词是汉语词汇的主要形式。《论语》总字频数15883个，总词数1504，其中单音词1126，复音词378个。《孟子》总字频数35402个，总词数2240，其中单音词1589，复音词651个。[1]《诗经》总字种数2938个，总词数4000多，其中复音词1329个，约占总词数的30%。[2]

汉语词汇的发展经历过单音词词义引申繁衍、单音词字形字义孳乳分化、单音词复合重组等三个阶段。第一个阶段的特点是变化发生在单音词的内部；第二个阶段的特点是单音词出现了分化，由一个单音词变成了几个单音词；第三个阶段的特点是由单音词变成了复合词，词的长度发生了变化。这三个阶段都是立足于单音词基础之上。请看"臧"例，完整经历了三个阶段。

1. 单音词的词义繁衍阶段

"臧"字，《说文》释为"善也。从臣戕声"。"善也"为本义，形声字，左形右声。

段玉裁注云："善也。释诂、毛传同。按子郎、才郎二反，本无二字。凡物善者必隐于内也。以从艸之藏为臧匿字始于汉末，改易经典，不可从也。又赃私字，古亦用臧。从臣戕声。则郎切。十部。"段注释的内容很丰富。这里暂把有关"臧"与"藏"、"赃"关系的内容拿掉，其他的就是对"臧"字形音义的本源论述。"释诂、毛传同"表示

[1] 程湘清：《先秦双音词研究》，载《先秦汉语》，山东教育出版社1982年版。
[2] 向熹：《〈诗经〉里的复音词》，载《语言学论丛》（第六辑）1980年版。

此义古来稳定，普遍为人所接受。"按子郎、才郎二反，本无二字"表示它虽有二读，可仍从一字分化而来。这两音后来成为分化的一条重要途径。"凡物善者必隐于内也"揭示了引申新义的根据，"凡……必……"这是汉语词义引申的一条重要规律。"从臣戕声。则郎切。十部"确定了反切注音及古音的归部。

《汉语大字典》把"臧"字立为三个字目，分别有三个读音（zāng、cáng、zàng），有的还有字形变化。现看来属于单音词词义繁衍的相关内容。zāng音，义有："（1）善，好。《书·盘庚上》：'邦之臧，惟女衆；邦之不臧，惟予一人有佚罚。'《诗·邶风·雄雉》：'不忮不求，何用不臧？'毛传：'臧，善也。'唐·皮日休《河桥赋》：'在昔典午之世也，其君實良，其臣孔臧。'""（2）成功。《易·师》：'師出以律，否臧凶。'孔穎達疏：'否謂敗破，臧謂有功。'《左传·宣公十二年》：'執事順成爲臧，逆爲否。'杜预注：'逆命不順成，故應否臧之凶。'""（3）奴隶；仆婢。《墨子·小取》：'臧，人也；愛臧，愛人也。'《方言》第三：'臧，奴婢賤稱也。荆、淮、海、岱、雜齊之間，罵奴曰臧。'"

2. 单音词的孳乳分化阶段

"臧"字的孳乳分化主要体现在"藏"、"臟"、"臟"字。孳乳的根据就是段玉裁揭示的"凡物善者必隐于内也"。隐于内的动作，隐于内的处所，隐于内的物品，物品又按其性质有所分，繁衍出了这么多意义，为了区分也就慢慢在读音上有了区别。开始时都是用"臧"字统摄，后来义多音多统统用一字来体载，毕竟不便，接下来的就是在字形上加以区别了。

"藏"字：

段云："以从艸之藏为臧匿字始于汉末，改易经典，不可从也。"辨析了"臧"、"藏"在古代的源流关系。

《汉语大词典》在"臧"字的cáng音下，释为"收藏；隐藏。《荀子·富国》：'足国之道，节用裕民而善臧其余。'《汉书·食货志上》：'春耕夏耘，秋获冬臧。'"此义后来写成了"藏"。

147

《汉语大词典》在"臧"字的zàng音下，释为"'臟'的古字"。此义后来写成了"藏"。

"賍（臟）"字：

段云："又賍私字，古亦用臧"，揭示了"臧"与"賍"的关系，"賍"后发展为"臟"。

《汉语大字典》在zāng音下的第4个义项解释了与"臟"的关系："（4）'臟'的古字。贪污受贿或窃取之财。《史记·酷吏列传》：'郡中豪猾相连坐千余家，上书请，大者至族，小者乃死，家尽没入偿臧。'汉·桓宽《盐铁论·刑德》：'古者，伤人有创者刑，盗有臧者罚。'《新唐书·陈子昂传》：'不三年，巴蜀大困，不见一贼，而崇真姦臧已巨万。'"賍（臟）"字后来写成了"赃"。

"臟"字：

《汉语大字典》在zàng音下的两个义项解释了与"臧"与"臟"的关系："（1）'臟'的古字。内脏，五脏。《汉书·王吉传》：'吸新吐故以练臧，尊意积精以适神。'颜师古注：'臧，五臧也。'（2）'臟'的古字。库藏。《汉书·食货志上》：'宫室苑囿府库之臧已侈。'《后汉书·张禹传》：'后连岁灾荒，府臧空虚。'""臟"的两个义项相差挺远，虽然都是名词性，可前者指内脏，后者指宝藏。"臟"字的第1个义项后来写成了"脏"，第2个义项后来写成了"藏"。

3. 单音词的搭配复合阶段

由"臧"分化出"藏"、"臟（赃）"、"臟（脏）"后，词义发展并没有停息，而是在丰富化、精密化的道路上继续前行，用单个汉字来表示的单音词已经不敷应用，走组合搭配的道理也就是必然的了。下面仅以《现汉》为例来看看这一组分化字的复合造词情况：

臧：臧否。

藏（收藏义）：暗藏、昂藏、包藏、包藏祸心、保藏、藏、藏躲、藏锋、藏富、藏垢纳污、藏奸、藏龙卧虎、藏猫儿、藏闷、藏匿、藏身、藏书、藏书票、藏头露尾、藏掖、藏拙、藏踪、储藏、躲藏、藏品、馆藏、窖藏、库藏、矿藏、冷藏、埋藏、绵里藏针、潜藏、剖腹藏珠、深藏若虚、收藏、窝藏、笑里藏刀、行藏、掩藏、隐藏、用舍行藏、蕴藏、遮藏、珍藏、贮藏、捉迷藏、匿藏、匿影藏形、鸟尽弓藏。

藏（宝藏义）：宝藏、道藏、释藏、三藏。

脏（内脏义）：脏腑、肾脏、五脏、心脏、肺脏、肝脏、内脏、脾脏。

赃（赃物义）：坐赃、销赃、贼赃、分赃、追赃、坐地分赃、栽赃、脏、赃官、赃款、赃物、赃证、贪赃、窝赃、起赃。

二、单音词是复合词产生的基础

单音词先出，复合词后生，后者是对前者的繁衍，前者提供了构词的基础。上面例举的"臧"、"藏"、"脏"、"赃"等词的复合组词说明了这点。又如复合词"联合"、"思想"、"讨伐"、"商量"四个词，其中的"联"、"合"、"思"、"想"、"讨"、"伐"、"商"、"量"都是或曾经是可以独立使用的单音词。它们相互之间又可以构成"联想"、"商讨"、"思量"、"合商"等词。

汉语复音词中绝大多数是合成词，合成词是由两个或两个以上词素构成的词。合成词中绝大部分又是复合词，复合词的两个或两个以上的词素都是实词素。汉语的词素绝大多数是单音，实词素在上古汉语绝大部分都能独立使用，这样，词素——语素——单音节——单音词，相互之间形成了一种等同度很高的关联性。尽管这四个术语各自所适用的范围不同，内涵与外延有所差异，但重合部分还是相当大的，因此也就有了单音词是复合词的产生基础的说法，只是人们为了做出更细致的分辨而常以词素或语素作为复合词的造词基础来代之。

从理论上说，一旦汉语词汇的构成由单音向双音，由单一语素向复合语素构成时，其构词的潜力和空间是极其可观的。如果估计汉语语素有5000个，其两相组合的结果将会有25000000个。当然实际上不会出现这样的组合，事实上也不会出现这样的需求。现代汉语当代词语的数量大致也就十万左右。这里我们先不去作那种理论上竭尽其能的预测，而来看看语言实际的统计结果。以近五年"中国语言生活状况报告"的年度词汇调查的数据来看看高频词语的构词情况，即在覆盖90%的近万条常用词中使用汉字的情况。[1]

年度	语料规模（亿）	总词次（亿）	总词种（个）	覆盖90%用词（个）	用字数（个）
2005	9.09	4.16	1651749	11213	2463
2006	11.70	5.78	2022273	12207	2663
2007	12.36	5.86	2301553	12676	2705
2008	12.09	5.65	2261272	12490	2699
2009	12.37	5.92	2348100	12517	2696
总数	57.61	27.37	10584947	61103	13226

上表共有6栏，"年度"显示共有五年的数据；"语料规模"是10亿左右；"总词次"是共使用汉字词的次数，最少是4.16亿次，最多是5.92亿次；"总词种"是指不同的词语数，最少的是1651749个，最多的是2348100个；"覆盖90%用词"指的是覆盖总语料90%使用词语，最少的11213个，最多的12676个；"用字数"指的是在覆盖90%所使用的高频词语中使用的汉字数，最少2463个，最多2705个。

上表数据有两个鲜明特点：一是语料规模大，达到10亿字。二是数据相当接近，特别是高频词的词语数与所用汉字数，相差极少，具有很好的可比性。

下面对汉字构词情况再作一分析。

总构词（次）	总词种数（个）	5年	4年	3年	2年	1年
13226	2895	2392	167	88	86	162
	100.00%	82.63%	5.77%	3.04%	2.97%	5.60%

在五年的高频词中，共出现了61103个词次，出现汉字字次13226次，不同的汉字2895个。其中五年都出现的有2392个，占总汉字数的82.63%；只在一年至四年中出现的总共才503个，占17.37%，这说明高

---

[1]《中国语言生活状况报告》2005年、2006年、2007年、2008年、2009年的年度报告，分别由商务印书馆于2006年、2007年、2008年、2009年、2010年出版。

频词中使用到的汉字相当稳定。

下面再来考察2895个汉字的构词情况。[1]下面是构词最多的前30个字及构词数:

汉字	构词数	汉字	构词数	汉字	构词数
人	875	会	450	长	362
大	749	分	429	有	362
年	701	生	409	高	352
一	676	车	404	时	345
不	640	行	388	业	343
中	616	家	379	力	343
国	546	下	371	动	341
出	540	地	368	来	336
上	526	发	367	面	329
日	453	子	364	开	323

2895个汉字平均每字构词40.89条。构词100条以上的292字;构词50条以上的644字;构词20条以上的1268字;构词低于5条以下的420字,其中只构1条词的154个字。构词20条以上的占到43.79%,显示常用汉字的构词能力强,且相当集中。

统计五年常用词的共用与独用情况,能显示常用词的稳定性,这对显示汉字的构词能力的稳定性很有说服力。五年高频词共有61103个词次,词种数14921条,年度显现情况如下表:

总用字（次）	总字种数（个）	5年	4年	3年	2年	1年
631103	14921	9997	1144	900	950	1930
	100.00%	67.00%	7.67%	6.03%	6.37%	12.93%

5年均出现的高频词占67%,只在1年出现的占12.93%。稳定出现的高频词占了高频词的2/3。

---

[1] 准确地说不是构词的词语数,而是在词语中出现的词数。因为有的字会在同一条词语中出现两次的,如"天天向上"。这里没作严格的区分。

以上统计显示出汉字强大的构词能力，在高频词中基本都是合成词。可见形音义综合体的汉字在汉语合成构词中所起的重要作用。

三、单音词是高频常用词

单音词是常用高频词，这在以单音词为主的古代汉语中是不成问题的。在词语总数双音节词占优的现代汉语中，大规模词频统计也证明单音词仍保持着高频的特性。下面请看三个数据。

1.《现代汉语频率词典》的统计。[1]单音词与双音词的数量与使用频次的调查数据：在按使用频率排列的前9000个常用词中，单音词占2400个，双音词占6285个；在前2000个常用词中，单音词占957个，双音词占1020个；在前1000个常用词中，单音词占565个，双音词占431个；在前500个常用词中，单音词占332个。可见愈是常用词，单音词占的分量愈重。在总的统计语料中，单音词的数量只占12%，双音词占73.6%，可在词次部分，单音词却占64.3%，双音词只占34.3%。现代汉语中单音词仍是常用词、高频词。

2.《中国语言生活状况报告》（2005）年度调查报告，[2]调查语料规模为9.09亿字，按词的使用频次算达4.16亿次。共有词种数165万条，人名、地名、机构名、时间词四类专名共有165万条，其他词语11万条。单音词只有7793条，占非专名词11万条的7%，可单音词总词频却达1.682亿次，占总词频的40.3%。

3.《现代汉语词常用表》是"中国语言绿皮书"A系列的第一种。[3]共收词语56008条。其中单音词3127条，占总词种数的5.58%。检验数据显示，单音词的总词频为55207028次，占总词频117031116次的47.17%。单音词的词语数只占总数的5.58%，词频却占总数的47.17%。

可见即使是在现代汉语，复音词已经占了绝大多数，单音词只有不

---

[1]北京语言学院语言教学研究所：《现代汉语频率词典》，北京语言学院出版社1986年版。但启动研究是1979年，故研究数据当距今为30年左右是比较合适的。

[2]国家语言资源监测与研究中心主编：《中国语言生活状况报告2005》，商务印书馆2006年版。

[3]"现代汉语常用词表"研制组：《现代汉语常用词表》，商务印书馆2008年版。

到10%的情况下，单音词仍是以常用词、高频词的形式出现，使用频次几乎占到所有词语使用数的一半。

作进一步的细致观察，会发现越是高频段，单音词所占比例越大。下面是《现代汉语常用词表》中不同频位段中单音词的数量与比例的统计结果：

词语数（个）	单音词数（个）	百分比（%）
前100	81	81.00
前300	166	55.33
前500	245	49.00
前1000	416	41.60
前3000	1004	33.47
前5000	1484	29.68
前10000	2268	22.68
前20000	2800	14.00
前30000	2989	9.96
前40000	3068	7.67
前50000	3112	6.22
56008	3127	5.58

上表显示，在前100个高频词中，单音词占81%；前500个高频词中，单音词占49%；前10000个高频词中，单音词占22.68%。越是高频词段，单音词占的比例越高。单音词一直是汉语词汇中非常重要、值得高度重视的词语形式。

四、单音词的物质基础与结构特征

单音词的完整含义，应是单音节单词素词。由于单音词是汉语词的最初始状态，是汉语词汇的词根，它用的是一个音节表示着一个词素，也就是说汉语语音最小结构单位——音节，它与意义一发生结合就直接投入了使用，而没有经过任何语音的组合层次。这就使得单音词在结构上具有了这样一些特点：

1. 语音形式上，单音词以一个音节作为自己的表达形式。汉语音节内的音素搭配方式有限，组合规则严格，有许多规则限制。如辅音在前，元音在后，元音后面的辅音只能是鼻辅音；前面的辅音不能出现双辅音（古代有少数的复辅音例子）；主要元音少，主要元音与次要元音之间的职责与位置分明；主要元音有声调变化，声调增强了音节的语音变化形式，同时也使得音节与音节之间的差距更加明显。多音节词表现出明显的音节独立向音节组合变化的痕迹，而没有像搭配自由多样的英语多音节词那种的灵活组合状态。声与韵的严格对立，泾渭分明、前后有序的组合，在声母与韵母这种线性的组合方式基础上，加上依附于主要韵母上的以高低变化为主要特征的声调，形成了汉语音节整齐、立体感丰富的组合形式。

2. 在意义上，单音词与原始义、基本义相结合，其结合是一次性、直接、任意性的。它不像复合词那样，是在词素基础上的再生、间接，可以对意义构成的衍生过程作多层次的分析。

3. 在使用上，单音词是意义结合的最小单位，也即词汇结构中的最底层单位。任何一种语言的音素都不多，一般都在几十个之内。音素的最小组合单位数量也有限，汉语的音素搭配有诸多限制，无声调变化的音节数只有419个，有声调变化的有1298个。这就在物质结构上造成了音节数量不够使用，音节重复使用的现象增多。而最始单音词是音节与原始义的结合，结构难以适应后起义的变化发展，由此推动词汇先是以多义词、同音词的形式作自我扩展式的包容、消化，接着是作词素与词素的再次组合，走上了复合构词的道路。

第二节 汉字与单音词的内在统一性

在分析完汉语单音词特点后，现在可以来看看单音词与汉字之间的关系了。汉字是靠视觉来发挥作用的书写符号，音节是靠听觉来发挥作用的语音单位，二者泾渭分明，各有所属，然形不通而神相合，有着令人惊奇的吻合关系。

一、个体独立性的对应

汉字的方块字形式与单音词音节形式之间有着对应关系。一个方块字是汉字的一个单独存在实体，字与字之间没有任何形式上的勾连，只有书法的草书行笔时才会有字与字的绕缠。一旦一个字包容着或进入到另一个字中，这个字也就丧失了独立存在的资格，成为新铸的另一个字。

单音词的语音形式是音节，一个音节的独立性也很强。它以元音为核心，这个元音可以单独存在，也可以在前或后附加上次要元音或辅音。附加的元音或辅音在种类和性质上都有明显的不同，次要元音只能是i、u、ü，元音后出现的辅音只能是n或g，在古代和现代方言存在塞音尾的情况下，只能是与主要元音有着严格对应关系的–p、–t、–k三个塞音。元音前面的辅音可以不出现，需要出现时只能是一个。粗略看去，一个辅音是属于音节之尾还是音节之首，像"huanan"是"hua"和"nan"，还是"huan"和"an"的组成，"xiao"是一个音节还是"xi"和"ao"两个音节，有时会颇费踌躇。但由于汉语音节的组成还有一个重要成分——声调。声调的存在能帮助主要元音的显示，有助于音节界限的划分。立足在主要元音之上的声调高低升降，使得音节与音节之间有着明显的起伏变化。这种回环往复、高低相错的语音节奏造成了汉语音节的鲜明形象。这样个体形象鲜明的语音单位也就和一个个单独存在的汉字实体发生了自然、贴切的听觉与视觉上的和谐统一。

二、内部立体发展方式的对应

汉字字形立体化与汉语音节立体化的对应。西方的文字和语音记词时，是用延长自己的长度来适应的。音节有了长短变化，也有了前缀和后缀，还有轻音重音、屈折等。汉字的变化却限于字体的内部，它不可能在字形的前面或后面再另外长出一些什么来，内部的丰富变化正好与个体形象的方块形有了表里相一的关系。从汉字发生学上的象形、指事、会意、形声四个阶段来看，也呈现出愈是产生于前面阶段的字体，愈有字形简单、构字力强的特点；愈是后起的汉字，愈有构件明显，继发性突出的特点。后起字的内部构件化、字体继发性，就是汉字字体立体变化的结果。汉语音节的立体化突出表现在声调变化上。声调变化是汉语音节中十分重要的构成成分，它具有明显的附加性，它不能独立存在，必须依附在主要元音之上。这种依附性成为汉语音节的主要变化方式之一，即靠增强音节组合的立体厚度而不是音节组合的长度。

三、组合方式的对应

汉字字形的组合化与声韵调的拼合化。汉字的组合化是变化方式，立体化是变化结果。立体化的变化结果是通过字形的组合化来实现的。汉字的一个点、横放在字的或上或下或里或外的位置都可以区别出字与字的不同，如"庆"与"厌"、"大"与"太"、"庄"与"压"、"旧"与"旦"、"田"与"由""申"；两个构字构件相同的字，因内外左右上下的位置不同也是造出不同汉字的常用方法，如"呆"与"杏"、"杲"与"杳"。如果把义旁、声旁的组合造字特点也放在这里来看的话，汉字字形的组合化可以看得更加清楚。像用"交"做声符，可以构成"咬、胶、郊、胶、佼、皎、绞、铰、跤、饺"等；用"心"做意符，也可以构成"思、想、恶、恩、志、忐、忑、急、怒、怠、愁、恋、忆、怀、怯、怙、惊、恨、懂、恭、慕"等。音节的拼合化是说汉语音节凭着数量不多的声母、韵母、声调，可以进行灵活多样的组合。汉语的声母、韵母加起来不过六十来个，进行声韵的拼合可以达到四百多，再加上四个声调，可以达到一千三百个。汉语音节的拼合在内部有严格要求，在音节与音节之间，三三两两的相配成为词语语音形式的主要结构类型。

四、数量上的对应

汉字字形数量丰富与音节数量少遥相呼应。任何一种语言的基本音素都是有限的，因此词语语音形式的数量主要就体现在音素的组合方式上。由于汉语音素的搭配限制多，使得它能够搭配组合出来的音节数量比起西方语言来少得多。汉语的音节数量少，而词语的核心成分又是单音词，众多的单音词都得用数量少的单音节来表示，就必然出现了同音词数量庞大的现象。在汉语的字词典中，当查到一个音节时，在这个单音节里面还必须在多个甚至数十个同音字中进行再一次的细查就是很普遍的事。

汉字字形上你我有别、个个相异的特点正好对应了汉语词汇中单音词多、同音词多的特点，或说是汉字将自己的优点弥补了汉语词汇的弱点。语音中音节数量少，同音现象多，造成听觉辨义的迟慢；而字体的数量丰富、区别度大、显意强，使得视觉直观性强、易于分辨。可谓失之于彼，得之于此。例如，fa的音所指对象不确，模糊性大，但"出发"的"发"繁体字"發"中有"弓"，"头发"的"发"繁体字"髮"中有以形示意的"髟"；"罚"字从"詈"从"刀"，表示责骂戒训义；"伐"字从"人"从"戈"，表示进攻打仗，都有形可据，依稀可辨。这种"般配"可以说是汉字亘古不灭、形义长存的根本原因。

第三节　汉字的造词功能

说到汉字的造词功能，可能会让人觉得诧异，记录表达语言就记录表达语言，怎么来了"造词"呢？所谓汉字造词功能指的是汉字用自己的字体字形来确认、证实词语存在的一种功能，有狭义和广义的两种理解。

一、据形造词

狭义理解就是指根据字形确实能"造"出一个新词来。如旧社会常说的"丘八"就是将"兵"字拆成上下两半；"丁字街"、"十字路口"是按"丁"字、"十"字的字形来描绘道路的模样；"八字脚"是对双脚前端向外撇着的形象说法；"之字形"是以"之"字的曲形来喻指对象。另外像"金字塔"也是据"形"造词。这类字都是象形字，用一个象形字的外部形体来描绘、表达、生成一个新词。"丘八"是将一个会意字拆成两部分来串讲成词，尽管这里对字形作了错误的拆分。

二、据形固词

据形固词就是用汉字将一个新的词语稳固下来。固新词最好的例子就是观察外来词。外来词是从其他语言传入的词语，是汉语中原来没有的。它传入后能否为汉语所吸收，并较快地沉淀下来，一个很重要的条件就是汉字有没有参与。本题下的内容详见第十一章"汉字与外来词"。

三、据形合词

前面说到简化字中有一种现象"同音替代"，同音替代就是用读音相同的一个字来代替两个或两个以上的字。细分的话同音替代可分为两种，一种是两个完全没有意义关联的字，纯粹只是因为语音相同而合并为一字。如用另外的一个新字来代替两个不同的字，如"发"替代的"發"、"髮"，如"获"替代了"獲"、"穫"。有的是把另一个字吞并了，形成了合二为一的结果，如"胡"是将"胡"、"鬍"两字合成一字，"丰"是将"丰"、"豐"两字合成一字。

也有的本来有语义关联，甚至是同源词，后来分化为两个词，可在同音替代中，原本分开的两个词又合并为一个词了。如"游"字，现在的词义是："（1）人或动物在水里行动：～泳 | 鱼在水里～。（2）各处从容地走；闲逛：～览 | ～历 | ～园 | ～玩 | ～人 | 周～天下。（3）〈书〉交游；来往。（4）不固定的；经常移动的：～牧 | ～民 | ～击 | ～资。（5）江河的一段：上～ | 中～ | 下～。（6）（Yóu）姓。"其实，"游"吞并的另一个字是"遊"。"游"本来只是指下水的游，陆上的游走用的应是"遊"，"旅游"的"游"也当是"遊"。合并前是两个词，合并后成了一个词。

又如简化字"汇"替代了两个繁体字"滙"与"彙"。《现汉》通过把"汇"分立为两个字目显示了原来的词义差距。如"汇[1]：（1）汇合：百川所～ | ～成巨流。（2）聚集；聚合：～报 | ～印成书。（3）聚

集而成东西：词~｜总~。""汇²：通过邮电局、银行等把甲地款项划拨到乙地：电~｜外~｜~给他一笔路费。"

这里没有把原来的繁体字列出，在一般的读者看来，这已经合成一个字了，而没有人去区分"汇¹""汇²"。有的词典就是这么做的，把"汇"所表达的意义看成了一个词。如《当代汉语词典》把所有意义统统归到"汇"字下，把"匯"、"彙"处理为异体字：

"汇：huì（1）（水流）聚集到一起。（2）聚集；聚合。（3）聚集而成的东西。（4）通过邮局或银行把款项划拨到别处。（5）指外汇。"

《汉语大词典》则通过繁体字简体字并存的方式，甚至是以繁为主，以简为辅的方式，把主要释义都放在繁体字之下。如：

"汇¹：'彙'的简化字。""彙"下的释义为："（1）类；族类。（2）繁盛。（3）汇聚。（4）刺猬。"

"汇²：'匯'的简化字。""匯"下的释义为："（1）河流会合。（2）聚集；合并。（3）迂回，围绕。（4）通过钱庄、银号、银行等金融机构或邮电局把甲地款项划拨到乙地。（5）方言。抽，拔。"

三部词典反映了"汇"字发展影响的不同阶段。先是"匯"、"彙"的并立；次为"字统为一，义析为二"；再为"合二为一，统而不分"。可见文字影响词义分合的作用还是挺大的。

四、据形分词

汉字还有一个重要作用就是分化词义成词。简而言之就是在口语中，单凭语音人们可能会把它当做一个词，用汉字表示后会成为不同的词。这主要表现为一个词处在词义引申、繁衍、丰富的过程中。当口语中的一个词有着越来越丰富、差异越来越大的义项时，当语音形式还是同一个，或是语音形式有些许差异，但还不足以显示词与词的差异时，这时汉字参与进来就能起到明显的分化词义、显示新词的作用。

如，"辟"、"避"、"僻"的意义古代都是用"辟"字来表示，这使一个字所载的意义过多，造成交际中的困难。后来这个载义过多的"辟"字意义有了分化，其中的一部分词义分化出来独立为另一个词，但它的语音形式并没变化。这时就在书写形式汉字字形上作了区别，或加"辶"旁，或加"亻"旁，从而清楚地显示出各义的差异，达到将词语分化结果固化的目的。当然在具体语境中，"辟"的过多意义还可以通过词与词的组合来区分，但单词存在时却会困难很多。汉字正好以比西方拼音文字明显优出的以形表意的特点做到了这一点。

语音形式差异很小指的是在词义分化中，不同的词义已经使用了不同的语音形式，只是差别还不够明显，还不足以达到区分词与词的身份。这时使用了不同的字形就容易多了。如"臧"与"藏"、"臓"、"赃"，"张"与"胀"、"帐"，都是类此。在每一组内部，后面几字的意义都能在前面的"臧"字、"张"字身上见到，两字的读音也略有差别。但没有人怀疑它们是一个词，只是用多音多义来加以解释。但多音多义情况长期存在，显然会影响到词语表意功能的实现。当对它们加以改造、增加或变更义符后，形成了一组组的同源词，用不同的字对部分义作了专指。它们也就正式成为不同的字，形成了同源词的关系。汉语同源词的分化很大程度上就是靠汉字来完成的。同源词、同源字在汉语发展史中往往同而不分，道理也就在这里。

第九章 汉语复合词

汉字与汉语单音词的密切关系，使得汉字在汉语词汇的复合化过程中，仍会发挥重要作用。

第一节 汉字对复合词的影响

一、区分同音词

单音词一方面以语音为载体，音义结合在一起成为能独立运用的最小词汇单位。另一方面它又以字形为书面语的表现形式，字形对词义也能起到很好的显示作用。当人们看到字形，就会联想到仅凭语音形式所联想不到或不能迅速联想到的东西。看到"海潮"两字就似乎能看到汹涌澎湃、惊涛骇浪的起伏，而只听到hǎicháo则难以收到这种效果。汉字字形字式已经溶汇进了单音词之中，它将单音词的意义特征以抽象示意的方式反映在字形上，使人们一旦见到这个字形，意念活动就会直指所指对象。

汉字的这种作用是牢固的，且具有普遍的意义。在日语拼音化的平假名、片假名的行文布局中，文义重心也是通过汉字来表达的。日本著名语言学家金田一春彦曾说到，日文的书能速读，打开一页书来找汉字就可以了，只要记住了汉字，读书的速度就会特别快。"漫步街头，看

161

到在装着硫酸的卡车上写个'危'字，马上会感到危险。如写成平假名'あぶない'，或者罗马字abunai是不会像'危'字那样留下危险的印象的。"[1]

汉语音节数量少，复合词用的是组合造词，增加了搭配类型，减少了重复的机会，但两个音节的复合词同音机会仍高于西方语言。《现汉》共有双音词38313个，其中同音的就有2494组，涉及5340个词。最多的一组有7个同音词，7个一组的有2组，6个的有2组，5个的有6组，4个的有39组，3个的有238组，2个的有2207组。例如：

yìyì："翼翼"、"鹢鹢"、"异议"、"意译"、"奕奕"、"熠熠"、"意义"；

jìshì："技士"、"继室"、"既是"、"济事"、"济世"、"纪事"、"季世"；

gōnglì："公立"、"功利"、"功力"、"工力"、"公历"、"公例"；

sùyuàn："夙愿"、"夙怨"、"诉愿"、"素愿"、"宿愿"、"宿怨"；[2]

shíwù："时务"、"实物"、"食物"、"拾物"、"什物"；

xīlì："淅沥"、"惜力"、"西历"、"吸力"、"犀利"；

zhèngshì："正式"、"政事"、"正室"、"正视"、"正事"；

gōngshì："公事"、"公式"、"攻势"、"工事"、"宫室"；

shìlì："事例"、"侍立"、"示例"、"视力"；

tànxī："探析"、"叹息"、"探悉"、"叹惜"；

qíyì："歧异"、"歧义"、"棋艺"、"奇异"；

rénshì："人事"、"人世"、"人氏"、"人士"。

有了汉字形体的显示，可以轻易地将同音复合词区分出来。特别是有些意义相近，能同样出现于相同或相近语境的同音复合词，字形的参

---

[1]［日］金田一春彦著，李德、陶振孝译：《日语的特点》，外语教学与研究出版社1985年版，第69页。

[2]这一组中的"宿愿"、"宿怨"应属"夙愿"、"夙怨"的同音同义异形词，严格地说应排除在外。

与更是能收到形在义别的效果。如"风狂"与"疯狂","免疫"与"免役","误解"与"悟解","武技"与"舞技","突起"与"凸起","头影"与"投影","南方"与"男方","过虑"与"过滤","廉洁"与"联结","早恋"与"早练","利害"与"厉害","讣告"与"附告"等。有的混淆程度还相当高，单凭语音即使是放在句子中也不易区分。如"这种食物能zhìái"，食物能吃还是不能吃，仍不得而知。如写成"这种食物能致癌"或"这种食物能治癌"，就一目了然了。由于汉字是在书面语中发挥作用，这时在口语中只好换用其他方式来加以区分。如改用其他的词甚至句式，说成"这种食物能导致癌症"、"……能引起癌症"、"……能诱发癌症"，或"这种食物能治疗癌症"、"对……有效"、"对……有帮助"。另一个更典型的例子是"早恋"与"早练"。当"早恋"成为中学生教育甚至社会问题时，人们忌讳说到"早恋"这个词，而促使了"早锻"或"晨练"的出现。变换句式，变换词语是一种改进方式，使用汉字也是一种改进方式，只是它影响到了词语的基本存在形式，所发挥的作用更为稳定、独立且普遍。

二、同形词与多义词

1. 同形词的定义

同形词完整的称呼应是"异义同形词"，即意义不同，文字形式相同。从字面上看它的内涵是很清楚的。但如何确定意义的同与不同，是把它们当作多义词还是同形词来看，却是相当困难的。

同形词中有的一开始就有着不同的造词理据。这类可称之为"真同形词"或"绝对同形词"。如"计生"，可能来自于"计划生产"，也可能来自于"计划生育"；"公车"可能来自于"公共汽车"，也可能来自于"公务用车"。

有的则是来自于对多义词的分化。从词源发展来看它们曾经是同一个词，只是在后来发展过程中距离慢慢变远，不太容易被人所感知，有的甚至在读音或语法功能上会出现若干差异。比如"刻"的义项有："（1）用刀子在竹、木、玉、石、金属等物品上雕刻花纹、文字：雕～

|篆~|~石|~字|~图章。（2）古代用漏壶记时，一昼夜共一百刻。（3）用钟表计时，以十五分钟为一刻：下午五点一~开车。（4）时间：顷~|立~|即~|此~。（5）形容程度极深：深~|~苦。（6）刻薄：尖~|苛~。（7）同'克²'。"[1]有的语言学著作就把表示时间的义与动作义看做是典型的同形词关系。这类同形词如果被过度认定，就形成了"假同形词"。"假同形词"追溯其原本其实就是多义词。但人们在谈论语言问题时很强调"断代"，所谓"断代"就是只论当前不究既往。而实际上语言问题又是古今掺杂，断代中有历时，历时中有断代。当强调断代过分时就很容易把同形词与多义词搅合在一起。

对同形词的重视，特别是力图透过相同的字形看到内部词义的差异，在中国现代语言学中的某些时期是给予过特别重视的。那时希望能尽量从传统的语文学中走出来，要摆脱汉字的影响，专门为语言研究是要以"字"还是"词"为单位讨论过。传统语言学是重"字"的，而现代语言学是重"词"的，要从"字"中区分出"词"来也就成为一个标志。在这样的时代背景下，使得同形词成为一个相当普遍的问题。下面就对《现代汉语词典》中的同形词作些深入的分析。

2.《现汉》同形词调查

（1）同形词编纂凡例

《现汉》在编纂之初，所创立的"白¹""白²"成为用语言学观点来编纂词典的一个范例。"凡例"1.2云：

（a）关于单字条目。形同而音、义不同的，分立条目，如"好"hǎo和"好"hào，"长"cháng和"长"zhǎng。形、义相同而音不相同，各有适用范围的，也分立条目，如"剥"bāo和"剥"bō，"薄"báo和"薄"bó。形同音同而在意义上需要分别处理的，也分立条目，在字的右肩上标注阿拉伯数字，如"按¹"、"按²"，"白¹"、"白²"、"白³"。

---

[1] 中国社会科学院语言研究所词典编辑室：《现代汉语词典》第三版，商务印书馆1996年版。

（b）关于多字条目。形同而音、义不同的，分立条目，如【公差】gōngchā和【公差】gōngchāi，【地道】dìdào和【地道】dì·dao。形同音同，但在意义上需要分别处理的，也分立条目，在【】外右上角标注阿拉伯数字，如：【大白】[1]、【大白】[2]，【燃点】[1]、【燃点】[2]，【生人】[1]、【生人】[2]。

以上文字提供了很多信息，如"单字条目"与"多字条目"的区别，""与【】的区别，"形同而音义不同"与"形、义相同而音不相同"的区别，"各有适用范围"与"意义上需要分别处理"的区别，但其核心仍只有一个，就是书写出来的汉字形式相同，却在词典中立为不同条目了。可以说没有汉字就没有同形词，同形词正是立足于汉字之上产生的一种汉语独有的词汇现象。《现汉》中单字条目重复立条的有800余组，多字条目重复立条的有841组。这里只对后者即复音同形词目的现象进行分析。

对读音不同者，分立不同条目，这好理解，因为词典的词条排序就是按音来的，不同的读音要列入不同的位置，词目自然要另分了。要是不分还得在多个读音中分出主次，再来根据主次入条。如果读音相同，那根据什么来分立条目呢？这就颇费踌躇了。因为意义上的联系密切与不密切，远与近，很容易见仁见智。容易见仁见智的东西，自然就难以统一，即使是在同一部词典前后不同版本中修改，也容易出现分歧。这可是一个关键处，因为决定了两个词目之间的性质。不分，它们是多义词；分，它们是同形词。下面就以《现汉》1982年出版的第二版与1996年出版的第三版对比，以探讨汉字的同形词分立情况。[1]

下面先观察第二版的同形词目，再来与第三版作对比。第二版复音同形词有640组，1302条词。下面是对同形词之间的语音、词义、语法关系所作的调查。

---

[1]可参考本人的《同形词与"词"的意义范围——析〈现代汉语词典〉的同形词词目》，《辞书研究》2000年第5期。本文作了重新论述。

（2）同形词之间语音关系的调查。

语音关系	同	轻声	兼用	声调	韵母	总数（组）
数量（个）	416	186	14	19	3	640
百分比	65%	29%	2.5%	3%	0.5%	100%

"同"类指一组同形词之间的语音完全一样："【抄袭】[1]chāoxí（1）把别人的作品或语句抄来当做自己的。（2）指不顾客观情况，沿用别人的经验方法等。""【抄袭】[2]chāoxí（军队）绕道袭击敌人。""【摆渡】bǎi//dù（1）用船运载过河。（2）乘船过河。【摆渡】bǎidù摆渡的船；渡船。"后例声韵调都一样，只是两字之间用"//"表示可以拆开作离合动词用。

"轻声"类指一组同形词中有一个词表现为轻声："【大人】dàrén敬辞，称长辈。""【大人】dà·ren（1）成人。（2）旧时称地位高的官长。"这里的轻声词是固定的。有的轻声词是出现在特定语用环境中，即《凡例》"12"说明的："插入其它成分时，语音上有轻重变化的词语，标上调号和圆点，再加斜的双短横。"如"【上来】shànglái（1）开始；起头：一～就有劲|～先少说话。（2）[书]总括以上叙述：～所言。""【上来】shàng//·lái由低处到高处来。"

"声调"类指同形词之间有声调的不同："【出处】chūchǔ出仕和退隐。""【出处】chūchù（引文或典故的）来源。"前者是上声，后者是去声。

"兼用"类指同形词之间有着多种语音差异："【本色】běnsè本来面貌：英雄本色。""【本色】běnshǎi物品原来的颜色（多指没有染过色的织物）。"两词的声母、韵母和声调都有不同。

"韵母"类指韵母的不同：如"【露头】lòu//tóu（1）（～儿）露出头部：他从洞里爬出来，刚一～被我们发现了。（2）比喻刚出现：太阳还没有～，我们就起来了。""【露头】lùtóu岩石和矿床露出地面的部分。矿床的露头是矿床存在的直接标记。也叫矿苗。"

（3）同形词之间语法关系的调查。

词性	名-动	名-名	动-动	其它	总数（组）
数量（个）	241	175	108	116	640
百分比	38%	27%	17%	18%	100%

"名-动"关系："【背书】背诵念过的书。""【背书】票据（多指支票）背面的签字或图章。"前者是动词，后者是名词。

"名-名"关系："【本事】文学作品根据的故事情节。""【本事】本领。"

"动-动"关系："【成家】（男子）结婚。""【成家】成为专家。"

"其它"关系的情况比较复杂，共有12种词性对应关系，每种关系中多者20例，少者只有1～2例。

上述调查显示，名词与动词的关系最多，约占40%。其中相当多的表现为"体用同称"的关系，名词指事物，为"体"，动词指事物的功能，为"用"。如"【赤膊】光着上身"，"【赤膊】光着的上身"；"【出品】制造出来产品"，"【出品】生产出来的物品"。"体用同称"的共110组，占"名-动"类中的45.4%。

语音形式和语法功能对词来说都是外部形式。对词外部形式的不同处理影响到了"词"的范围和词目的设立。单凭词的外部形式能不能将词分立条目？不同学者、不同词典有着不同的解释，都在尽量寻找其合理性。其实对同形词之间词义关系的调查才是深入其内部，才是确定同形词性质及能否成立的关键。尽管在同形词研究中有过许多不同意见，但共识是它们必须是词义不同。[1]"同形词中每个词的意义截然不同，而多义词的几个义项有个共同的核心意义把它们联系起来，义项间往往有派生关系。"[2]

可是下表的统计数据却令人生出许多的疑惑。

---

[1] 汉语拼音研究室：《同音词问题讨论综述（1950～1985）》，《语文建设》1987年第2期。

[2] 周世烈：《同形词概说》，《锦州师院学报》1995年第2期。

（4）同形词之间词义关系的调查。

调查了有无引申关系，在引申关系中又再细分出近引申、远引申、体用同称三种。

词义关系	近引申	远引申	体用同称	异	总数（组）
数量（个）	102	164	116	258	640
百分比	16%	26%	18%	40%	100%

"近引申"类：近引申是指在两个词之间能明显看出词义引申演变的轨迹。"【褒贬】评论好坏"；"【褒贬】批评缺点；指责"。两词都把"褒""贬"两个反义语素组合成词，表示对人的评议，前者是中性词义，后者偏"贬"义。"【捕食】（动物）捕取食物"；"【捕食】（动物）捉住别的动物并且把它吃掉"。前者偏"捕"，后者"捕"、"食"并重。但它们之间词义有着密切联系是显然的。

"远引申"类：指在两个词之间能找出词义演变的轨迹，只是距离稍远，需作一定分析。"【宾服】［书］服从"；"【宾服】［方］佩服"。"【吃水】［方］供食用的水"；"【吃水】吸取水分"；"【吃水】船身入水的深度"。

"体用同称"类：它们尽管语法功能对立，但词义联系却相当密切。"【包饭】双方约定，一方按月付饭钱，另一方供给饭食"；"【包饭】按月支付固定费用的饭食"。汉语词的兼类相当普遍，如果均依词性而分立为不同的词目将分不胜分。其实在许多多义词中几个义项间仍是不同词性的。

"异"类：是指几个同形词的词义完全不同。"【盘缠】盘绕"；"【盘缠】[口]路费"。"【安心】存心；居心：安心不善/安的什么心"；"【安心】心情安定"。

根据以上分析，可以发现这640组同形词划分是过于苛刻了，把许多本来应该属于多义词的义项都分离出来成同形词了。真正表现出"词义不同"的只占40%；属于分类标准问题，有商榷余地的（即体用同称类）占18%；找得出词义联系，应归属多义词范围的达42%，其中近引申类更是值得重新考虑。

3. 同形词划分原则的讨论

同形词是立足于汉字之上的一种词汇现象。它为这个同形范围内的多个意义提供了紧固的统一条件，很容易就做到了把这几个意义归属在一起。大家都共同认定同形词的意义之间必须是完全不同的。根据这样的认识，如果只是语音不同，应是"多音多义词"，如果只是语法属性不同，那也应该是"兼类多义词"。缺乏这样的认识，只观其一点，不及其余，就会割裂词的形、音、义联系，片面地突出某一词形的重要性，而影响到"词"的完整性。字形应该是词统一的一个重要因素，在几个词形成分中也应该是最强的。分立同形词的标准只能是意义。只有词义不同的，包括词义距离遥远和不同的造词理据，才可以分立成为同形词。

如果忽略了这一点，捉襟见肘也就难免了。请看下面的例子：

【作乐】（1）制定乐律。（2）奏乐。

【出手】（1）指袖子的长短。（2）开始做某件事情时表现出来的本领。

【扑腾】（1）游泳时用脚打水。也说打扑腾。（2）跳动。（3）[方]活动。（4）挥霍；浪费。

【没有】（1）表示"领有、具有"等的否定。（2）表示存在的否定。（3）用在"谁、哪个"等前面，表示"全部不"。（4）不如；不及。（5）不够。

上面几个多义词中的义项关系并不见得比"近引申"类同形词来得更密切。【出手】中"指袖子的长短"与"开始做某件事情时表现出来的本领"的词义距离，【扑腾】中"游泳时用脚打水"与"挥霍；浪费"的词义距离，虽然相距很远，但仍能凭借词义引申的联系而保留在一个词形之中。

下面例子似乎更能说明问题。《现汉》有两个【眉目】，一个是多义词："（1）眉毛和眼睛，泛指容貌。（2）（文章、文字的）纲要；条理。"另一个是单义词："事情的头绪。"其实这三个义项间有着明显的引申关系。如果要说三者谁与谁的距离更近些的话，应该是"眉毛和眼睛，泛指容貌"的实指性强，表义具体，而"（文章、文字的）纲要；条理"与"事情的头绪"更接近。可现在却把第1、2个处理为多义词，第3个处理成了同形词。如还要找其差异的话，那就是后一个【眉目】读为轻声。看来《现汉》是更重视词的语音形式和语法形式的差异。这点在1996年的第三版仍能体现出来。新增了两个词目【来电】，一个为"（1）打来电报或电话。（2）电路断开后接通，恢复供电"，另一个为"打来的电报"。从义项的意义联系来看，显然"打来电报或电话"与"打来的电报"距离更近。可这里只是因词性不同而分开，"打来电报或电话"与"电路断开后接通"因词性相同而合成了多义词。

由于缺乏清晰的标准，缺乏对各个标准之间严格的尺度把握，使得此分彼合，彼分此合的现象屡见不鲜。如：

"【劳动】（1）人类创造物质或精神财富的活动。（2）专指体力劳动。进行体力劳动。"这是名—动同条。

"【希罕】【稀罕】（1）希奇：骆驼在南方是～东西。（2）认为希奇而喜爱：谁～你那玩意儿，我们有的是。（3）（～儿）希罕的事物：看～儿。"这是名—动—形同条。

看来"词性不同者分立词目"也是一条弹性很大的规定。

下面将《现汉》二版的同形词与三版作对比，尺度把握不一的现象也相当突出。这种比较比与其他词典的对比要更有说服力。因"外比"可能会受到其他因素的影响，而"内比"则会集中于对同形词分合标准的讨论。

二版同形词在三版合并的：

二版	三版
【出品】制造出来产品。	【出品】（1）制造出来产品。（2）生产出来的物品。
【出品】生产出来的物品。	
【反光】使光线反射。	【反光】（1）使光线反射。（2）反射的光线。
【反光】反向的光线。	
【口袋】衣兜。	【口袋】（1）用布、皮等做成的装东西的用具。（2）衣兜。
【口袋】用布、皮等做成的装东西的用具。	

【提议】商讨问题时提出主张来请大家讨论。	【提议】（1）商讨问题时提出主张来请大家讨论。（2）商讨问题时提出的主张。
【提议】商讨问题时提出的主张。	
【一下】用在动词后面，表示做一次或试着做。	【一下】（1）用在动词后面，表示做一次或试着做。（2）表示短暂的时间。
【一下】表示短暂的时间。	

　　三版同形词比二版增加不少。有的是一组同形词中所有词语都是新增的。这不在我们的比较范围，这里关心的是原为一个词，后来却变成两个词的。二版一个词在三版变为同形词的：

新增义			分化词	总数（个）
无联系	体用同称	有联系		
54	21	16	7	98
55%	22%	16%	7%	100%

　　"新增义"是指在三版中出现的词义，"分化词"是指在二版中由一个词分化出来的。下面每类各举两例：

	二版	三版
无联系的新义（55%）	【白体】笔画较细的一种铅字字体，如老宋体等（区别于"黑体"）。	【白体】笔画较细的一种铅字字体，如老宋体等（区别于"黑体"）。
		【白体】对照射在上面的白光能够完全反射的理想物体。也叫绝对白体。
	【顶真】［方］认真：大事小事他都很~。	【顶真】［方］认真：大事小事他都很~。
		【顶真】一种修辞方法，用前面结尾的词语或句子作下文的起头。
有联系的新义（16%）	【抽打】用掸子、毛巾等在衣物上打：大衣上都是尘土，得~~。	【抽打】用掸子、毛巾等在衣物上打：大衣上都是尘土，得~~。
		【抽打】（用条状物）打：赶车人挥着鞭子，不时地~着牲口。
	【吃劲】（~儿）费劲；吃力：他挑百儿八十斤也并不~。	【吃劲】（1）（~儿）费劲；吃力：他挑百儿八十斤也并不~。（2）［方］感觉重要或有关系（多用于否定）：这出戏不怎么样，看不看不~。
		【吃劲】（~儿）承受力量：他那条受过伤的腿走路还不~/肩上东西太重，我可吃不住劲儿了。

171

体用 同称 （22%）	【裁缝】做衣服的人。	【裁缝】做衣服的人。
		【裁缝】剪裁缝制（衣服）：虽是布衫布裤，但～得体。
	【得分】游戏或比赛时得到分数。	【得分】游戏或比赛时得到分数。
		【得分】游戏或比赛时得到的分数。
分化词 （7%）	【修好】（1）［书］国与国间亲善友好。（2）［方］行好；行善。	【修好】［书］亲善友好：两国～。
		【修好】［方］行好；行善：～积德/你修修好吧，再宽限几天。
	【直播】（1）不经过育苗，直接把种子播种到田地里。（2）广播电台不经过录音直接播送。	【直播】不经过育苗，直接把种子播种到田地里。
		【直播】广播电台不经过录音或电视台不经过录像而直接播送：现场～大会的实况。

无意义联系的新增同形词属合理设立，其他几类就很值得讨论。

"有联系的新义"：如【吃劲】的"承受力量"与"费劲"、"吃力"有词义关系，密切程度比起"感觉重要或有关系"与"费劲"、"吃力"并不弱。可一个成了同形词，一个成了多义词。

"体用同称"有着词义对转、词性对立的关系：可这里新增的"裁缝"、"得分"是分，而上面所列的"出品"、"反光"、"提议"是合。

三版对二版"分化"的有7例，"合并"的有5例。显示出在处理同形词与多义词的区分上还有着可商榷之处。

同形词的认定必须要从严把握。要严格地定义同形词，必须具有意义的无关联性。要充分认识到汉字字形在保持词的统一性上的作用。将有着种种意义关联的词义，哪怕这些词义有的会比较远，统一在一个字形之下，其最大好处是增加了"词"的独立性与完整性，增加了对词义之间系统性的认识，更容易把握词的内部意义变化的来龙去脉，省去了辨识此词与彼词的精力。在一个词的内部，在一个词的多个义项之间，完全可以允许略有语音或语法差异的存在，这些差异可以标示在义项之下。这样做并不是忽略了"语言学"，倒向了"文字学"，而是能更好地凸显义项之间的表达功能与使用的语境条件。如果不管词义联系，只要语音形式或语法形式有所差别，就分立词目，这从轻来说是抬高了词形的作用，从重来说是混淆了"词"的性质和范围，影响到"词"的身份的认定，把本来是多义词的看成了同形词。从严认定同形词，就是要突出汉字在"词"身份确认中的作用，加强"词"的凝固性。

三、异形词与同义词

1. 异形词定义

异形词完整的称呼应是"同音同义异形词"，即读音相同、意义相同，只是书写形式不同。说得更严密些应是："普通话书面语中并存并用的同音（本规范中指声、韵、调完全相同）、同义（本规范中指理性意义、色彩意义和语法意义完全相同）而书写形式不同的词语。"[1]。如"拉拉队"和"啦啦队"。这样的定义理论上是很清楚的。但异形词的实际处理也有很困难的地方。

第一个困难是异形词范围的认定。异形词要求读音相同这是必定的，否则等义词就都会被纳入异形词的范围。但仍会时不时地冒出一些问题，例如几个异形词之间往往会有些许的表义差距或语境使用习惯，哪怕差异极少，且是极低频地存在，这时还算不算是异形词？如此看来，异形词又容易与同义词搅混在一起。如果没有汉字的掺入，这个问题还会存在吗？那么汉字的因素在里面又多大程度起着作用呢？

第二个困难就是异形词规范标准认定。异形词是语言中的一种累赘现象，缺乏表意作用的语言形式就是一种冗余。当异形词确定后，谁是正形要予以保留，谁是异形要予以规范，在这个过程中汉字有着怎样的作用，这又是值得讨论的另一个问题。

2. 异形词与同义词的甄别

在处理第一个问题中，关键是如何处理那些在词义演变分化过程中汉字参与的程度。如果所表达的词义有所区别，各有分工，它们就是同义词的关系。如果词义完全重复，可以相互替代，那就是异形词的关系。这又是一种理论的表述。凡是能够在理论上予以清晰表述的都是不困难的，可实际语言现象却会复杂得多。

---

[1] 国家语委：《第一批异形词整理表（试行）》，2001年公布。

下面来看"曼延"、"蔓延"、"漫延"这一组词语。《现汉》将它们都立为词目：

【曼延】连绵不断：～曲折的羊肠小道。

【蔓延】形容像蔓草一样不断向周围扩展：～滋长/火势～。

【漫延】曼延：沙漠一直～到遥远的天边。

这三个词的读音相同，意义极为相似，只是字形略有不同，区别在于原形"曼"与在它基础上加了"艹"、"氵"的"蔓"和"漫"。在"漫延"的释义中"曼延"是唯一的释词，一般情况下充当释词的都是广义词、通用词。"曼延"与"漫延"可说是音、义皆同，把它们看做是异形词有无问题？如它们真是同义词吗？是的话它们的表义差异是如何体现的？它们真是异形词吗？是的话它们的使用环境与状况是否完全一样？来源如何？是不是属于由同源词分化而来？我曾以此为例说明过汉字在词身份确立上起的作用，但问题的最后清晰，是由林刘巍、陈艳两位同学完成的。他们调查了大量语料，梳理清楚了三词的演替情况。[1]

《说文解字》："曼：引也。从又冒声。"段注："引也。鲁颂毛传曰：曼，长也。从又冒声。此以双声为声也。无贩切。十四部。""蔓，葛属也。从艹，曼声。"段注："此专谓葛属，则知滋蔓字古只作曼，正如蔓延字多作莚"。可知"曼"有引义、长义，"曼延"由两个同义语素复合构词。"曼"是"蔓"、"漫"的古字，以声旁的身份成为后字的构字部件，形、音、义在"蔓"、"漫"中都发挥了作用。这是一个比较典型的古今字或分化字现象，属于同源字关系。段玉裁"滋蔓字古只作曼"的解释也证明了这一点。三个复合词中当以"曼延"最早，另两词后起。偏旁显示它们初起时大概与表示"水势漫延"、"草势蔓延"义有关。

文献使用也证明了"曼延"的早起。通过对《汉语大词典》及"基本古籍库"的考察，"曼延"最早见于《墨子·号令》"火发自燔，燔曼

---

[1] 林刘巍、陈艳：《"准异形词"的释义与规范处理——"曼延""蔓延""漫延"的形义关系及应用考察》，《江西科技师范学院学报》2010年第3期。

延燔人”。“蔓延”最早见于魏明帝《种瓜篇》“兔丝无根株，蔓延自登缘”。“漫延”最早见于《水经注·河水四》“恶行则决河漫延，人马不得过矣”。《墨子》的成书年代虽有争议，但一般认为不晚于西汉初年。

从实际语例来看，发现虽然“曼延”出现得很早，可是在后来的语言使用中，却用例很少，反倒是“蔓延”的用例占了绝大多数。在“基本古籍库”中，三词共出现8636次，“蔓延”的使用次数占92%。

	蔓延	曼延	漫延	总数
频次（次）	7962	512	162	8636
比例（%）	92	6	2	100

我们更关心的是它们在用例中有没有分工，会不会表现出同义词那样的义域分配现象，或是中心领域独占、边缘部分交叉的现象。考察的是主语的语义类，即它们用来修饰、说明的对象。从它们修饰的主语语义类来看，“蔓延”的应用范围最广。“曼延”用得较多是“鱼龙曼延”（一种古代戏剧杂耍），但也能修饰水、火、植物等。“漫延”搭配较多的是水，如河水、洪水，也有少量属火类。调查显示它们有所分别，但交叉共用痕迹明显。

对现当代语料调查的是文学作品与《人民日报》。在七千万字的现当代文学作品中，调查结果如下：[1]

	蔓延	曼延	漫延	总数
频次（次）	116	1	0	117
比例（%）	99.2	0.8	0	100

在1946至2005年《人民日报》的约10亿字语料中使用情况为：

	蔓延	漫延	曼延	总数
频次（次）	9502	36	0	9538
频率（%）	99.62	0.38	0	100

在《人民日报》中“蔓延”已占99.62%，“曼延”不复见使用，“漫延”的使用只占0.38%。可见这时“曼延”已彻底退出了使用，

---

[1] 使用的语料库为“现代汉语语料库”，由苏新春研制，内有现当代文学作品7000万字。

"漫延"偶尔出现,"蔓延"一统天下。"蔓延"所搭配的主语语义类遍及疾病、火、水、思想、植物、灾害、群众活动等。下面是抽样后的调查结果:

	疾病	思想	灾害	战争	火	群众活动	植物	水	其他
频次	240	237	129	80	67	39	15	12	100
频率（%）	26.1	25.8	14.0	8.7	7.3	4.2	1.6	1.3	10.9

值得注意的是"水"这一习惯上认为该由"漫延"来表示的也可以由"蔓延"来承担了。能不能说在实际语言生活中已经三合一了?答案应该是肯定的。

可是词典中的情况却并非如此。请看六部影响较大词典的收词:

词典	曼延	蔓延	漫延
《现代汉语词典》试用版	+	+	—
《汉代汉语词典》第二版	+	+	—
《现代汉语词典》第三版	+	+	+
《现代汉语词典》第四版	+	+	+
《现代汉语词典》第五版	+	+	+
《现代汉语规范词典》	+	+	+
《辞海》	+	+	—
《精编当代汉语词典》	+	+	+
《新华词典》	+	+	—
《汉语大词典》	+	+	+

所有词典都收了"蔓延"和"曼延",六部词典中的一半收了"漫延"。这说明了什么情况?是词典滞后于语言现实生活?还是重古轻今,忽略了语言事实的变化?应该说有这些因素在里面,而起最大引导作用的应该还是汉字。写成了不同的汉字,使得它们属不同词的印象深深印在人们的脑海。而词典编纂者总是这样,习惯于字形的认定,释义时把古代才用的语例当释义,后来的词典代代相传,沿袭已往,从而一直积淀下来了。可见要改变一个词的身份是如此困难,即使在语言实际生活中变化已经如此明显,词语相互之间的优胜劣汰已经如此明确。异

形词的整理其实是相当困难的。"同义异形"、"部分同义异形"、"交叉同义异形"、"古异今同",都会困扰着异形词的认定与规范。没有很透彻的文字观,没有完整的字词关系观,没有对语料的纵横考察,是不容易拿出定见的。汉字融入汉语词义的分化与融合,其渗入之深,作用之大,由此可见一斑。

在口语中是没有人会理会此"mànyán"与彼"mànyán",但到了书面语中,汉字却经常会成为决定一个词语身份与性质至关重要的东西。

3. 对《第一批异形词整理表(草案)》中理据性原则的讨论

20世纪50年代以来,政府花了相当大的气力在做语言规范工作,集中体现在三个方面:推广普通话、推广"汉语拼音方案"、推广简化字。这三者都属于汉字与语音的内容。在词汇上推出的第一个规范文件就是2001年公布的《第一批异形词整理表(试行)》,共有338组。但异形词本质上仍是文字问题,就是写成了不同字形的同一个词。那么对异形词该如何规范,汉字在里面起着怎样的作用呢?

研制单位在"说明"中概括了整理异形词的三个原则:

"通用性原则。根据科学的词频统计和社会调查,选取公众目前普遍使用的词形作为推荐词形。把通用性原则作为整理异形词的首要原则,这是由语言的约定俗成的社会属性决定的。据多方考察,90%以上的常见异形词在使用中词频逐渐出现显著性差异,符合通用性原则的词形绝大多数与理据性等原则是一致的。即使少数词频高的词形与语源或理据不完全一致,但一时约定俗成,也应尊重社会的选择。如'毕恭毕敬24——必恭必敬0'(数字表示词频,下同),从源头来看,'必恭必敬'出现较早,但此成语在流传过程中意义发生了变化,由'必定恭敬'演变为'十分恭敬',理据也有了不同。从目前的使用频率看,'毕恭毕敬'通用性强,故以'毕恭毕敬'为推荐词形。"

"理据性原则。某些异形词目前较少使用,或词频无显著性差异,难以依据通用性原则确定取舍,则从词语发展的理据性角度推荐一种较为合理的词形,以便于理解词义和方便使用。如'规诫1——规戒2',

'戒''诫'为同源字，在古代二者皆有'告诫'和'警戒'义，因此两形皆合语源。但现代汉语中'诫'多表'告诫'义，'戒'多表'警戒'义，'规诫'是以言相劝，'诫'的语素义与词义更为吻合，故以'规诫'为推荐词形。"

"系统性原则。词汇内部有较强的系统性，在整理异形词时要考虑同语素系列词用字的一致性。如'侈靡0——侈糜0｜靡费3——糜费3'，根据使用频率，难以确定取舍。但同系列的异形词'奢靡87——奢糜17'，前者占有明显的优势，故整个系列都确定以含'靡'的词形为推荐词形。"

这三个标准中与字形有关的是"理据性原则"，理据有多种，最主要的是来自于字形。理据性原则就是在选取正形词时要选取那些具有字形优势，字形与字义密切关联的词语。从理论上看，从汉字性质与汉字具有表达语言功能的理论来看，这样做当然是对的，这正符合本书所主张的理论。但在实际语言文字的社会使用中会是怎样的呢？异形词中的正形词会不会像"啦啦队"那样体现出字形优先的理据性原则？会遵守到什么程度？

笔者曾提出过"俗成性原则"、"实用性原则"、"指导性原则"三条原则。[1]这三条意见本质上就是要尊重语言事实，强调在选取哪些异形词纳入规范整理范围，判定哪个异形词作为规范对象，以及采取怎样的规范策略，都要尊重事实，尊重约定俗成，尊重实用，而不理论优先，不以人适应理论。这里说到的理论主要就是汉字理论，汉字进入词语的规律。对俗成性与理据性的关系曾作出了这样的论述：

俗成性原则是指根据语言使用现状来进行规范。它强调语言的使用频度，强调遵从社会成员大多数的使用习惯。在有条件进行科学的词频统计的情况下，首先就得重视词频的调查。在一组词内，一个词的相对词频具有特殊价值，高词频者优先，低词频者排后。俗成性与学理性是

---

[1]苏新春：《论异形词规范的俗成性、实用性及指导性原则——评〈第一批异形词整理表（草案）〉》，《厦门大学学报》2002年第2期。

相对的。强调俗成性原则，则意味着学理性位居其次。在语言发展中，"积非成是"，老百姓"战胜"专家的语言现象比比皆是。应该说《草案》注意到了这一点的，它把"通用性原则"放在"统筹兼顾"原则之前。为什么本文还要强调这一点呢？就是因为《草案》中的不少异形词表明俗成性原则尚未得到完全的遵循，如"号啕$_{26.1\%}$——号咷$_{0.9\%}$——嚎啕$_{72.9\%}$"，用"号啕"来代替"嚎啕"，其难度可想而知。"号啕"之所以被选为正体，其原因或是因字形简省而被选录，或受已有辞书的影响。要使异形词的整理与规范工作变得卓有成效，就必须对俗成性原则予以充分的贯彻，"学理"只能是在二者相持不下的情况下才能起到参考作用。对社会语言使用习惯不是去"强扭"，而是去适应，这应成为异形词规范中一条最根本的原则。

查检已经公布的有关词汇规范文件中，"强扭"的例子并不少见。刘晓梅曾对"树阴——树荫"作过一些辨析：

1985年修订的《普通话异读词审音表》作了规定："荫yìn（统读）——'树~'、'林~道'应作'树阴'、'林阴道'。"这里不仅规定了"荫"的读音，而且也规范了"树阴"的词形不应写作"树荫"。后来的词典都遵从了这一规定，可这一规定却与广泛流行的计算机汉字输入法有违：五笔型输入法4.5版收"林荫道"，未收"树荫"、"树阴"。微软拼音输入法2.0版收"林荫道"，收"树阴"。智能ABC输入法4.0版收"林荫道"，收"树阴"。[1]

现在我们把"树阴——树荫"放到语料库中进行词次调查，结果是"树阴$_{18}$"、"树荫$_{288}$"。为了使检测更集中，又把"树阴"与"树荫"放到1993、1994、1995、1996年出版的《人民日报》中进行调查，结果是"树阴$_4$"、"树荫$_{50}$"。这个结果不能不让人感到，当初把"树阴"立为正体，把"树荫"立为异形，是一败笔之举。

又如现在把"惟一"定为正体，"唯一"为异形，可它们的实际词

---

[1]刘晓梅：《林荫道与林阴道》，撰于2001年暑期，曾与笔者作过讨论。后刊《语言文字周报》2002年9月总第968号。

次是"唯一$_{10214}$"，"惟一$_{734}$"，在1993、1994、1995、1996年出版的《人民日报》，是"唯一$_{3736}$"、"惟一$_1$"。语言事实与规范方案出现如此的反差，真是有点叫人大惑不解。

俗成性原则的重要性，就在于它应是异形词规范的指导思想。在异形词规范的诸多方面，如根据绝对词数来选择规范词语的对象，根据相对词频来确定正体与异形词的身份，在推出规范对象的先后顺序上，在规范意见的轻重上，都必须充分考虑到俗成性原则。

以上讨论还只是对一般原则作了较概括、宏观的论述。笔者在另一篇论文中通过数据统计讨论了"理据性原则"，特别是汉字字形在异形词中的问题。下面摘引原文的部分内容：[1]

异形词是音同义同形异的一组词，许多时候要在这几个词之间作出取舍仍会很不容易，其中最费斟酌的就是在词的流通状况与词的学理之间如何作出选择。词的流通状况指的是一个词在社会、在百姓中的使用情况，集中表现为词频的高低与使用环境的多样性与广泛性。而学理则有多种表现形式，如词义演变的古今源流关系、文献的可溯性、语音的和谐与文字的表意，这些都会在人们选择时提供或多或少的道理。其实问题的关键不在于利不利用学理的帮助，而是在当词频与学理不一致时，该如何处理。之所以会提出这个问题，是因为学理在决定异形词身份上所起的作用是相当模糊的。学理性在异形词中的正体与异形之间从来没有表现出过整齐划一的规律，同样的学理，既会在正体词上体现出来，也会在异形词上体现出来，而且不同的学理既会同向同现，也会反向同现，交叉与背忤都非常普遍。学理性只有在几个异形词之间难以分辨高下时才能起辅助的作用，但这种辅助作用是代替不了词频作用的。没有语言使用实际状况的支持，学理并不会对百姓产生太大的作用，这是由语言本质的约定俗成性决定了的。"约定俗成"战胜"理论规定"，"百姓"打败"专家"，这样的现象在语言学史上比比皆是。如上世纪50年代的"打扫卫生"、"恢复疲劳"，到后来的"邮编"、"邮码"之

[1] 苏新春：《再论异形词规范的俗成性》，《语言文字应用》2002年第3期。

争，"卡拉OK"与"中华大家唱"之争，事态发展结果大都是强调学理的专家意见逐渐消退，而这些意见起初大都居于上风。下面可以以对学理之一的汉字偏旁的分析来看一个大概。

汉字偏旁是人们分析汉语词汇常常提到的一种有规律性的表现形式[1]，汉字偏旁的学理性主要体现在偏旁的表意性、偏旁的对称性及偏旁的类化。全面考察后会发现汉字偏旁的这些"学理"，既会在正体词身上表现出来，也会在异形词身上出现。下面是存在于《整理表》中的部分例子：[2]

偏旁规律正例	例词		偏旁规律反例	例词	
笔画少	喘吁吁—喘嘘嘘		笔画多	轱辘—轱辂	
取表意准确的义旁	账本—帐本 惺忪—惺松 漂流—飘流 褴褛—蓝缕	狡猾—狡滑 磐石—盘石 漂泊—飘泊 清澈—清彻	取义旁不准确的义旁	恭维—恭惟 辉映—晖映	溜达—蹓跶
增加义旁	告诫—告戒 渔网—鱼网 恍惚—恍忽 潇洒—萧洒 情愫—情素 劝诫—劝戒 疯癫—疯颠	蝴蝶—胡蝶 推诿—推委 伙伴—火伴 喽啰—喽罗 黧黑—黎黑 鲨鱼—沙鱼	减少义旁	淫雨—霪雨 补丁—补靪 麻痹—痲痹 马蜂—蚂蜂 发酵—酦酵 低回—低徊 热乎乎—热呼呼	保姆—保母 息肉—瘜肉 麻疹—痲疹 嘹亮—嘹喨 风瘫—疯瘫 锋芒—锋铓

而在下面的例子中，异形词取舍中汉字偏旁规律的不确定性表现得更清楚：

"担心—耽心"，"担忧—耽忧"，"耽搁—担搁"；

"舢板—舢舨"，"艄公—梢公"。

在这两组使用了相同汉字的异形词中，有的处于正体词，有的处于异形词。对照它们的相对词频，是"担心98.4%"、"担忧98.6%"、"耽搁98.8%"、"舢板67.2%"、"艄公61.6%"，可以清楚地看到《整理表》

---

[1]邹玉华：《偏旁异形词的演变及其规范》，"全国汉语词汇规范问题学术研讨会"论文，2001年12月，厦门大学。

[2]本文两个词语并列时，都是前者为正体词，后者为异形词。

所依据的仍是词频而不是偏旁。

对学理只能参考，而不能作整齐划一的处理。假如硬要照此办理的话，只会使自己处于顾此失彼的境地。下面这个例子能帮助我们更清楚地认识到这一点。"美仑美奂"是基于"美轮美奂"新产生的异形词，在现有几乎所有的辞书中，记载的都是"美轮美奂"，几无二致地详细记载了它的同一个出处："《礼记·檀弓下》晋献文子成室，晋大夫发焉。张老曰：'美哉轮焉！美哉奂焉'。"这里表现出了它作为正体词的理据：有典可查与权威辞书的记载。而"美仑美奂"仅产生于当代，却在汉字偏旁上充分展现了它的另一重理据："车"旁略去，"仑"与"奂"偏旁皆无，字形对称。它们的词频是53.8%对46.2%，可谓旗鼓相当，在这个时候，单凭理据是难以判决的。在对异形词的取舍中过高估计学理的作用，或只依学理规律来定夺，是不能很好地解决异形词定型问题的。可能是借助了这一条学理，却违反了另一条学理；一条学理被正体词利用，可能对异形词也同样适合。所以，在异形词的判断中，首先而且是最重要的依据只能是词频。

以词频而不是以学理优先，还可以避免在以往的语言规范文件中出现的一些带有明显主观性的规范意见。如取"树阴"而不是"树荫"，取"惟一"而不是"唯一"，而实际上它们二者之间的词频表现为："树荫93.4%"、"树阴6.6%"，"唯一91.3%"、"惟一8.7%"，规范意见与实际语言状况相去太远。

现在可以这样来概述汉字在异形词规范中的作用与影响了。汉字的参与造成了异形词，没有汉字也就没有异形词。不同的汉字以其字形与字义的独特关系在复合词的选择与定型中发挥着作用。但在长期而广泛的汉字使用中，会对汉字做出不同的取舍。汉字字形显义的隐与显，繁与简在具体字群中的选择与疏离中会发挥甄别作用，但对所有汉字来说，在整体上还没有表现出整齐划一的规律。在对不同字形的汉字进行选择与淘汰中，语言生活更喜欢的是顺其自然、潜移默化、约定俗成。"规定动作"有时也会发挥作用，甚至很大。那么在二者之间如何取得平衡，就是值得语言文字学家们来探讨的问题了。

第二节　造字机制与造词机制

汉字的内部构造机制与复合词的形成机制有着高度的"默契"。从外部形式来看，二者不太一样。汉字是方块字，复合词是两个或两个以上的音节与词素的复合。但深入其内部，考察汉字的造字机制与复合词的造词机制，却会发现二者有着惊人的相似之处。它们都是在基本构件的基础上通过组合方式来形成的。

一、汉字的组合化

1. 汉字的组合机制

汉字的基本形体是象形字，据清代学者王筠统计为242个。象形字是汉字生成的核心和基础。在它之上添加笔画符号，可以形成指事字。"甘，美也，从口从一。一，道也。"段玉裁解释："食物不一，而道则一，所谓味道之腴也。"表示"味道"的"一"是一个指事符号。"血，祭所荐牲血也。从皿，一象血形。"这里并不是说"一"像血的样子，而是指用"一"表示器皿里装着的血这个东西。会意字有一千多，数量最多的是形声字。构成会意字和形声字的部件基本上是形旁和声旁，只有少数是符号。形旁和声旁原本绝大多数都是可以单独存在的汉字，它们明显具有"组合化"的特点，因此被称为"合体字"。它们复合的时候侧重点有所不同，如会意字构字部件的意义均进入合体字的字义，而形声字构字部件的一部分作为合体字的类属义，一部分作为合体字的声类。当然表声类的构件中相当一部分隐含着某种意义。会意字表现为义与义的组合，纯粹的形声字表现为义与声的组合，声旁含义的形声字表现为义与声义的二重组合。

古汉语中有一种很重要的现象是古今字，又叫区别字。今字的产生绝大多数是在原已存在的古字基础上添加或改换一个新的义符来构成。如"奉—捧"、"受—授"、"张—胀—帐"、"竟—境"、"取—娶"。这种添加或改换，实际上就是在意义变化的基础上进行字形新一轮的组合，以突出字义所在。可以说汉字组合化，汉字形体与意义的组合是汉字内部构成的根本规律。

2. 组合的基件是偏旁

汉字组合化的基本要求是用来组合的基本构件是偏旁而不是笔画。学术界曾就这个问题有过不同意见，有的认为汉字的基本构件是笔画，相当于英文中的字母，汉字相当于英文中的"词"。这种看法有自己的理论出发点，但其中一个不能排除的潜在心理就是希望汉字的基本构件要简于英文，似乎基本部件愈少的就愈是好的文字体系，汉字的基本笔画只有六种，而汉字的基本构件却有648个。[1] 其实比较两种不同文字体系应该从不同的组合层次来比较，既比较其笔形，又比较数量，更要比较其功能。

第一层次：笔画。汉字的基本笔画是横、竖、撇、点、折，英文的基本笔画是横、竖、点、圆、半圆弧、左斜线、右斜线，核心是弧形笔。二者的数量相差不大。

第二层次：部件。部件是汉字最基本的构字成分，部件由笔画组成。英文笔画的组合是字母，在这个层次上，汉字笔画的组合体要大大多于英文笔画的组合体。

第三层次：独立运用单位。汉字中独立运用的单位就是字。绝大多数汉字是由几个部件合成。英文一般要五六个字母才能合成一个"词"。汉字的偏旁多，在此基础上的组合结果清晰度高，并拥有巨大的组合容量。英文字母字数少，必须一次运用多个字母作多重组合才能达到清楚区分的目的。

将以上叙述简化为下表：

组合层次	单位	汉字		英文	
		单位	数量	单位	数量
第一层	笔画	横竖撇点折	少	弧	少
第二层	部件	偏旁	多	字母	少
第三层	独立运用单位	汉字	多	词	多

---

［1］傅永和：《汉字部件的数量及字形》，《语文建设》1991年第12期。

这里最重要的在第二层次，汉字的部件表现出两个特点，首先是数量多。基数愈大乘方的结果也就愈大。其次，更重要的是相当部分汉字部件都充当了偏旁，偏旁都是形音义结合的独立体。汉字偏旁有着独立的表意功能，这正是英文字母所不具备的。在现代汉字的648个构字部件中，由独体字充当的达327个，由没有音义的笔画结构充当的有321个。[1]这里我们姑且不论其数量与比例的关系，因统计结果与如何认为汉字构字部件有密切关系，但可以肯定的是古汉语中独体字充当构字部件的比例肯定更高，因许多原本是有义有音的独体字到现代汉字中由于楷化、检字法部首等因素而被肢解了。至于音义合一的偏旁具有更高的组字能力，自然有着更深层的意义。概括来说，汉字组合部件是偏旁，汉字偏旁数量多，属形音义结合的统一体，组合能力强，是构成汉字内部特有造字机制的基础。

3. 组合过程中的会意性

所谓意合就是三三两两的部件在组合时，是在意念的作用下合成新字新义。这与象形字直接以形显义有着根本的不同。组合造字、意合造字，在字形与意义之间拉开了更大的距离，思维活动参与程度深了，字形参与的程度浅了。"隻（只）"是"一只手抓住一只鸟"，"雙（双）"是"一只手抓住两只鸟"。"一手持一禾"为"秉"，"一手持两禾"为"兼"。"两手持斤"为"兵"，"两手持戈"为"戒"。一手为"又"，两手为"友"。相同或相近的偏旁，相同或相近的位置，却可以组合出不同的字形和字义。这就是造字中意念参与的结果。

二、复合词的组合化

1. 复合词的组合机制

复合词顾名思义，就是由实词素复合而成的。单音词是汉字词语的最初存在形式，复合词是汉语词汇在后来的发展过程中逐步繁衍而来的。上古时代汉语词汇大部分都是单音词。先秦时复音词开始得到稳步发展。此后复音词与单音词在词汇中的比重开始了此长彼消的过程。这

---

[1] 见上注。

个过程目前还在延续。汉语复音词中主要是复合词，特别是双音节复合词占了大多数。正像后来产生的汉字都是组合字一样，后来产生的汉语新词也都大多数是组合成词。即使是外来词，初期是以音作为接纳媒介的音译词，后来也都会尽量转变成半音半义词、意译词或美义音译词。

2.构成复合词都是有独立意义的实词素

据《现代汉语频率词典》统计，"有的汉字具有全面的构词能力，既可单用，又可处在词内各个不同位置上，它们的生成能力强，出现字次多"。这类汉字"约占统计总量的二分之一强"。[1]这个数字颇能说明问题。也就是说现代汉语中构成复合词的实词素有一半同时又是单音词。即使那些在现代汉语是纯粹的构词素，仍有它独立的含义。下面是见于《现代汉语频率词典》中构词能力最强的前1000个中的高频汉字。它们在现代汉语中已经不再作单音词使用了，共有17个："基"、"预"、"威"、"规"、"妇"、"卫"、"警"、"乌"、"奋"、"愤"、"监"、"丧"、"策"、"午"、"螺"、"幽"、"察"。可它们在古代汉语中却都是单音词。

"基"（"根基"）："乐只君子，邦家之基。"（《诗·小雅·南山有台》）

"预"（"事先"）："臣闻事未至而预图，则处之常有馀。"（辛弃疾《美芹十论》）

"威"（"威严"）："君子不重则不威，学则不固。"（《论语》）

"规"（"画圆的工具"）："圆者中规，方者中矩。"（《荀子》）

"妇"（"妇人"）："听妇前致辞，三男邺城戍。"（杜甫《石壕吏》）

"卫"（"卫士"）："秦伯送卫于晋三千人。"（《左传》）

"警"（"警戒"）："军卫不彻，警也。"（《左传》）

"乌"（"乌鸦"）："月明星稀，乌鹊南飞。"（曹操《短歌行》）

"奋"（"举起"）："陈王奋臂，为天下倡始。"（《史记》）

---

[1]北京语言学院语言教学研究所：《现代汉语频率词典》，北京语言学院出版社1986年版，《编纂说明》X页。

"愤"（"求而不得"）："不愤不启，不悱不发。"（《论语》）

"监"（"照影"）："人无于水监，当于人监。"（《尚书》）

"丧"（"失掉"）："偃王行仁义而丧其国。"（《韩非子》）

"策"（"竹制的马鞭"）："振长策而御宇内。"（贾谊《过秦论》）

"午"（"纵横相交"）："若丹若墨，度尺为午。"（《仪礼》）

"螺"（"一种软体动物"）："月毁于天，螺消于渊。"（《论衡》）

"幽"（"幽静的地方"）："虎豹得幽，而威可载也。"（《管子》）

"察"（"观察"）："仰以观于天文，俯以察于地理。"（《周易》）

由于构成复合词的词素都是有意义的实体，因此对复合词也像对汉字一样，都可以"由形及义"，由其构成部件和关系来分析复合词的意义形成过程。复合词与汉字一样，在它们的形成过程中充盈着理据性。

3. 复合成词过程中的意合性

复合词是对实词素进行组合的产物，在组合的过程中，人们的观念活动起着很重要的支配作用。有的复合词可以由词素直接构成，如"春雨"、"秋风"、"忧虑"、"可怜"；有的可对词素作提炼化合，如"心腹"、"门生"、"干将"、"镙丝钉"；有的则对词素义有较大的转换，与词素义表现出较明显的差距，如"电脑"、"娥媚"、"春梦"、"红娘"。意合性在后两类复合词中表现突出。如"心"与"腹"组合的"心腹"表示关系密切的属下，而"心"与"肝"组合的"心肝"表示的却是心爱、心疼的人。

复合词的组合充满着意合性。所谓意合，就是说在组合中没有什么形式标志，只是在意义的粘合、意念的左右下组合成一个词。汉语的复合词与单音词有时难以分辨，原因就在于此。人们在区别复合词与单音词时，常用的方法是看它们的使用频率，或上下互文对照，或将复合词拆开后比对，这些都不属于词语形式方面，而是词语意义的动态或静态特征。有时要以语音的轻微区别来达到区分目的，如表行业相同的"同行"与一起行路的"同行"。但不是所有的复合词都能有这种便利。而单凭频率、对照、拆分对测定词语的稳定度往往起不到一锤定音的作用。像"散步"、"走路"式的动宾式算不算词，偏正式中"猪肉"、"牛肉"算词，"鸡肉"、"鹅肉"、"兔肉"、"鹿肉"、"鱼肉"算不算词，其间一个广泛的边缘地带如何处理，都是颇费踌躇的。至于施事者与施事者各不相同的"孝子（偏正式）"与"孝子（动宾式）"、"弃妇（偏正式）"与"弃妇（动宾式）"，也得深入其意义内部及语境使用环境才能得出答案。

复合词的可释性、意合性，符合汉民族对文字、词语重视觉的要求。这种可释性、意合性正是复合词对复音单纯词的优势。历来学者们都十分强调不要将复音单纯词拆开当做复合词。"凡连语之字，皆上下同义，不可分训；……凡若此者，取同义之字而强为区别。求之愈深，失之远。所谓大道以多歧亡羊也。"[1]容易把复音单纯词当做复合词，是因为单纯从音来认词不符合汉民族的思维习惯，对复音单纯词的认知速度远比不上对复合词的记忆。如1990年亚运会在北京召开，同时传进了两项新的竞赛项目，一是"卡巴迪"，一是"藤球"。前者非常类似中国民间"老鹰抓小鸡"的游戏，但由于使用的是复音单纯词形式的音译名，人们感觉相当的陌生。后者借用了人们非常熟悉的"篮球"、"足球"、"羽毛球"、"排球"式的可释可解的复合词形式，尽管这一项目也是中国人所未见，但"合味口"的名称却使它很容易地植入到人们的记忆中。

了解了汉字与复合词相同的组合机制后，现在可以这样来提出我们的思考：汉语结构的主要特点是什么？任何语言都是组合而生的，结构主义提出了"聚合性"与"组合性"，这道出了语言结构的普遍特性。那么汉语的聚合、组合的根本特征是什么呢？这就是"意合性"，即在它的聚合、组合中没有或基本没有形式标志，不用形态，不用内部屈折，而是凭着基本构成要素所蕴含的意义，在要素与要素的组合中生成新一轮结构和意义的生成体。语法学界有人主张"意合语法"规律，现在当我们深入到汉字与汉语词的内部，发现"意合"规律同样支配着它们的形成。其"意合"要素与材料，"意合"、规律与结果，竟有着如此惊人的吻合。

---

　　[1]王念孙：《读汉书杂志》，卷十六。

第十章　汉字与词义

　　前面论述了汉字与单音词、复合词的关系，现在再深入到词的内部，观察汉字与词义的联系。汉字不仅以自己的方块形、单音节性的存在形式影响着词汇单位，也以其载负的意义特征对词语发挥着影响。

第一节　字本义与词本义

一、字本义的具体性

　　字本义是指汉字最初的意义。字本义在《说文解字》中有清晰的显示。段玉裁的学生陈奂在《说文解字注》"后叙"中写道："许书之要在明文字之本义而已。先生发明许书之要，在善推每字之本义而已矣。经史百家字多假借，许书以说解名，不得不专言本义者也。本义明而后余义明，引申之义亦明，假借之义亦明。形以经之，声以纬之。凡引古以证者，于本义，于余义，于引申，于假借，于形于声，各指所之，罔不就理。"[1] 许慎与段玉裁，一个在"明文字之本义"，一个在"推每字之本义"。那么，本义具有怎样的特点呢？

---

　　[1] 陈奂：《说文解字注后叙》，见《说文解字注》，上海古籍出版社1981年版，第788页。

1. 字本义的形义相连

字本义与字形有密切的关系，甚至可以说字本义就是由字形直接反映出来的意义。《说文解字》的"说"与"解"字，据形释义，都是根据字形的构成来解释字义构成。字本义有着"具体"、"实在"、"个别"的特点，即所表示的都是关于具体、实在、个别的东西。于"名"，表示的是具体、个别的物；于"动"，表示的是某个具体、实在的动作；于"形"，表示的是某个具体物的性质、状态。最初的字根所映出来的意义都具有这样的特点。本义与字形的联系，最紧密的当然是那些象形字。下面就来看象形字的字本义构成情况。

名词性的字本义：

（1）鸟：長尾禽總名也。象形。鳥之足似匕，从匕。凡鳥之屬皆从鳥。（卷四上，鳥部）

（2）刀：兵也。象形。凡刀之屬皆从刀。（卷四下，刀部）

（3）豆：古食肉器也。从口，象形。凡豆之屬皆从豆。（卷五上，豆部）

（4）皿：飯食之用器也。象形。與豆同意。凡皿之屬皆从皿。讀若猛。（卷五上，皿部）

（5）瓜：瓞也。象形。凡瓜之屬皆从瓜。（卷七下，瓜部）

动词性的字本义：

（6）夭：屈也。从大，象形。凡夭之屬皆从夭。（卷十下，夭部）

（7）冎：剔人肉置其骨也。象形。頭隆骨也。凡冎之屬皆从冎。（卷四下，冎部）

（8）臼：舂也。古者掘地爲臼，其後穿木石。象形。中，米也。凡臼之屬皆从臼。（卷七上，臼部）

（9）至：鳥飛从高下至地也。从一，一猶地也。象形。不，上去；而至，下來也。凡至之屬皆从至。（卷十二上，至部）

（10）闻：聞也。从二戶。象形。凡門之屬皆从門。（卷十二上，门部）

形容词性的字本义：

（11）朵：樹木垂朵朵也。从木，象形。此與采同意。（卷六上，朵部）

（12）㞫：艸木華葉㞫。象形。凡㞫之屬皆从㞫。（卷六下，㞫部）

（13）宋：艸木盛宋宋然。象形，八聲。凡宋之屬皆从宋。讀若輩。（卷六下，宋部）

（14）丂：嘾也。艸木之華未發函然。象形。凡丂之屬皆从丂。讀若含。（卷七上，丂部）

（15）齐（齊）：禾麥吐穗上平也。象形。凡兹之屬皆从兹。（卷七上，部）

能直接落实在字形上的具体义总是名词性居多。象形字是汉字的字根，象形字绝大部分表示的就是名词性意义。"近取诸身，远取诸物"，这是汉字字根产生的缘由，"近"之身，"远"之物，就都是名物类。所谓象形，"形"就是名，就是物，因此，名词性意义有象形来表现，象形字表示的多是名词性意义，这就好理解了。

象形字表示动词性义的就少多了。从上面的例子来看，动词性意义也会强烈表现出具体义、个别义、实在义的特点。如"夭：屈也。从大，象形"，"夭"为什么会有"屈"义，它的得义理据是什么？段玉裁对此作了很好的梳理。先是释"从大"，"像首夭屈之形也"。"大"为人的正面站立之形，"夭"像正面视去的头首侧倾状。再借助"首夭屈"字形，表示了"夭屈"这个一般的状态。

从这个具体形状出发，"夭"引出了两个不同类型的引申义：一个是形容植物生长的茂盛貌，如"桃之夭夭"；一个是短折义，"不终曰夭"。这两个意义看上去相差挺远的，对它们之间的衍生与转化，段玉裁广征博引作了这样的解释："物初长可观也，物初长者尚屈而未申，假令不成遂，则终于夭而已矣"。这个解释含有许多的哲理。植物之新长，初勃而兴盛，初兴而柔弱，弱而继长，有其长成，亦有其未成。取其勃而兴盛，故有"桃之夭夭"义；取其"有长成，亦有未成"，故有"短折为夭"、"不终曰夭"。从沿用至今的词义生存历史来看，是后一个词义获得了永生；从字形得义的主次来看，也是后一个词义获得了更充足的理据。现在的问题是对有如此悠久历史和理据充足的词义，它的构形取义却是来源于"首夭屈之形"。这里告诉我们一个浅显而深刻的道理，就是字本义的获得是从非常直观、具体的形体中获得的。从如此直观、具体的形体中产生出了同样直观、具体的字本义，再从字本义的繁衍过程中派生出后起的逐渐远去，逐渐抽象化、概括化的词义。这个过程是确定的，而绝不可能反过来，不可能从抽象、概括的词义中产生与字形联系密切的字本义。

象形字中表形容词义的更少。但也会表现出据形生义，表现出具体义、个别义、实在义的特点。如"米：艸木盛米米然。象形，八声。""米"为什么会有"艸木盛米米然"义，它的得义理据是什么？段玉裁作了这样的解释："米米者，枝叶茂盛因风舒散之貌。小雅：萑苇淠淠。毛曰：淠淠，众貌。淠淠者，米米之假借也。小雅：胡不旆旆。毛曰：旆旆，旒垂貌。旆旆者，亦米米之假借字，非继旐之旆也。鲁颂作伐伐。按玉篇米作巿，引毛传蔽巿小貌。玉裁谓：毛诗蔽巿字，恐是用蔽刻之巿字。经传载多作带，作芾，可证也。象形，谓中也。不曰从中，而曰象形者，艸木方盛，不得云从中也。八声。"段玉裁先是广证"米米"在古书中可写作"淠淠"、"旆旆"、"伐伐"、"蔽巿"、"蔽刻"。这是古书用字中的通假，可以先不管它。我们关心的是"艸木盛米米然"这样的义为什么会拥有"米"，也就是说关键是它为什么会获得"象形，八声"这样的构字理据。段云："象形，谓中也。不曰从中，而曰象形者，艸木方盛，不得云从中也。"这里道出了"中"为象形，而非"从中"的区别。从《说文》的造字构成规则来看，"象形"表示的是象形字，"从某某"表示的是会意字，段玉裁极力强调了"象形"与"会意"的区别，是不是真的只有象形字才能表示"艸木方盛"义，而从某某的会意字就表现不出此义？这条规则还有没有在其他更多的会意字与象形字之间甄别其表义功能的差异，段氏论述显然是试图证明这一点的。那么从我们关心的形容词义的得义理据来看，这个例子是能起到说明作用的，就是"艸木方盛"的实现是借助了"中"之形。本来"屮"有着自己的形义繁衍规律的。"屮"是"艸木初生也";"艸"是"百芔也";"芔"是"众艸也",这里由一个"屮"到两个"屮",再到四个"屮",三个字都充当了部首,这中间还有由三个"屮"构成的"芔"字。"芔:艸之总名也。方言曰:芔,艸也,东越杨州之间曰芔。从艸屮。三屮即三艸也。会意。"只是"芔"没有充当部首罢了。由"屮"到"艸"、到"芔"、到"茻",这中间表现的也是一种"多"、"众"、"盛",但在这一字族的衍生中,把数量上的"多"与"众"与字形上的叠加关联起来了,而把外观上的"盛"与"茂"却用"屮"形加"八"声的字形构成固定下来了。这里其实表现更多的是一种规定,规定的理据大概就是来自于段玉裁"象形,謂屮也。不曰从屮,而曰象形者,艸木方盛,不得云从屮也"的说明。而对我们关心的问题,这个例子仍是能起到很好的说明作用,就是形容性词义也是需要借助于具体、直观、实在的形来实现的。

2. 字本义具体性的阶梯式存在

汉字字本义的具体性在分布上具有阶梯式存在的特点。所谓阶梯式存在是对所有汉字来说的,并不是平均存在普遍分布,而是会在不同的字群中呈现或强或弱、或明或显、或多或少的阶梯式分布。

（1）词性之间的阶梯式分布

名词义、动词义、形容词义的具体性分布,以名词义最多,动词义少之,形容词义更少,这也是一种阶梯式分布。上面已作了详细分析。

（2）不同汉字结构中的阶梯式分布

在不同的汉字结构中,字本义的具体存在是有明显阶梯式分布的。在汉字的繁衍过程中,有着象形为先,象形不足则指事补之,再之会意补之,再之形声补之的衍化规律。《说文解字》"叙"曰:"仓颉之初作书,盖依类象形故谓之文,后形声相益即谓之字。"段玉裁注曰:"依类象形谓指事象形二者也。指事亦所以象形也。文者遣画也。交道其画而物像在是。如见远而知其为兔,见迹而知为鹿也。""形声相益谓形声会意二者也。有形则必有声,声与形相辅为形声。形与形相辅为会意。其后为仓颉以后也。仓颉有指事象形二者而已。其后文与文相合而为形声，为会意，谓之字。如易本祇八卦，卦与卦相重而得六十四卦也。"

正是由于象形、指事、会意、形声有着先后之别，后者为补前者不足而生，这样时代上的先后之别，结构上的初始与继生之别，自然也就会反映在字义的构成上。字本义既可以对每个字来说，即这个字最初产生时与字体的构形所伴生的意义，其具体性是该具体字的本义所言，也可以是就整体汉字而言，即在所有汉字中某一部分字的本义与另一部分字的本义不尽相同。可对同样是字本义的具体性来说，象形字首之，次之为指事字，再次之为会意字，末之为形声字。像上面所列的"屮"是"艸木初生也"，"艸"是"百芔也"，"卉：艸之总名也"，"茻"是"众艸也"，这四字明显有先后之别。"屮"是象形字，产生最早。"艸""卉""茻"是后起的组合字，属会意字，产生较晚，其意义的具体性有减弱的趋势。下面来看几组字的构形与表义情况：

① 月：缺也。大阴之精。象形。凡月之属皆从月。（卷七上，月部）

② 朔：月一日始苏也。从月屰声。（卷七上，月部）

③ 朏：月未盛之明。从月、出。（卷七上，月部）

④ 霸：月始生，霸然也。承大月，二日；承小月，三日。从月霝声。（卷七上，月部）[1]

⑤ 朗：明也。从月良声。（卷七上，月部）

⑥ 朓：晦而月见西方谓之朓。从月兆声。（卷七上，月部）

⑦ 朒：朔而月见东方谓之缩朒。从月内声。（卷七上，月部）

⑧ 期：会也。从月其声。（卷七上，月部）[2]

"月"实指，指称月亮，这是自然界的一个星体。其他七字都是描写了"月"的某一方面意义。或是"月"运转周期的某一阶段或方位，如"朔"、"朓"、"朒"；或是"月"的某种状态，如"朏"、"朗"、

---

[1] 段玉裁在该字下注曰："月始生魄然也。霸魄叠韵。……后代魄行而霸废矣。俗用为王霸字，实伯之叚借字也。"

[2] 段玉裁在该字下注曰："会者，合也。期者，要约之意。所以为会合也。叚借为期年、期月字。其本字作稘，期行而稘废矣。"

"霸"；或是"月"的某种行为，如"期"。显然这七字于"月"来说都是晚起字，所表达的意义也都有"月"之后继发性的特点。下面再看具体字的分析：

"朔"：① 月相名。旧历每月初一，月球运行到地球和太阳之间，和太阳同时出没，地球上看不到月光的月相。② 用以称旧历每月初一。③ 专指正月初一。④ 指朔政。⑤ 谓每月初省视。⑥ 初，始。⑦ 生。⑧ 平旦，天亮的时候。⑨ 北方。⑩ 古代的一种小鼓。⑪ 车辕。一说，车上的旗。

《汉语大词典》记载有11个词义，1～9明显与字本义"月一日始苏也"有关。

"朏"：① 新月初现貌。② 泛指星月出现或升起。③ 旧历每月初三日的月相名，因用以纪日，为初三日的代称。④ 谓天刚发亮。⑤ 聚积貌。

《汉语大词典》记载有5个词义，都与字本义"月未盛之明"有关。

"霸"：指农历每月初始见之月。

《汉语大词典》记载了一个义，基本照用了《说文》的解释，念pò。

"朗"：① 明亮。② 明了，解悟。③ 清澈。④ 高。⑤ 谓声音洪亮。⑥ 指高声。⑦ 方言。

《汉语大词典》记载了7个义，1～6个明显与字本义"明也"有关。

"朓"：① 旧历月底月见于西方。② 日晦蚀。③ 行疾。④ 盈，有余。

《汉语大词典》记载了4个义，1～2个明显与字本义"晦而月见西方谓之朓"有关。

"朒"：① 农历月朔月见于东方。② 扭，折伤。

《汉语大词典》记载了2个义，第1个义保留了《说文》的本义"朔而月见东方谓之缩朒"。

"期"：① 会；会合。② 邀约；约定。③ 希望；企求。④ 预知；

料想。⑤ 机运；际会。⑥ 限，限度。⑦ 必，必定。⑧ 期限。⑨ 百岁曰期。亦泛指老，高寿。⑩ 预定的时间；选定的日子。⑪ 指一段时间。⑫ 待；看待。⑬ 相当；相合。⑭ 常。⑮ 见"期期"。⑯ 地质学上小于"世"的地质时代单位。⑰ 量词。用于分期的事物。⑱ 通"綦"。极。⑲ 通"旗"。⑳ 通"基"。㉑ 通"夔"。㉒ 姓。

《汉语大词典》在jī音下收了22个词义，1～5、8～14，都与字本义"会也"有关。

（3）部首字与部内字之间的阶梯式分布

部首字与部内字之间有着统辖关系。这种统辖关系是多方面的，而不仅仅限于字形关系。"凡某之属皆从某"，这里的"某"是形音义的统一体。当部首字进入部内字的字体时，形是部内字结构的一部分，音与义也同时成为部内字的音与义的一部分。"声旁含义"、"会意兼形声"、"形声兼会意"、"虽不中不远矣"，说的就是这种情况。转注的"建类一首，同意相授"，前人对"类"是"形首"还是"音首"、"义首"有过长时间的争论，这正好显示部首字与部内字之间的联系是多方面的。单纯从意义的角度观察，双方在具体性与概括性，在词义的概括、抽象、生成、衍化上确实存在着差异。其道理是明显的。因部首字生于初始，部首字多为结构简单者，象形字大多充当了部首，部首字指称着更为基本的事物。如此种种，部首字表意具有更强的具体性也就好理解了。

"凡每部中字之先後，以義之相引爲次。顏氏家訓所謂櫛栉有條例也。説文每部自首至尾次弟井井，如一篇文字，如一而元，元，始也。始而後有天，天莫大焉，故次以丕。而吏之从一終焉，是也。"（"吏"字注）部内字的"次弟井井"，是一种什么样的"次弟"呢？每个部首内部的字因字数多少不一，规模大小不一，意义所指不一，部内字的意义顺序也会表现出不同的关系。一般来说部首内收字规模较大的总是会表现出较完整的排列顺序。下面就以收字最多的"水"部为例。"水"指的是自然界的一实物，字像水之俯瞰之形，立为部首后辖四百六十四字，这些字皆表示水之不同的名、形、貌、处、流、行、声及相关的事物、动作和状貌。如：

水之名：河、涪、沱、浙、沫；

水之形：洪、逢、衍、涓、混；

水之貌：滔、涣、泌、浏、浩；

水之处：津、沟、渡、湄、涧；

水之流：沄、滴、注、浮、漂；

水之行：洲、渡、济、没、潜；

水之声：活、湝、泫、潘；

水之相关事物：溟、澍、濛、汤、潦；

水之相关动作：消、涸、渴、润、洒；

水之相关状貌：准、沧、凉、淡、浓。

部首字为部内字的语义范畴代表字。"水"就是水部的范畴代表字，这样的语义范畴字首先表现为"具体性"，还具有类别的粗略、朦胧的特点。而部内字则与之相反，具有专门的个别的，或概括、细致、准确的特点。

二、字本义对词本义的影响

词本义指的是一个词最早的意义。"词"、"词本义"是从语言学角度来提出问题，"字"、"字本义"是从文字学角度来提出问题。二者初看去性质不同，但又有着密切联系。陆宗达、王宁先生曾作过很好的辨析。"造字时所据以构形的意义，未必就是在语言的词中最早产生的意义，因而也未必是词义引申的开端。但是在文字还没有产生之前的语言状态，是很难全面考察清楚的。而造字时据以构形的意义，一般应是所能考察出的最早意义。从词的文字构形所体现出的词义，又往往能较为清晰地窥出原始词义的面貌。"[1] 字本义更多地反映出汉字构形的理据，与字形有着更为直接的联系，而词本义立足于字本义，尽量利用了汉字字形的载义表意功能，但毕竟在联系的直接性上不如字本义；字本

---

[1] 陆宗达、王宁：《从"武"的本义谈因字形求本义的原则》，《辞书研究》1984年第5期。

义只求形与义之间的联系，而词本义在字形字义之外还追求实际语言使用状况，要进入历史文献的考察。从词义发展的缘由、过程来看，词本义仍立足于字本义，与字本义有着密切的关系。

如"突：犬从穴中暂出也"（《说文》卷七下"穴"部），这是字本义。"从犬在穴中"，这是释字形，由"犬"、"穴"两部分字形构成。"犬"不是呆在里面不动，而是一静一动，"犬"动"穴"静，动者离开所在地的速度非常快，"义"与"形"的联系非常直接。可这个字本义却在文献中没有出现过，只存在于文字学著作中。段玉裁云："引伸为凡猝乍之称"，这里解释的就是词本义。"猝乍"义就是词本义，在古籍中使用的就是该义。字本义是如何影响到词本义的呢？词本义与字本义在哪一个点上形成连结的呢？主要就是具象性，即字本义中最具有特征的那部分意义。"突"的"猝乍"义是"突"的词本义，它与字本义"犬从穴中暂出也"中的"犬"、"穴"没关系，而与"暂出"有关。"暂"就是一下子、极短暂、短促的意思。词本义与字本义发生关联的往往不是后者中表示场景实物的构成件，而是其中那个具有特征的东西。它往往是从字本义中抽象、概括出来的，是字本义中充满生命灵动的成分。段玉裁在《说文解字》中特别注重对词本义的诠释，使用了数百例"引伸"、"引伸之"、"引伸为凡"式的诠释用语，致力于在字本义与词本义中寻找到贯通点。例如：

"气，云气也。象形。凡气之属皆从气"（气部）。段注："引伸为凡气之称。"

"士，事也。数始于一一，终于十。从一从十"（士部）。段注："引伸之凡能事其事者称士。"

"祖，始庙也。从示且声"（示部）。段注："引伸为凡始也。"

"璧也，肉好若一谓之环。从玉瞏声"（玉部）。段注："引伸为围绕无端之义。"

"苛，小艸也。从艸可声"（艸部）。段注："引伸为凡琐碎之称。"

"薄，林薄也。一曰蚕薄。从艸溥声"（艸部）。段注："相迫则无间可入，凡物之单薄不厚者亦无间可入，故引伸为厚薄之薄。"

"起，能立也。从走巳声"（走部）。段注："起本发步之称，引伸之训为立，又引伸之为凡始事，凡与作之称。"

"登，上车也。从癶、豆。象登车形"（登部）。段注："引伸之凡上陞曰登。"

"纠，绳三合也。从糸、丩"（丩部）。段注："凡交合之谓之纠，引伸为纠合诸侯之纠，又为纠责之纠。"

第二节　字本义与词义发展

一、字本义的具象性

字本义多表现为具体义，任何具体义都包含着实景、实物、实情，同时也会在某一点上形成特征。这种特征可能是事物，也可以是动作，也可以是性质，当抽象之后它就会形成字本义的标志。由具体到具象，本身就是一个进步，已经由实指抽象为一种特征，由一般性的笼统指称变为特征的描绘。字本义具象性的形成，对词义发展具有重要意义，因为词义的引申、繁衍往往立足于字本义的具象性之上的。

"突，犬从穴中暂出也。""犬"、"穴"是实景实物，具象义为"暂出"。

"间。隙也"：段注："隙者，壁际也。引申之，凡有两边有中者皆谓之隙。隙谓之间。间者，门开则中为际。凡罅缝皆曰间，其为有两有中一也。"两户一日，为实景，两户未严合，中间有隙，这就是"间"义的具象性。

"分，别也。从八从刀。刀以分别物也。"这里有"刀"、"分别"、"物"，前后两个为物，是场景的实物，具象义是"分别"。

"班：分瑞玉。从珏从刀"（卷一上，"珏"部）。段玉裁："会意，刀所以分也"。"刀"与"珏"为场景的实物，具象义"分别"。

字本义的具象性就是具有形象逼真、可感可触的那部分特征，体现这样特征的意义就是具象义。

二、具象性与词的引申义

在字本义——词本义——词义的发展过程中，字本义是根本，起着提供产生引申繁衍的基础作用。词本义是关键，成为词义繁衍发展最重要的连结点。这部分往往超越了"字形"的"具体"层面，体现了人的"思维"规律和着眼点。字本义当然也是人的认识和实践的结果，但词本义则往前迈进了一步，它已有了更多的抽象成分，有了更多的联想因素。

在词本义基础上又出现了更多的词义，这应该归入引申义范围。弄清楚了字本义、词本义的特点，词的引申义特点也就清楚了。它具有后起、概括、抽象、灵活、多变、准确或细致的特点。在对比中引申义的特点能看得更清楚。下面来看看"气"、"祖"、"起"、"纠"四个例子。[1]

例一"气"：

（1）云气。（2）蜃气。（3）空气。（4）指气体。（5）气象。（6）节气；气候。（7）气味。（8）嗅，闻。（9）呼吸；气息。（10）声气，语气。（11）景象；气氛。（12）指社会风气和习俗。（13）指人、物的属性或一地的天然特点。（14）中国古代哲学概念。主观唯心主义者用以指主观精神。（15）气运。（16）指人的元气，生命力。（17）指精神状态，情绪。（18）特指勇气；豪气。（19）气色；表情。（20）气恼；生气。（21）指气恼、不愉快的情绪。（22）使人生气。（23）谓欺压。（24）气派；气概。（25）义气。（26）气焰；权势。（27）指作家的气质或作品的风格，气势。（28）指文风。（29）作风；习气。（30）中医学术语。指脉气和营卫。（31）指脉气和营卫方面的病象。（32）指气功。（33）指效力，作用。（34）动量词。犹一顿、一阵子、一下子等。

---

[1] "气""祖""纠"的例子来自于罗竹风主编：《汉语大词典》，汉语大词典出版社1992年版。

（35）通"乞"。乞讨。（36）通"器"。

这里收了"气"字的36个意义。按词义发展的近与远、表与里、虚与实、具体与抽象、本指与转指的关系，大体可分出这样几条线：

与"云气"有关，指称自然界一种天气现象的实指义：（1）（2）（3）（4）（5）（6）；

与"气味"有关，多要借助于人的感觉系统来体现：（7）（8）（9）（10）（11）；

与"社会行为"有关，成为一种社会成员普遍使用、普遍表现出来、能普遍感受得到的一种行为方式：（12）（13）；

与"人的精神状态"有关，与"人"的精神状态、面貌、情绪有密切关系，虽然虚幻，难以描绘，却又栩栩如生、形象可感：（14）（15）（16）（17）（18）（19）（20）（21）（22）（23）（24）（25）（26）（29）；

与"作品"的风格有关。"文如其人"，作品由人而作，作者的所有认识、行为、情感的活动内容与活动方式都会呈现在作品中：（27）（28）；

与"人体"的状态有关：（30）（31）（32）（33）；

其他：（34）（35）（36）。

例二"祖"：

（1）宗庙。（2）自祖父以上各辈尊长。（3）对开创基业有功君主的尊称。（4）祖师。谓言行、功业为后世所宗仰者。（5）初；开始。（6）指事物的本源。（7）根本；根据。（8）指嫁接时作根株用的花木。（9）效法；承袭。（10）崇尚。（11）熟悉。（12）出行时祭祀路神。（13）引申为饯行。（14）死者将葬时之祭。泛指为死者作祭。（15）姓。

这里收了"祖"的15个义项，根据词义发展的由人到物，由名到动，由实到虚的衍化过程，可分出这样几条线：

与"人的祖宗"、"宗祖"有关：（1）（2）（3）（4）；

与"初始"、"本源"有关：（5）（6）（7）（8）；

与"效法"动词义有关：（9）（10）（11）；

与"祭祀""送行"有关：（12）（13）（14）；

其他：（15）。

例三"起"：

（1）起立；站起。（2）竖立，竖起。（3）引申为扶起。（4）扶持。（5）凸出；高起。（6）指耸立。（7）起床。（8）特指蚕眠蜕皮后起动觅食。（9）治愈；病愈。（10）谓使死者复活，复苏。（11）启发。（12）物体自下向上的动作。涌起；翻腾。（13）物体自下向上的动作。飞起；飞翔。（14）物体自下向上的动作。升腾；浮起。（15）指发酵。（16）上涨。（17）兴起。（18）引申为振作。（19）兴旺；发达。（20）兴兵。（21）特指起义。（22）产生；发生。（23）出动；发动。（24）引申为发出。（25）出发；动身。（26）奔驰；奔跑。（27）驱赶；追赶。（28）行；走。（29）发起；组织。（30）为开设。（31）开辟；开垦。（32）犹启，张开。（33）征收；征召。（34）举用；征聘。（35）谓应聘；出仕。（36）出身。（37）创建；制订。（38）引申为拟定。（39）兴建；建造。（40）割取；剥取。（41）指收割。（42）领取；索取。（43）挖取；提取。（44）端取；搬取。（45）开始；开端。（46）为诗文写作结构方面的术语。如：起承转合。（47）源起；起因于。（48）扮演。（49）清代宫廷用语。指皇帝召见。（50）岂。（51）犹上。用在"早"、"晚"等时间名词后，表示在此时间之内。（52）旁；边。表示方位。（53）量词。层。（54）量词。伙；批。（55）量词。件；次。（56）用在动词后。表示向上。（57）用在动词后。表示动作涉及到某事物。（58）用在动词后。多与"從"、"由"配合表示动作开始或持续。（59）用在动词后。常跟"不"、"得"连用，表示够得上、经受得住或够不上、经受不住。（60）用在形容词后。比较性状和程度的差别。（61）介词。犹言"从……"。放在时间或处所词的前边，表示起点。（62）介词。犹言"从……"。放在处所词前面，表示经由的地点。（63）用在介词后。表示向上的动作或趋向。（64）姓。

这里收了"起"的64个义项，根据词义发展的由方位改变到事情开始，方位的由下而上到由静而动，由事情开始到整体结构的变化，由指称实体到指称逻辑关系缘由虚体，由动词到名词，由实词到虚词，由有实义的词汇词到虚义的语法词，可分出这样几条线：

与"起立"有关：（1）（2）（3）（4）（5）（6）（7）（8）；

与"复苏"有关：（9）（10）（11）；

与"涌起、翻腾"有关：（12）（13）（14）（15）（16）；

与"兴起"有关：（17）（18）（19）（20）（21）（22）（23）（24）（25）（26）（27）（28）（29）（30）（31）（32）（33）（34）（35）（36）（48）（49）；

与"创建"有关：（37）（38）（39）（40）（41）（42）（43）（44）；

与"开始、开端"有关：（45）（46）（47）；

与语法功能义有关，包括语气词、量词、动作趋向、程度差别、介词等：（50）（51）（52）（53）（54）（55）（56）（57）（58）（59）（60）（61）（62）（63）。

例四 "纠"：

（1）绞合的绳索。（2）缠绕；纠缠。（3）聚合；收集。（4）特指强制征集。（5）纠正；矫正。（6）督察；督责。（7）举发；惩治。（8）恭敬。（9）急戾。（10）揪，抓。

这里收了"纠"的10个义项，根据词义发展由具体到抽象，由实物至动作，实物特征起到了关键作用。实物特征就是"绞合的绳索"中的"绞合"。

上面的论述显示了"字本义"、"词本义"、"引申义"三者之间的推衍过程，可以清楚看到字本义会在相当大的程度上影响到词本义，而词本义又体现出对字本义特征的提取与凝练，引申义则是顺着词本义的特征而发挥的。在这里，词义的抽象化、思维性、联想性、选择性都表现得相当明显。由字义到词义，由字本义到词本义，由本义到引申义，词义发展的轨迹就是如此保持的。段玉裁在"哭"字下有这样的注释："窃谓从犬之字，……吅字皆从犬，而移以言人，安见非哭本谓犬嗥，而移以言人也。凡造字之本意有不可得者，如秃之从禾。用字之本义亦有不可知者，如家之从豕，哭之从犬。愚以为家人豕部从豕宀，哭入犬部从犬吅，皆会意，而移以言人。"这里说的"移以言人"，就是词义引申的一大内部规律。其实，不单单是"移以言人"，由物及人，由人及物，由近及远，由此及彼，由具体及抽象，由事物及变化，由事物及属性，由事物及功能、变化，"移"其实就是词义发展最重要的规律。人们所要做的就是把"移"的条件、原因、过程、特点找出来。

三、具象性与词的深层义

1. 什么是深层义

深层义是依附于表层义，隐藏于其中的一种词义。它会在一组有关共同来源或共同结构的词语中存在，并通过这组词语身上某部分共同拥有的字形或语音来体现。深层义不具备使用价值，不像表层义那样有着独立的词形，独立的指称对象，独立的交际价值。深层义是这一组表层义中的共同成分，是共同拥有的范畴义，是这一组词义成分中的最大公约数。它的作用是在词的底层不知不觉地制约着表层义的发展方向，当人们在面临新的义项、新的意义选项时，在选择词义的发展方向，在选择何种形式来再现词义，深层义就会起来发挥作用。

那么什么是词的深层义呢？深层义是如何形成的呢？深层义就是由一组同源词最初的源头词的词义特征决定的。同源词是深层义分布中最重要的一种词群存在形式。同源词中的深层义在源头词中表现为词义特征，源头词的词义特征仍属表层义的一部分。

2. 字本义是怎样进入深层义的

字本义不仅能转化为词本义，也能进入词的引申义，进入词的深层义。把其中的变化过程弄清楚了，汉语词义系统内部的演化过程也就清楚了。从中可以看到字本义的腾挪翻转，出现了不停的升级更新、抽象与虚化、繁衍与新生。下面以"间"字为例：

"间（閒），隙也。从门从月。"《汉语大字典》："'閒'字在闲暇、空闲的意义上常与'闲'字混用；后世表示间隙、间隔时，则别造一个从'门'，从'日'的'间'字。"段玉裁注曰："隙也。隙者，壁际也。引申之，凡有两边有中者皆谓之隙。隙谓之间。间者，门开则中为际。凡罅缝皆曰间，其为有两有中一也。""间"的字本义是"门开则中为际"，这是其具体义。词义特征则为"（门口之）隙"。这个立足于具体义之上的具象特征也就成为后来词义的引申联想点。《汉语大字典》和《汉语大词典》都收了"间"的四个音义系列。《汉语大词典》所收如下：

jiàn：

（1）空隙；缝隙。（2）指空子，可乘的机会。（3）嫌隙，隔阂。（4）阻隔；间隔。（5）差别；距离。（6）间杂，夹杂。（7）离间。（8）间谍。（9）伺候；侦伺。（10）私下。（11）非难；毁谤。（12）参与。（13）引申为介绍。（14）干犯。（15）更迭，交替。（16）引申为代替。（17）痊愈。（18）间或。（19）拔去或锄去多余的。（20）乘，趁（时间、机会）。

jiān：

（1）中间；内。亦指事物两者的关系。（2）一定的空间或时间里。（3）一会儿；顷刻。（4）近来。（5）量词。（6）量词。格、片、瓣。（7）量词。指动作次数。

jiǎn：

（1）通"简"。检阅，视察。（2）通"简"。简省。（3）用同"涧"。

xián：

（1）闲暇。（2）空阔宽大。（3）安静。（4）悠闲。（5）止息。（6）无关紧要。（7）徒然；凭空。（8）谓房屋、器物等不在使用中。（9）通"娴"。熟习。（10）通"娴"。文静；娴雅。（11）通"娴"。娴雅。

《汉字大字典》也是这样的四个音义系列，只是在义项数量与顺序上略有区别。义项分别是15个、5个、3个、4个。但有一个却是共同的，都是把jiàn列为第一，把jiān列为第二。这四个义项之间的差别是明显的，分别是动词性、名词性、动词性、形容词性。从字本义的发展脉络与词义引申理据来看，jiān与字本义"隙"联系最近。jiān当为第一。有了隙而要扩大之、延续之、利用之，或是没有隙也要造出、生出，或是消除、消弥，故有了jiàn。当"隙"由空间而转移到指人，指人的精神、活动、行为，故有了xián。jiǎn当属通用或假借，其中也有理据，只是更加隐晦而已。由此看来"门隙"是字本义，"隙也"是字本义的特征，这个特征造就了后来一系列的引申义，并形成了四条不同音义线索，有条而不紊，各梳其音义理据。但它们都是统在"间"字之下，都是以义项的形式存在，都表现为表层义。

那么到了下面诸字中："涧"、"裥"、"锏"、"繝"、"睍"、"覵"、"磵"，就是立足于"间"，以"间"为构字部件而生成的新字，"隙"在其中以深层义的形式存在着。

"涧"："山夹水也。从水间声。一曰涧水，"（《说文》卷十一上，"水"部）

"裥"："衣裙上的褶子。"（《汉语大字典》）

"锏"："嵌在车轴、车毂间的铁，可以保护车轴并减少磨擦。"（《汉语大字典》）

"繝"："锦纹。"（《汉语大字典》）

"睍"："戴目也。从目间声。江淮之间谓眄曰睍。"（《说文》卷四上，"目"部）。段玉裁注："戴目也。戴目者，上视如戴然，素问所谓戴眼也。诸书所谓望羊也。目上视则多白，故广韵云：睍，人目多白也。尔雅释兽：一目白睍。睍同睍，亦作睍。引伸为窥伺之义。"《汉语大字典》在该字下收有两个音，每个音下各有自己的意义："xián（1）斜视。（2）目上视，现白眼。（3）目病。（4）癫痫病。（5）同'撊'。英武奋勇貌。（6）马一目毛色白。（7）姓。jiàn（1）窥视。（2）同'覵'。视；看。"

"覵"："（1）混杂，混合。（2）同'睍'。窥视，窃视。"（《汉语大字典》）

"磵"："同'涧'。"（《汉语大字典》）

以上诸字都可以在里面看到深层义"隙"的影子。"涧"为山之隙，中有水；"裥"为衣裙之褶，犹布之隙；"锏"为嵌在车轴、车毂缝隙中的铁片；"睄"义为戴目，上视状，另有窥伺义，理据与乘隙而视义相通。"觑"、"磵"为"睄"、"涧"的替用字。

在汉语的同源字族中，同族内的字拥有共同的源头字，源头字的特征成为共同的深层义，表现得比较明显。

如"夹"与"挟"、"铗"、"峡"、"荚"、"浃"。段玉裁在"夹"下注曰："捉物必以两手，故凡持曰夹。"两边相向用力为该组同源字的深层义。

如"巠"与"经"、"颈"、"胫"、"茎"、"劲"、"径"、"轻"、"刭"。段玉裁在"经"下注曰："织之从丝谓之经，必先有经而后有纬，是故三纲五常六艺谓之天地之常经。大戴礼曰：南北曰经，东西曰纬。抑许云绞，缢也。缢，经也。缢死何言经死也。谓以绳直悬而死，从丝之义之引申也。"上下直伸为该组同源字的深层义。

如"加"与"枷"、"嘉"、"贺"、"架"、"驾"、"痂"。段玉裁在"加"下注曰："引申之，凡据其上曰加。"在原物上有所增益为该组同源字的深层义。

第三节　字义对复合词义的影响

汉语词汇的历史演变中，词形结构经历过由单音词到复音词的两个大阶段。在单音词内部，又经历过单义词到多义词、由多义词到分化后的同音词阶段。这样的发展过程都是为了适应词义由简到繁，由具体到抽象，由朦胧到精细，由概括到具体的发展要求。上面论述的字本义到词本义，词本义到引申义，表层义到深层义，都是属于单音词范围的词义变化情况，下面再来看看由单音词进入复音词阶段后的词义变化情况。复音词所指范围比较大，它包括复音单纯词和复音合成词两大类，复音合成词中又包括派生词和复合词两类。由于汉语复音词中数量多、能产性强、使用普遍的是复合词，因此复合词也就成为汉语复音词中最具有代表性的词语形式。派生词也有作用，只是不那么典型而已。复音单纯词由于只是纯音节的"复"，词素只有一个，有意义的要素只有一个，字义对复合词意义的影响则不包括复音单纯词在内，这就是标题使用了"复合词"而不是复音词的原因。

一、词义状态的改进

单音词的词义特点是适合那个时期的语言状况而产生的，在后来的复合化发展中出于改进、增强、完善的需要使原来的词义状况朝另一方向发展。主要表现出具体义向概括义、广义宽泛义向狭义准确义的转化趋势。这两种变化趋势有时其中的某一种会在某一组或某一类复合词中表现出来，有时两种变化趋势会在同一组同一类复合词中表现出来。

1. 具体义向概括义的转变

具体义向概括义的转变在上面已经有过论述，主要是在字和单音词范围内的变化情况，而在复合词中这种变化同样会表现出来，只是在词义状态变化的同时词语结构也发生了变化。

最典型的如"推敲"。《汉语大字典》完整收录了这个故事："后蜀何光远《鉴戒录·贾忤旨》：（贾岛）忽一日于驴上吟得：'鸟宿池中树，僧敲月下门。'初欲著'推'字，或欲著'敲'字，炼之未定，遂于驴上作'推'字手势，又作'敲'字手势。不觉行半坊。观者讶之，岛似不见。时韩吏部愈权京尹，意气清严，威振紫陌。经第三对呵唱，岛但手势未已。俄为官者推下驴，拥至尹前，岛方觉悟。顾问欲责之。岛具对：'偶得一联，吟安一字未定，神游诗府，致冲大官，非敢取尤，希垂至鉴。'韩立马良久思之，谓岛曰：'作敲字佳矣。'"后因以"推敲"指斟酌字句。亦泛谓对事情的反复考虑。"推"、"敲"本是两个具体的动作，合起来表示的意义已超出了具体动作，而是表示一种思维活动。

"缓急"："缓"与"急"指的是事情的过程，一缓一急，一慢一快，一正一反，合起来表示事情的节奏、过程。进一步抽象概括则可表示"危急之事或发生变故之时"。

"好歹"："好"与"歹"指的是事情性质的两面，结合成复合词后表示的意义有："好坏"、"结果；分晓"、"意外的变故，多指死亡"、"不管怎样，无论如何"、"凑合着；将就"。表示的意义一个比一个概括、抽象，一个比一个离本义更远，更为虚义化。

　　"褒贬"："褒"与"贬"指评点论说的两面，结合成复合词后表示的意义开始是两个单字词的简单合成，可指赞扬或贬低。再发展之后则是专指批评、指责。词义的虚化、词义的狭义化表现得相当明显。偏义复合词就是这一类现象的集中体现。

　　在由单音词到复合词的词义概括化过程中，把观察的眼光放在复合词的第二个、第三个义项中，这种概括化的特点会表现得更为清晰。《现代汉语词典》双音复合词中的多义词有7300例，大多数的义项之间会表现出后面的会比前面的显得更概括、抽象，有的则会表现出离本义更远、更显周折。

　　"挨边"："（~ᕽ）（1）靠着边缘：上了大路，要挨着边ᕽ走。（2）接近（某数，多指年龄）：我六十~ᕽ了。（3）接近事实或事物应有的样子：你说的一点也不~ᕽ！"

　　"碍眼"："（1）不顺眼：东西乱堆在那里怪~的。（2）嫌有人在跟前不便：人家有事，咱们在这里~，快走吧！"

　　"安澜"："〈书〉（1）指河流平静，没有泛滥现象。（2）比喻太平：天下~。"

　　"拔高"："（1）提高：~嗓子唱。（2）有意抬高某些人物或作品等的地位：剧中对主人公过分~，反而失去了真实性。"

　　"暗中"："（1）黑暗之中：躲在~张望｜~摸索。（2）背地里；私下里；不公开的：~打听｜~活动。"

　　"摆布"："（1）安排；布置：这间屋子~得十分雅致。（2）操纵；支配（别人行动）：任人~｜随意~人。"

　　"宝贝"："（1）珍奇的东西。（2）（~ᕽ）对小孩儿的爱称。（3）〈方〉疼爱；喜爱：老人可~这个孙子了。（4）无能或奇怪荒唐的人（含讽刺意）：这个人真是个~！"

"放羊"："（1）把羊赶到野外吃草。（2）比喻不加管理，任其自由行动：老师没来上课，学生只好～。"

"粉碎"："（1）破碎得很：～性骨折|茶杯摔得～。（2）使粉碎：～机、～矿石。（3）使彻底失败或毁灭：～敌人的进攻。"

"高昂"："（1）高高地扬起：骑兵队伍骑着雄健的战马，～着头通过了广场。（2）（声音、情绪）向上高起：士气～|广场上的歌声愈来愈～。（3）昂贵：价格～。"

"高级"："（1）（阶段、级别等）达到一定高度的：～神经中枢|～干部|～人民法院。（2）（质量、水平等）超过一般的：～商品|～毛料。"

"骨干"："（1）长骨的中央部分，两端跟骨骺相连，里面是空腔。（2）比喻在总体中起主要作用的人或事物：～分子|～企业|业务～。"

2. 广义宽泛义向狭义准确义的转变

"谈"例：

"谈"在古汉语表示的是一般意义上的说。"谈，语也。"（《说文》卷三上，"言"部）到复合词阶段，它的表意明显表现出由广义宽泛义向狭义准确义变化的趋势。变化方式就是在"谈"的前面加上一个限定成分，从"方式"、"工具"、"程度"、"目的"、"内容"等方面加以限定，构成偏正式复合词，以达到表义更加明确准确的目的。如：

方式：密谈、面谈、攀谈、扯谈、闲谈、晤谈、交谈、丛谈、会谈、接谈、座谈、漫谈、访谈、笑谈；

工具：手谈、笔谈、口谈；

程度：健谈、倾谈、叙谈、纵谈、深谈、畅谈、恳谈、佟谈；

目的：和谈、洽谈、商谈；

内容：美谈、奇谈、清谈、空谈、乡谈、言谈。

"视"例：

"视"在古汉语表示的是一般意义上的看。段玉裁注曰："瞻也。目部曰：瞻，临视也。视不必皆临，则瞻与视小别矣。浑言不别也。引伸之义，凡我所为使人见之亦曰视。"到了复合词阶段，它的表意内容和方式也有了变化。有的变化会体现出狭义准确化的变化，有的则会表现出概括化的变化，有的还会表现出义域的转换。

用偏正式构成的复合词表现出来的主要是狭义化，"视"是定中的"中"，限定成分主要起着态度、程度、方式的修饰、说明的作用。如：

表示不同的态度：傲视、逼视、鄙视、仇视、敌视、藐视、蔑视、漠视、怒视、歧视、轻视、无视、小视；

表示不同的方式：谛视、短视、俯视、忽视、虎视、环视、近视、窥视、掠视、裸视、眄视、凝视、瞥视、平视、扫视、审视、探视、透视、斜视、省视、巡视、珍视、正视、注视、远视、坐视、仰视、诊视、重视、自视。

如果偏的部分是名词性，则可能主要是起着领域限定作用，如：影视、电视等。

如果"视"在偏正结构中充当"偏"的部分，那么复合词突出的是后面"中"的意义领域，"视"起的是限定作用。如：视差、视角、视觉、视力、视弱、视图、视线、视阈、视野、视频。

用并列式构成的复合词表现出来的主要是词义的概括化。如：监视、检视、剖视、视察。

用动宾式构成的复合词则在词义领域上出现了转变。如：视学、视事。

3.多义向单义的狭义准确义的转变

当单音词是多义词时，复合词所起到的狭义化、准确化的作用就更为明显。

例"亡"在《汉语大词典》收了13个义项，其中属近引申的就有"逃跑；出逃"、"逃匿"、"外出；出门"、"丢失；丧失"、"迷失"、"死亡"、"灭亡；败亡"。在下面的句子中出现的是"亡"字单音词，要快速准确分辨颇为不易。如果换成了复合词，借助于复合词的相邻构词成分，形成了一个小的语义场，大大缩小了"亡"的语义指向，再加上句子大的语境，词义理解就容易多了。这就是得益于复合词的狭义化、准确化。下面在每个例句后都列出了可代用的复合词。

"匈奴攻代，刘仲不能坚守，弃国亡，间行走洛阳，自归天子。"（《史记·吴王濞列传》）——"逃亡"、"出亡"。

"壬午，太子与皇后谋斩充，以节发兵与丞相刘屈氂大战长安，死者数万人。庚寅，太子亡，皇后自杀。"（《汉书·武帝纪》）——"流亡"。

"阳货欲见孔子，孔子不见，归孔子豚。孔子时其亡也，而往拜之。"（《论语·阳货》）——"离开"、"外出"。

"臧与谷二人相与牧羊，而俱亡其羊。"（《庄子·骈拇》）——"亡失"。

"舟行亡故道，屈曲高林间。"（韩愈《宿曾江口示侄孙湘》诗之二）——"亡路"。

"时日曷丧，予及汝皆亡。"（《书·汤誓》）——"死亡"。

"暴其民甚，则身弑国亡。"（《孟子·离娄上》）——"灭亡"、"败亡"。

二、句法义向词义的转变

大多数复合词的形成都经历过两个独立成分由于经常连用而逐渐凝合成词的过程。这就是句法向词法，由句法义向词法义、词组义向词义转变的过程。上面列举的例子都可以看到这样的规律。下面来看看当代汉语中演变的情况。

《现代汉语词典》（3版）收录的"—捕"字词有：逮捕、缉捕、拘捕、拒捕、搜捕、围捕、巡捕、诱捕、追捕。

《重编国语辞典》收录的"—捕"字词有：白捕、比捕、名捕、打捕、大肆搜捕、逮捕、罗捕、跟捕、官捕、广捕、海捕、迹捕、剿捕、间捕、拘捕、拒捕、缉捕、巡捕、追捕、查捕、搜捕、挨捕、阴捕、应捕、围捕、捞捕、诱捕。

在笔者建立的20世纪末的"新词语库"中，"—捕"字词有：超捕、公捕、猎捕、密捕、批捕、起捕、收捕、围捕、协捕、侦捕、抓捕。这些新产生的"捕"字词中在前面两部辞典中收录了的只有"围捕"。其中大都具有还原成句法结构的能力。如：

超捕："超出（范围、数量、限制的）捕捉、捕杀"；

公捕："公开地抓捕"；

猎捕："追踪、跟踪并抓捕"；

密捕："秘密逮捕"；

批捕："批准逮捕"；

起捕："开始捞捕"；

收捕："收网抓捕"；

协捕："协助抓捕"；

侦捕："侦察逮捕"；

抓捕："抓获逮捕"。

再来看"经停"一词的产生。以往坐飞机都是远距离的由点到点，那时航班少，距离远，由中小城市汇集到大中城市去乘飞机，这是存在了很长时间的乘飞机方式。随着航空业的发达，航班增多，航线密集，把中小城市串联成一个航线，甚至一个航班的现象越来越多了。航班已远远不是起飞、降落、中转那么简单，而出现了"经停"现象。"经停"描写的就是同一趟航班中途要停靠别的机场，完成上下客的任务。

"经停"彻底改变了直达航班的传统做法，是伴随着支线航班发展，更好地方便旅客、吸引更多客源的做法。"经停"简单地说就是"中途经过、停靠"。下面请看一则更专业的解释。

"百度百科"对"经停"设立了专门词条，作了详尽解释："经停，航班经停：经过某地区再上旅客和货物，一般内陆30分钟，国际45分钟至一小时。内陆大部分都不落机，如落也只是头等舱才可落机，在候机室休息，国际45分钟至一小时的大部都可落机。在候机楼休息。经停不是转机，经停就不需要下飞机，只是飞机加油或上下客的，而转机就需要你下飞机经过转机通道等候你要转的下班航班，从你的机票可以看出来的，如果航班号是一样的，那么就是经停。注意：如果抵达最终目的地的是不同的航班号就要转机的。既然不下飞机那么就不用这第三国签证更不会出海关了。如果你在洛杉矶转机的，那么一定需要美国的过境签证的，所以还是看你的航班来定。要问专业人士，否则你去不了加拿大，半路就被美国海关给遣送回来了，还要罚款。为何要转机：经停是因为路线远，而且两地客源不充足，就停第三地，可以再次上下旅客，增加上客率。为何要下飞机：在经停的时间里，因为一会儿有第三地的旅客上机，所以要再次打扫卫生，同时进行安全检查，上下餐食饮料等。一般经停时间在四十分钟到一个小时。然后你们经停旅客先上飞机。当然，如果飞机晚点了，那航空公司为了提高航班正点率，就不要求乘客下机了，尽快让第三地旅客上下机，然后抓紧时间起飞，保证航班正点率。"[1]

"百度百科"的解释显然是航空公司的解释，他们解释得很专业、很详尽。因为这是一种新现象，很多旅客不清楚，才会有疑问。而从语言学来看，其实"经停"就是完成了由句法到词法，由短语到词的转变，有了固定、特定的含义，才使得人们要获得对"词义"的准确理解。如果它还停留在句子层面的话，就不会有这样的疑问了，起码也会减少大部分。

三、深层义进入复合词

深层义会隐伏、深藏在同源字中，它同样也会存在于复合词中，特别是有相同构词词素的同素复合词中。在同素复合词中，表层义各不相同，指称着不同的客观对象，但却有着共同的以具象为特征的词义成分。

例一"节"：

"节（節）"，本义是"竹约也。从竹即声。"（说文，卷五上"竹"部）段玉裁注为："竹约也。约，缠束也。竹节如缠束之状。吴都赋曰：苞笋抽节。引伸为节省、节制、节义。又假借为符卪字。从竹

---

[1] 见：http://baike.baidu.com/view/2137457.htm，2011年8月17日。

即声。子结切。十二部。"竹约"即竹节，这是"节"的表层义，指的是竹子中的一部分，这是实指义，有着独立的指称对象，有交际使用价值。独立的字形为"从竹即声"，独立的音形为"jié"。"约"是其词义特征，突出了缠束、紧箍的特点。这个词义要素在表层义"竹约"义中是一个构成部分，当它进入到同源词、派生词中时，它就从表层义中退出去了，指称对象的独立性，交流使用的应用价值，及独立的词形统统消失了，但深层义却在同素复合词中"不动声色"地存在着。下面是隐含着"节"不同特征深层义的几组同素复合词，都与源于字本义的深层义有着或紧或松的联系。如：

含有"竹节"、"关节"义的复合词：筋节、盘根错节、骨节、节点、节骨眼、节外生枝、细节、细枝末节、脱节、买关节、卖关节；

含有"分段"义的复合词：节气、气节、节日、年节、节礼、时节、节下、拔节、过节、情节、节令、节律、节目、节拍、节奏、音节、章节；

含有"紧束"、"省约"义的复合词：节约、节省、节减、节俭、删节、节哀、节本、节能、节略、节食、节衣缩食、节余、节制、开源节流、调节、节录、节选；

含有"约束"、"守义"义的复合词：节操、节妇、节烈、变节、小节、大节、气节、高风亮节、过节、礼节、末节、节名、屈节、品节、失节、守节、死节、晚节、殉节、贞节。

例二"管"：

管："如篪，六孔。十二月之音。物开地牙，故谓之管。从竹官声。"（《说文》卷五上）段玉裁注："……管之异于篪者，孔六耳。……风俗通曰：管，漆竹，长一尺，六孔，十二月之音也。物贯地而牙，故谓之管。物开地牙四字有脱误，当作物贯地而牙。贯、管同音，牙、芽古今字。""管"是一种吹奏用的六孔乐器，具有两个基本特征，一是圆形竹器，二是气流竹管透孔而出，通过对气流竹孔的开闭调节而产生乐音。这两个特征也都成为后来产生的复合词中的词义基因而得到保留与遗传。

如："圆形管状物"义：肠管、吹管、大管、导管、胆管、耳管、缸管、钢管、管材、管道、管井、接管、裤管、雷管、瘘管、搦管、气管、食管、试管、陶管、袖管、针管、血管、管线、管子、涵管、黑管；

"调整、管理"义：包管、保管、别管、不管、房管、分管、共管、管保、管段、管家、管见、管界、管窥、管理、管片、管区、管事、管束、管辖、管押、管用、管制、管自、监管、尽管、经管、拘管、看管、军管、热管、统管、掌管、托管、照管、只管、主管、总管。

第十一章　汉字与外来词

　　外来词是汉语词汇丰富发展的一条重要渠道，也是汉语在与其他语言交融中必然出现的现象。其他语言的词汇传入汉语，除了日语外来词有不少是用汉字记录的外，绝大部分语言的外来词都是用非汉字表达的，即使是日语，也有平假名片假名的。外来词传入汉语，要做到大量、便捷，最好方法就是直接借用，直接使用原词读音，按音写字。但汉字才是汉语词汇的自然、合适、稳定、习惯的书面表达形式，外来词要在汉语中沉淀下来一定会面临着汉字问题。可以说这是外来词绕不开的一道槛。甚至可以说绝大部分外来词要在汉语中站稳脚跟，都向汉字低了头，接受了汉字的改造。可以说汉字成为汉语同化外来词的一把利器。

第一节　汉字与外来词的意译化改造

一、汉语外来词的四种基本形式

　　汉语词汇中有数量不菲的外来词。汉语对外来词的吸纳大体是通过以下四种方式：

　　（1）音译词，就是摹仿原词的读音把它直接记录下来。如：doctor达格特尔、telephone德律风、democracy德谟克拉西、decibel分贝、

fair play费厄泼赖、Vaseline凡士林、fascism法西斯、toxaphene毒杀芬、store士多、swith司围子。音译词的优点在于能够迅速吸收外来词，并从语音上准确地接受它。不足之处是汉字成了完全的记音符号，丧失了原有意思，也就失去了由形观义的特点。

（2）半音半义译词，就是用词的一部分记录外语词的读音，另一部分选用它在汉语中意义相应的字词，如"Fabian费边社"，"费边"属音译，"社"属义译，表示这是一个关于社会组织的词。"motor摩托车"，"摩托"属音译，"车"属义译。"tank坦克车"，"坦克"属音译，"车"属义译。"Nazi（Nationalsozialist）纳粹党"，"纳粹"属音译，"党"属义译。还如"克汀病cretonism"、"克里姆林宫Kremlin"、"可兰经koran"。表示音译的字一般都位于译词的前半部，表示义译的位于译词的后半部。

（3）意译词，意译就是根据外来词原有意义找出或造出汉语中对应意义的字词来翻译。如telephone电话、microphone扩音器、penicillin青霉素、combine联合收割机。意译词的最大优点就是用符合汉语字词原有的意义联系，可以与已有的知识连起来，易记易懂。

（4）美义音译词。美义音译词就是听起来像是音译，把原词的读音基本对译下来了，但从选用的汉字字义来看，又有意义联通的特点。如"Coca-Cola可口可乐"（指一种饮料，形容它的口味特佳）、"Mercedes-benz奔驰"（指德国产的一种名牌豪华汽车）、"index引得"（索引）、"Utopia乌托邦"（指空想主义对不曾有过的一种社会制度的设想）、"doctor多看透"（形容"博士"的知识渊博）。美义音译词吸收了音译词与意译词的特点，既能快捷迅速地接纳外来词，又能方便地与汉语原有的字词衔接在一起。有意思的是，即使一个外来词本来是纯音译的，但人们仍总是习惯要把它作为有意义的对象联起来考虑。

二、汉语外来词的意译化趋势

汉语吸收外来词初期多以音译词为主，之后会出现音译词向意译词、美义音译词的发展趋势。上面列举的意译词中许多就有过音译词的阶段。如"电话"之前有"德律风","青霉素"之前有"盘尼西林"，"联合收割机"之前有"康拜因"。"马赛克"是当代才进入中国社会百姓家庭的，而这个名称也经历过音译意译的变化过程："mosaic——马赛克——马赛克砖——镶嵌砖——瓷砖"，"瓷砖"是现在越来越多的说法。

外来词意化趋势的深层原因是汉民族习惯于由形及义地认知语言符号。它受到了汉语语音基本结构的制约，并在汉字的影响和固化下得到进一步强化。汉字起着重要的意化作用。汉字具有由形显意的特点，加上汉字读音与单音词语音形式的高度一致，使得汉字与单音词有着天然的契合关系。人们总是通过汉字来强化、固化口语中单音词的认识。汉字的音义体现了汉民族对语言文字由形及义的理解。汉民族并不习惯把汉字当做纯粹的记音符号，见到汉字总是习惯于由形析义，从字面入手来体味它的意蕴。

汉字与汉语单音词的结合是一个关键，当它们二者结合在一起时，人们总是把它们的"形"、"音"、"义"看做一个整体，相互依赖、结合，密不可分。人们看到复音词时，也是循着从字到单音词，由字到字串，由字串到复音词的规律，从而由汉字迅速地指向"义"，而没有像看到音译外来词那样会表现出"猜"、"联"、"探"的过程。正是这种潜在的认知习惯，使得音译外来词在长期使用中总会慢慢向意译外来词方向转变，在这个过程中，"汉字"起着重要的诱导作用。

第二节　汉字与外来单音语素

一、外来单音语素的汉化类型

汉语的外来词大部分是复音词，复音外来词大都是浮在词汇最上层的成分。为了更好地观察外来词与汉字的关系，下面将观察外来单音词特别是外来单音语素的沉淀过程。外来单音语素在汉语中的吸收与沉淀可分为以下几种类型。

1. 完全为汉语所吸收

"佛"是被汉语彻底吸收的外来词的典型词例。《汉语外来词词典》[1]记载:"佛"又叫"佛陀","(1)佛教用语。觉得、自觉、觉他、觉行圆满三项果位俱全者。大乘佛教称为佛陀。(2)小乘佛教对释迦牟尼的尊称。‖又作'佛¹、母驮、母陀¹、没度、没驮、浮头、浮图、浮塔、浮屠¹、佛图¹、勃塔、勃陀、勃驮、勃塔耶、(香勃)陀、步他、休屠'。源梵buddha〖原义为'觉悟,启蒙'。〈Bodhati,他醒悟,觉悟〉〗。""佛"最初就是一个纯记音字,它除了表示buddha音外,还可以表示"法郎"义。到后来,"佛"稳定在前一个意义上。在表示buddha音的17个记音汉字组合中,只有"佛"稳定下来了。而在表示"france"义的"法郎、佛郎、佛、弗郎、方、福兰格"6个记音汉字组中,也只有"法郎"稳定下来了。[2]

"佛"围绕着这个凝固下来的词义后来还衍生出了一系列词义:"(1)佛陀的简称。(2)佛教徒称修行圆满的人:立地成～。(3)佛教:～寺|～家|～老。(4)佛像:铜～|大殿上塑着三尊～。(5)佛号或佛经:念～|诵～。"[3]

用"佛"字构成的词有很多:"阿弥陀佛、拜佛、抱佛脚、抱佛腿、不看僧面看佛面、长斋侫佛、长斋绣佛、仿佛、放下屠刀立地成佛、佛典、佛法、佛高一尺魔高一丈、佛光、佛号、佛教、佛教徒、佛经、佛龛、佛口蛇心、佛老、佛戻、佛罗里达、佛罗伦萨、佛门、佛面刮金、佛面上贴金、佛青、佛事、佛手、佛寺、佛堂、佛头加秽、佛头着粪、佛头着屎、佛陀、佛像、佛学、佛牙、佛眼相看、佛爷、佛珠、佛祖、刮金佛面、哈佛、呵佛、呵佛骂祖、活佛、急来抱佛脚、拣佛烧香、借花献佛、老佛爷、礼佛、立地成佛、临时抱佛脚、泥多佛大、念

[1]刘正埮、高名凯、麦永乾、史有为:《汉语外来词词典》,上海辞书出版社1984版,第104页。

[2]刘正埮、高名凯、麦永乾、史有为:《汉语外来词词典》,上海辞书出版社1984版,第95页。

[3]中国社会科学院语言研究所词典编辑会:《现代汉语词典》,商务印书馆1996年版。

佛、奴佛卡因、如来佛、赕佛、闲时不烧香急来抱佛脚、择佛烧香、着
秽佛头。"上面收的词，除了"阿弥陀佛、仿佛、佛罗里达、佛罗伦
萨、哈佛、奴佛卡因"中的"佛"是单纯表音外，基本上都是表示与
"佛教"有关的义，明显表现出"佛"字的单音语素性质。

"佛"字在《说文》中解释为"见不审也。从人弗声"。《段注》：
"仿佛也。依玉篇，与全书例合。按髟部有髴，解云：髴，若似也。卽
佛之或字。从人弗声。""佛"在汉语中的本义是"见不审也"，可后
来被"佛教"义独占，本身倒成为"仿佛"复音单纯词中的一个有音无
义的字。

"塔"字，最初表示的是两个外来词义：一是"果馅饼，一种有
甜馅的点心"，二是"佛教特有的建筑物，原为放佛骨（舍利）的地
方。通常有五至十三层，下大上小，尖顶。又作塔婆、兜婆、偸婆、鍮
婆。……源梵stupa。一说梵俗thuba, thupa"。[1]"塔字诸书所无，惟
见于葛洪《字苑》，是晋以前尚无此字也。"[2]前义后来用"挞"字
来表示，后义则固定在"塔"字身上。

"佛"和"塔"都是外来语素使用的专用汉字，加上时代久远，独
立使用的频率高，构成的词语数量多，俨然早已成为汉语自身的语素，
而难以有人把它们当做外来词了。

更多的情况是外来语素与原有音义的汉字共用，即"同形异义
字"。如下面的"苏"字例。

《现代汉语词典》有六个"苏"字字目："苏¹（蘇）"、"苏²
（蘇）"、"苏³（蘇、甦）"、"苏⁴（蘇）"、"苏⁵（囌）"、"苏⁶（蘇）"。

"苏¹（蘇）"："植物名：紫～｜白～。"这是"苏"的本字，从字
形可以看出这是指一种植物。《说文》："桂荏也。从艸穌聲。"

"苏²（蘇）"："指须状的下垂物：流～。"

"苏³（蘇、甦）"："苏醒：死而复～。"这是由于简化字的原因，把

　　[1]刘正埮、高名凯、麦永乾、史有为：《汉语外来词词典》，上海辞书出版社1984版，
第333页。
　　[2]《汉语大字典》第一卷，第460页，"塔"字释义。

"蘇""甦"两个字合并为一个字了。

"苏[4]（蘇）"："（1）指江苏苏州：～绣。（2）姓。"

"苏[5]（囌）"："（1）指苏维埃：～区。（2）（Sū)指前苏联。"

"苏[6]（蘇）"："见［噜苏］（lu·su）。"

"苏[2]"、"苏[3]"、"苏[4]"、"苏[6]"与苏[1]是由汉字系统内部调整造成的。"苏[5]（囌）"则是外来的。这个外来词的语音形式最初是多音节的，第1个义项的完整原形是"苏维埃"三个字；第2个义项的完整原形是"苏维埃社会主义共和国联盟"。"苏"字后来沉淀下来成为外来语素，用它构成的词有"苏区"、"留苏"、"联共联苏"、"反共反苏"、"中苏"、"苏军"、"苏共"等。

2. 部分为汉语所吸收

现代汉语新产生的外来单音语素，所用汉字已相当固定，也具备了独立表意、构成合成词的能力。如"的士"表示"taxi"（出租小汽车），这时的它还只是一个音译外来词。"木的士、水上的士、的士快餐、的士明星"中的"的"、"士"只是两个单纯的记音汉字，但在"板的、残的、水的、货的、轿的、警的、驴的、马的、面的、摩的、的哥、的姐、的爷、摩的女"中，"的"已经有了固定含义，有了独立表义功能，已能构成新的合成词。

"秀"字：译"show"，表示有意显示、富于表演成分的动作。构成的词有"出口秀、媚秀、模仿秀、脱口秀、秀场、选秀、泳装秀、作秀、做秀"。有时还能单用，如"秀给你看"、"秀一下"、"这下该你秀了"。

"吧"字：译"bar"，表示喝酒的小店。"吧"字在汉语中原来的意思是语气词。现构词数十条，表示的都是外来义："吧娘、吧女、吧台、吧兄吧弟、吧蝇、餐吧、茶吧、迪吧、电脑酒吧、街吧、酒吧、泡吧、书吧、陶吧、玩吧、玩吧人、网吧、西吧、氧吧、侏儒酒吧"。

"波"字：译"boll"音，表"球"义，这在粤方言中使用得更为普遍，如有"波鞋"、"波赛"、"波鞋粉"、"睇波"、"踢波"。

"巴"字：译"bus"音，表"公共汽车"义："中巴、小巴、大巴、双层巴"。

"咖"字：译"coffee"音，表"一种带有轻微兴奋作用的饮料"义："奶咖、清咖"。

"啤"字：译"beer"音，表一种酒品义："干啤、瓶啤、青啤、鲜啤、扎啤"。

这些字表示外来词的意义已相当明显、普遍了，但仍会受到一些限制。如或是单独使用的频率还不高，如"咖"、"啤"，往往要用复音形式；或是单用时想到的往往不是外来义，而是该字原有的本土义，如"吧"想到的是语气词，"波"想到的是波浪义。

3. 显示出被同化的苗头

指的是单用的机会不多，更多的是复音使用，甚至复音使用时所表示的意义也未固定下来，同时还表有其他意义。

如"迪"字，用"迪"构成的词有"迪吧、迪姐、迪厅、老迪、老年迪、砸迪族、迪士高、迪斯科、迪斯科时装、迪斯科舞综合症、老年迪斯科、京剧迪斯科"与"肯尼迪回合、阿迪达斯、奥迪、迪斯尼、迪斯尼乐园、迪斯尼游乐场、迪斯尼游乐园、菲迪克、警迪、卡巴迪、肯尼迪和平战略"，前一组表示的是"迪斯科舞"义，其中前6条是单音表义，出现了语素化的痕迹，7~12条的"迪"还只是表音汉字，整个词还属复音单纯词。后一组中的"迪"仍只是纯记音字，且表示的意义也并不固定。

"卡拉OK"是一个四音节的外来词，在"我们去卡拉OK"这个句子中，"卡拉OK"是作为一个词来使用，不可拆开使用，合起来充当了句子的一个成分。而在"我们去OK"句子中，"OK"是缩略形式。到了"我们去唱K"中，更是压缩成一个音节"K"。由"卡拉OK"到"K"，体现出了复音节外来词的缩略趋势。这时还不能认定"K"是一个单音语素了，虽然有时它已经能单用了，如"唱K"，K表示名词义；"k歌"中的"k"是唱的意思，动词义。这时说它是外来词的语音缩略形式还比较合适，"K"有了这么灵活多样的运用，但仍不能说它就是汉语语素，与它用的是字母而不是汉字有关。

4. 尚未为汉语同化

像"斯、尔、巴、卡、迪、尼、亚、维、米、吉"等都是比较典型的表示外来词的纯记音汉字。

外来词要变成汉语的单音语素会受到汉字的重要影响。汉字起的作用主要表现为：

其一，外来词要演变为汉语的单音语素沉淀下来，一般都选用汉字来做形式载体。用汉字而不用字母，这是外来单音语素化的一个前提，甚至可以说是一个必备条件。当前出现了不少字母词，字母词或独用或与汉字夹用，如NBA、UN、SOS或IT业、B超、IP卡。字母词作为一个完整的词来使用是可以的，这时它实际上就是一个复音语素。但要成为单音语素，以单个字母作载体是难以做到的。像"唱K"中的K，虽然它已经表示了"卡拉OK"的意思，但却难以最终成为汉语语素。这里一方面有着汉语自身的原因，如单音语素的单音节与汉字的方块形，单音语素的意义范畴与汉字字形的表意性都出现了吻合。另一方面则是字母文字自身的原因。字母的表音作用太强，表音过程中拼合性太明显，单个字母不可能与某个具体意义建立起稳定的对应关系。

其二，用作"外来单音语素"的汉字最好与该字原有的意义有较大的距离。这样一旦字与义结合了，就能具有与原字义较明显的反差，反而有助于它在语素系统中取得属于自己的位置，如"奥"、"的"。如与原字义有这样、那样的引申关系，反而会模糊它的语素独立性，而容易被看做词义的引申与衍生。这也正是英源性外来词与日源性外来词的一个重要区别。来自日语的外来词，它们大都用汉字来表示，往往表现出与汉字原有词义有着密切关联的痕迹。如"族"字，构成的词有"BP族、飚车族、炒族、持卡族、打工族、导族、电脑族、耳机族、发烧族、反哺一族、工薪一族、工薪族、红唇族、接送族、金领族、款族、轮椅族、陪车族、青春族、上班族、少款族、失车族、刷卡族、退休族、玩机一族、网迷一族、伪劣家族、无孩族、无书族、星族、砸迪族、追潮族、追车族、追款族、追星族"。这里的"族"义来自日语，但它又与汉语"族"字原有意义有着密切联系，甚至于"簇"、"镞"都表现出了同源类义的特点。而来源于英语的外来单音语素的形成花费的时间则要长得多。

其三，外来单音语素的汉字与意义的结合应尽早实现单一化。记音汉字转变为语素字，表示的意义由多到少、由泛到专是一个前提。使用频率高而表示的意义也多，这种"高而杂"的现象只会造就一些高频的记音专用汉字，如"特、娜、尔、斯、克、尼"等。最容易形成外来单音语素的应该是"高而专"，即使用频率高，表示的意义单一。"高而杂"、"低而专"、"低而杂"，都无助于外来单音语素的形成。由复音节到单音节，由单音节到与单一语义的结合，再配以较高的"复现率"，使得语素化的实现具备了基本条件。恰当地选用汉字、使用汉字，发挥汉字的表意作用，对外来单音语素的汉化能起到明显的固定作用。

二、外来单音语素的形成条件

1. 语言学界对汉语有无外来单音语素的分歧

汉语语言学界对汉语语素一般持有这样的看法：汉语语素的基本存在形式是单音节，少数是多音节的；汉语语素主要从古汉语继承而来，少数是近现代从外语借来；从古代继承而来的主要是单音节的语素，从外语借来的主要是二音节、三音节的复音节语素。

"汉语语素在口头上表现出来是音节，在书面上表示出来是汉字。汉语语素多数是单音节的，写出来就是一个汉字；也有双音节或者多音节的，写出来就是两个或者两个以上的汉字。"[1]

"汉语语素绝大多数是单音节形式，吸收外来语言成分形成的语素一般是双音节或多音节形式。"[2]

"汉语语素一直是以单音节为主的。单音节语素在汉语语素的总数中占绝对的优势，同时又有极强的构词能力，可以繁衍出成千成万的词语。""双音节语素是由两个音节表示的语素。双音节语素主要有两种：一种是从古代汉语中继承下来的联绵语素，一种是近代、现代用音

---

[1] 胡裕树：《现代汉语》，上海教育出版社1979年版，第229页。
[2] 陈海洋：《中国语言学大辞典》，江西教育出版社1991年版，第328页。

译的办法产生的外来语素"，"多音节语素是由三个或三个以上的音节表示的语素。这类语素主要是外来语素"。[1]

以上论述不是没有疑问，即在当代汉语词汇的巨变中有没有产生新的单音语素，特别是从外语传来单音语素？近年语言学界已经开始注意到这种现象。如《外来词译音成分的语素化》（周洪波，1995）[2]、《汉语复音语素的简缩现象》（周建民，1997）[3]、《现代汉语外来词的单音化缩略》（高燕，1998）[4]、《外来语素论略》（周一农，1998）[5]、《同形替代法与汉语外来词的语素构成分析》（沙平，2000）[6]、《关于外来语素》（朱光华，2000）[7]、《外来单音语素的鉴别与提取》（苏新春，2003）[8]，都对外来单音语素提出了思考，并努力予以证明。那么外来单音语素到底是如何衍生？可以运用什么样的方法来检测与判断？外来单音语素形成的最后标志是什么？这都值得作进一步探讨。

2. 外来单音语素的形成条件

由外来词的音译词至意译词，由复音外来词到单音外来词，由单音外来词到单音外来语素，这个过程是外来词在汉语中沉淀、进化的过程，或说是外来词被汉语同化的过程。这个过程显示出外来词进入汉语的"深度"。最上层的是音译词，特别是在读音上与外语原词尽量保持一致的复音音译词，这是吸收最快、最便捷，也是浮在最上面的外来词，它的稳定性差，消失的程度也快。意译词是外来词已经寻找到了符合汉语词汇自身表现形式和规律的词语结构，它是汉语同化一定程度的结果。而到了语素特别是单音语素时说明外来词的汉化已相当深入

---

[1] 邢福义：《现代汉语》，高等教育出版社1993年版，第154页。

[2] 周洪波：《外来词译音成分的语素化》，《语言文字应用》1995年第4期。

[3] 周建民：《汉语复音语素的简缩现象》，《武汉教育学院学报》1997年第1期。

[4] 高燕：《现代汉语外来词的单音化缩略》，《松辽学报》1998年第4期。

[5] 周一农：《外来语素论略》，《绍兴文理学院学报》1998年第2期。

[6] 沙平：《同形替代法与汉语外来词的语素构成分析》，《福建师大福清分校学报》2000年第1期。

[7] 朱光华：《关于外来语素》，《昭乌达蒙族师专学报》2000年第2期。

[8] 苏新春：《当代汉语外来单音语素的形成与提取》，《中国语文》2003年第6期。

了，并稳定地沉淀在汉语词汇中了。判断外来语素、外来单音语素的汉化完成的判断标准主要是"单音独立使用"和"重复构词"。

3. 外来单音语素的形成过程

语素是最小的音义结合体。要判定一个外来单音语素的形成，就必须要认定这个本来纯粹是记音的汉字也具有了表意的作用，本来由几个音、几个汉字来表示的意义凝集在一个音、一个汉字上；这个音、这个汉字要最终具有表意作用，完成与意义的结合，就必须具有在不同场合、不同环境中稳定表意、重复使用的功能。根据这个认识，外来单音语素的形成过程会有以下阶段：

复音外来词→单音节式简化→独立运用；重复构词→单音语素的完成。

把这个过程图形化，则为：

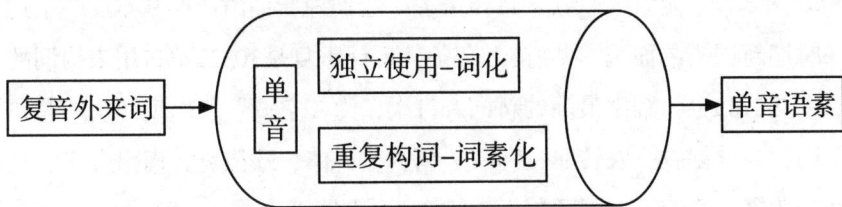

中间有这样两个条件是引人注目的：

（1）单音节化。就是它的外部形式必须由复音节转变为单音节。这是一个必要条件，却不是语素形成的充足条件。

（2）复现率。复现率是指这个单音外来语素要能重复出现在不同的场合。分两种，一种是句子环境中灵活的语法搭配，一种是词结构中的固定构词搭配。复现率是一个语素形成的重要指标，只有达到一定程度的复现率，单音节才能完成与语义的紧密结合。复现率反映出与意义结合的紧密程度。

下面用以上的方法和认识对当代新词语库作一个分析。当代新词语库由16种新词语词典构成，《汉语新词词典》（闵家骥、刘庆隆、韩敬体、晁继周，上海辞书出版社，1987）、《现代汉语新词词典》（王均熙、董福光、钟嘉陵，齐鲁书社，1987）、《新词新语词典（初版）》

（李行健，语文出版社，1989）、《现代汉语新词新语新义词典》（诸丞亮、刘淑贤，工人出版社，1990）、《新词新义词典》（雷良启、王玮，湖北教育出版社，1991）、《新语词大词典》（韩明安，黑龙江出版社，1991）、《1991汉语新词语》（于根元，北京语言学院出版社，1992）、《新词新语词典（再版）》（李行健，语文出版社，1993）、《1992汉语新词语》（于根元，北京语言学院出版社，1993）、《现代汉语新词词典》（于根元，北京语言学院出版社，1994）、《1993汉语新词语》（刘一玲，北京语言学院出版社，1994）、《1994汉语新词语》（刘一玲，北京语言学院出版社，1996）、《汉语新词新语年编》（宋子然，四川人民出版社，1997）、《当代汉语简缩语词典》（刘一玲，四川人民出版社，1998）、《现代汉语新词语词典》（林伦伦、朱永楷、顾向欣，花城出版社，2000）、《现代汉语词典》（中国社科院语言研究所，商务印书馆，2002。该版"附录"收新词1175条）。这16种新词语词典基本反映了这一时期新词语的面貌，共有5万余条，不计重复是30327条，用来构词的汉字共2765个。频率最高的新词有11次，为"空调"，出现10次的有13个词，为"创收、农转非、利改、调资、群体、欧佩克、南南合作、短线、武警、违纪、一国两制、乡镇企业、四化"。

3万条新词中属外来词的有876条，包括三部分：字母词、音译词、意译词，音译词居多。把876条外来词切分成一个个单字，共有557个汉字（不包括英文字母）。557个汉字在新词语库中共构词52030个词次。这是因为有的一条词中多次用到同一个汉字。如"大包大揽"、"大男大女"，一条词中用了两个"大"字。

557个汉字中属于记音性的汉字有186字。如"艾滋病"，里面用了3个汉字，属于记音汉字的是"艾"、"滋"两字，"病"用的是汉字原有意思。186个汉字共构词1159条（次），其原因如上。构成外来词最多的前五位是"斯55、尔51、克40、巴37、尼35"。这186个记音汉字对研究外来单音语素有重要意义，因为它直接显示出判定单音外来语素的范围。之所以说它还只是起到指示范围的作用，是因为这时还不能说它们就是单音外来语素，还得分辨每个字在其中起着怎样的作用。是单纯表音汉字还是单音语素，主要是看它是否已经有了表示固定、单一的语义对象。判断标准有两条：句法标准"独立使用"和词法标准"重复构词"。

"独立使用"指的是本来是单纯记音的汉字能够单独出现在句子中，相当于一个词来使用。如"卡拉OK"是一个四音节的外来词，在"我们去卡拉OK"中它是作为一个词来使用，充当了一个句子成分；在"我们去OK"中，压缩成"OK"，仍是作为一个词来用。到"我们去唱K"中，又压缩成一个音节"K"。由"卡拉OK"到"K"，就完成了复音节外来词向单音节外来词的转化，具有了独立使用与充当句子成分的要求。只是这时还不能就此认定"K"是一个单音语素了，还要看它是否拥有一定的"复现率"。表示"卡拉OK"义的"K"只出现在"唱K"中，说它是语音的缩略形式较为恰当。假如人们不仅说"唱K"，还说"听K"、"K一下"、"K起来"、"K一个晚上"，这时才能说它真正词化了。当然文字形式的选择也是一个重要因素，没有汉字的参与，单靠字母是难以成为汉语单音语素的，"独立使用"除了要能充当句子成分的要求外，还须能重复、灵活地组合与搭配。像"taxi"到"的士"，再到"的"，再到"打的"、"叫的"、"拦的"、"几个人一部的"的灵活句法运用，这时才能说"的"的语素化性质基本形成。

"重复构词"指的本来是一个复音外来词用多个汉字来记音，后来其中一个汉字单独用来表示整个复音外来词的词义，并重复构造出不同的新词。这就是词法标准。如表示"taxi"（出租小汽车）意思的"的士"，这时它还只是复音外来词，包括"木的士、水上的士、的士快餐、的士明星"中的"的"、"士"还只是单纯的记音汉字，而到了"板的、残的、水的、货的、轿的、警的、驴的、马的、面的、摩的、的哥、的姐、的爷、摩的女"中，"的"已经具有了固定的含义，这也能显示出它已经具有了语素的性质。

句法标准与词法标准相辅相成，各有长短，前者显示的是"成词语素"，后者显示的是"不成词语素"。语素的确认只要符合其中一个标准就可以了。相比之下，句法上的重复具有更好的区别价值，表明它已经在发挥着独立语素、成词语素的作用了。

分析显示，表示外来词的186个汉字有以下三种类型，这三种类型反映出外来单音语素演化的三个不同阶段。

第一种类型：纯记音汉字。如"斯"构词54条："阿迪达斯、艾斯、安第斯集团、安第斯条约组织、奥斯卡金像奖、巴勒斯坦日、巴勒斯坦问题、巴勒斯坦战争、白俄罗斯共和国、道·琼斯指数、迪斯科、迪斯科时装、迪斯科舞综合症、迪斯尼、迪斯尼乐园、迪斯尼游乐场、迪斯尼游乐园、第比利斯事件、东方莫斯科、俄罗斯、法西斯督战队、非斯方案、国际奥比斯组织、国际康帕斯、哈萨克斯坦共和国、吉尔吉斯斯坦共和国、吉尼斯、吉尼斯世界纪录、京剧迪斯科、凯恩斯集团、老年迪斯科、罗杰斯计划、莫斯科会议、莫斯科三月会议、莫斯科声明、莫斯科宣言、斯达哈诺夫运动、斯达汉诺夫运动、斯大林奖金、斯德哥尔摩会议、斯德哥尔摩宣言、斯考奇、斯坦、斯图加特声明、苏美英三国外长莫斯科会议、塔吉克斯坦共和国、汤姆斯杯、土库曼斯坦共和国、乌兹别克斯坦共和国、行业性托拉斯、伊斯兰会议、中国法西斯派、中国休斯敦、重型汽车斯太尔项目"。其中的"斯"只起着纯表音汉字的作用，没有固定的语义指向，没有成为某一语义的固定载体。这类现象占了大多数。记音频率较高的有"尔、克、尼、拉、卡、士、激、罗、诺、因、格、基、亚、维、坦、马、德、夫、吉、贝"等字。

第二种类型：处于语素化过程中的记音汉字。"迪"构词23条："迪吧、迪姐、迪厅、老迪、老年迪、砸迪族、迪士高、迪斯科、迪斯科时装、迪斯科舞综合症、老年迪斯科、京剧迪斯科、肯尼迪回合、阿迪达斯、奥迪、迪斯尼、迪斯尼乐园、迪斯尼游乐场、迪斯尼游乐园、菲迪克、警迪、卡巴迪、肯尼迪和平战略"。前12条都表示"迪斯科舞"义，只有前6条是单音表义，出现了语素化的迹象。

第三种类型：语素汉字。"的士"中的"的"就是一个已经语素化了的汉字。下面再看其他一些例子：

"奥"字：在30327条"新词语集"中，带"奥"字的共有25条，有22条表示的是"奥林匹克"义："奥班、奥技赛、奥赛、奥申委、奥申意识、奥委会、奥校、奥星、奥运会、奥运战略、残奥、残奥会、冬奥会、国奥队、国际奥委会药物检查委员会、青奥赛、申奥、特奥会、特殊奥运会、小奥运会、中奥队、中国奥委会"。另3条是无关此义的"奥迪、奥斯卡金像奖、国际奥比斯组织"。随着这些年中国加入奥运大家庭以及北京成功举办申奥会,"奥"字的语素化给大家留下了深刻印象。

　　用句法标准与词法标准来衡量,虽然二十多年来引进了不少外来词,但真正能够经受得住检验,已经成为汉语语素的不多。如果仅仅在外来词中高频出现,而没有出现与语义建立固定化、单一化的联系,没有在句法和词法上表现出较高的"复现率",都不能算作语素化。像"特"、"娜"、"尔"、"斯"、"克"、"尼"等只能算是记音对象众多的纯记音字,而像"蛋挞"中的"挞","曲奇"中的"曲",则只能算是记音对象单一,在句法与词法上缺乏高频支持的纯记音字。而像"骆驼唛"中的"唛",则属于一个新造字,专门用来表示mark,则有可能固化下来。"已经语素化"与"正在语素化",二者之间的区别有时会相当困难,因为它们都处于动态中。如果不是急于下结论,对此可以不必刻意求别。重要的是认识到"外来记音汉字的语素化"存在的客观性与必然性,这样就可以在理论上突破传统的语素超强稳定论、单音语素本土论给我们带来的束缚。

第十二章　汉字发展与词汇发展

本章把考察的视野从静态的共时转换成动态的历时，从对"点"的局部考察转到对"面"的整体考量，来分析字与词在发展过程中的呼应情况。分析显示，二者的对应与不对应并存，同步与不同步互呈，都表明有着密切的互动关系。不对应与不同步表现出二者性质与形态的差异，对应与同步表示出二者在更深层次的性质与功能上有着共同的相似与追求。

第一节　字与词的共同发展规律

汉字与词汇是两套不同的表达系统。它们的起源、历史、发挥功能的途径、表现形式都各不相同，但相互契合的关系、长期的发展经历、共同的性质与功能，都使得它们有着内在的共同发展机制。共同的发展机制主要表现在以下几个方面。

一、共同的发展动力与功能追求

无论是汉字系统还是汉语词汇系统，都是汉民族的认知工具、表达工具、交际工具，都是服务于汉民族社会生活的。从古到今，二者随着社会、历史的发展而发展，经历过由低级到高级、由简缩到繁复、由粗陋到严密的发展过程。它们有着共同的发展推力，都是为了适应人们日益深化的对主客观认识的需要，适应日益增长的交际需要。

当人们的社会实践与认识世界在急剧扩大时，用于表达、交际的文字系统和语言系统也就必然跟着繁复发达，否则人们的实践与认识也就无从深化。交际系统在功能上的改进与形式结构方面的改进是相一致的。要具有较强的表达功能，就必须对它们的形式结构方面提出新的要求，做出新的变化，其结果也就是导致汉字系统与词汇系统的功能与形式得到完善。汉字与词汇两大系统，面对着共同的交际需求，这种需求成为它们共同的驱动力。

二、共同的完善规律

汉字系统与词汇系统开始出现时，都是相当简易的。早期的汉语词汇，数量少，语义类别少，同一语义类的词语数量贫乏，指称性词语多，描绘性词语少，缺乏能表现同一事物细微差异的同义词、关联词，缺乏具有概括同类事物特点的类属词。早期的汉字数量也远没有后代那样多，字形不稳定，异形字、变形字多，多为指称具体事物的象形字、指事字、会意字。"近取诸身，远取诸物"，是对象形字产生规律的概括，换个角度来看，也反映出那个时期文字所表达的对象多是具体的、人们身边的、熟悉的事物，是对周围生活环境的直观的反映。在这个时期，汉字与词汇有着共同特点：表现形式稳定性差，数量贫乏，意义表达上缺乏概括性、严密性，表达的对象多为直观、具体事物。在后来的变化中，它们也表现出共同的发展趋势和规律。

表达对象上，汉字与词汇都力求能适应汉民族在主客观世界发展的需要。几千年来中国社会无论是经济活动还是社会形态，思想认识还是感情世界，都经历了极大变化，日益深入、丰富、完善。新事物、新领域、新世界不断得到拓展，对此都要求汉语汉字能加以表达。可以说每个时期的发展都会提供我们的认识世界里没有的东西。语言文字必须对社会、历史、民族的每一个变化与发展做出同步的反映。社会发展成为语言文字发展的最终动力。

表达形式上，汉字和词汇都会表现出数量增多、结构复杂、形式稳定、灵活多变、组织结构完善的发展趋势。如汉字由独立存在、数量有限的象形字、指事字向组合重造力强的会意字、形声字发展，增加了字体的组合方式与造字方法，大大增强了汉字字形的繁衍能力；字形固定化、规范化；面对词义的不断发展，汉字字形会以不同的字体分化的方式分别载现，不断产生分化字、古今字、同源字、同偏字、同构字，使词义表达更加准确。同样，单音词向复音词，单语素词向合成词方面发展，改变了单个音节直接进入使用状态，音节数量短缺、不敷应用、同音词增多、表达力下降的不利局面。词的长度增加，词的结构由单词素到复词素，词语再造能力几何式增加，使得词汇容量增加的空间大大增加。

表达功能上，汉字和词汇都力求做到丰富、准确、严密。如汉字通过字体结构的发展，对许多事物的表达可以做到细腻具体。如"水"是一个象形字，所表达的对象既具体又宏观。通过字体的繁复，用不同的字形与"水"相组合可以造出字形各不相同、字义各有其别的新字。与"人"相合成"氽"，表示将食物在开沸的水中稍微煮一煮；与"凵"相合成"凼"，表示"水塘"义；三个"水"合成"淼"，表示"水大"义；与"心"相合成"沁"，表示"渗入""浸润"义；与"气"相合成"汽"，表示"水汽"义；与"末"相合成"沫"，表示"水之细"义；与"包"相合成"泡"，表示"水之鼓起者"之义；与"尸"相合成"尿"，表示"人所排泄之水状物"。至于以"氵"为义旁，配以其他字形来构成会意字、形声字的那就更多了，可以表示几乎所有与"水"有关的意思。词语通过延长自己的长度，扩大词素组合的数量与方式，也能收到同样的效果。"奇怪"、"奇妙"、"惊奇"、"奇特"、"奇异"、"新奇"、"离奇"、"珍奇"，通过与另一个词素的组合，使得"奇"的表达功能和内涵都扩大了许多倍。

"表达对象"、"表达功能"、"表达形式"，这是语言文字形式与内容的三个主要方面。只要语言和文字是活的，仍使用于人类社会之中，这三者就会以不自觉或无意识的此消彼长或彼此同步的三位一体的方式发生变化。

汉语词汇从古至今最重要的变化就是词汇双音化。直观上双音化是词汇结构的变化，对其背后的原因学术界有过许多探索。[1]概括来说有"语音简化说"，语音简化导致了同音词增多，为了离析同音词而出现了词语双音化；有"交际任务与交际手段矛盾冲突说"，该说把语言的交际功能放在了第一位的位置；有"单音词表义模糊、载义过多，双音词表义准确说"；之后还有人提出了"汉民族的审美双音节奏、对称说"。这些说法各不相同，但从系统观看来却很好理解，就是虽然词语与语音、单音词与复合词、语言与民族心理，相去甚远，各不相同，但其实它们都是语言的或"表达对象"，或"表达功能"，或"表达形式"，相互之间有着密不可分的联系、适应、制约的关系。

这种相互联系、适应、制约的关系于汉字也是如此。传承至今的六书理论之所以取许慎之定义，舍许慎之顺序，就是因为班固的象形、指事、会意、形声的顺序更合理地揭示了汉字的繁衍规律，解释了汉字繁衍过程中结构、数量、表义特点、功能效果数者之间的关系。

第二节　字与词的各自发展特点

汉字与汉语词汇都是汉民族最重要的表达、交际工具，经历了从简单向繁复、从简朴向精密、从具体向抽象的共同发展趋势，但毕竟二者的表现形式不同，各自的发展途径不同，自我完善的方法不同。认识了这些相信会更有助于我们认识汉字与词汇之间的共性与差异，及二者之间的背离与互补。

一、字的演变特点

1. 汉字是作用于视觉的表达系统

作为文字系统之一种，汉字交际功能的实现靠的是作用于人们的视

---

[1] 苏新春：《汉语词义学》（第二版），第八章"汉语词义与词语结构"，外语教学与研究出版社2008年版，第144～162页。

觉，而不像语言中的词汇那样主要靠作用于人们的听觉。这就需要汉字首先要在文字形体上具有良好的区别特征。由于汉字独特的性质，使得汉字较之其他文字体系更注重形体部件与结构方式。由于表达对象是如此丰富，因此汉字字形数量就特别可观，而拼音文字对应的是语言中的音素，是通过一个个音素的搭配组合来实现记词的目的。这就是为什么汉字字体的数量要比拼音文字的字体数量多得多的最重要原因之一。

文字是作用于人们的视觉来达到交际目的的。这是就文字符号的接受者所言的。而对表达一方来说，是要把汉字书写出来。书写的快慢难易也会对汉字的构成产生重要影响，某种程度上说它的作用不亚于接收方的阅读。现代简化字很大程度上就是针对"难写"而提出的解决方案，针对的问题是"笔画多"，书写困难。

"看"与"写"成为汉字古今演变中在深层发挥作用的一对内部矛盾。它以难以抗拒的力量左右着人们对汉字的选择、改造。为了解决"看得清楚"，它会使汉字尽量变得结构完整，表意清晰；为了解决"书写方便"，它又会使汉字尽量变得结构单纯，笔画简单。

2. 汉字的繁化

汉字的繁化指的是笔画的增多，构字部件的增多（包括由独体字向组合字的发展）。广义的繁化会把会意字、形声字都包括进来。整个汉字系统是以几百个独体象形字为基础，通过基本字体的繁化组合而造出新字。广义的繁化为汉字繁衍找到了一个极具能产性的途径。狭义的汉字繁化指的是对原来结构较为简单的字加进某些偏旁结构的现象。它没有增加新的汉字，却使得单个字体的构成成分增多。汉字形体复杂了，所表示的意义更为丰富了。这是一种靠立体发展来增加内涵的汉字演变方式。广义的繁化找到了以组合方式造新字的方法，狭义的繁化找到了单字复杂化，这两种方法大大提高了汉字的表现力，有效地解决了汉字在功能和结构上需要不断丰富的问题。

在汉字的繁化中有两个因素在起作用：一个因素是容易看，容易认。从心理学的研究来看，事物之间的差异愈小，它们的辨认容易度也就愈低。如从一队穿着同样军服的人中要辨认出某个人，这对他的亲人朋友来说很容易，因为在个头、服装都相似的外貌下也能很清楚地知道他的特别之处。而这些细微差异对一个陌生人来说却太难了。假如把一个大学生与一个放牛娃放在一起进行辨认，可以是毫不费力的，就是因为他们的外形差异太大。汉字体系中本来就有一些字是相似度太高，成为难学难用的难点，如"己"与"已"、"巳"、"戍"与"戌"、"戊"、"西"与"酉"。随着汉字的简化，又增加了一批形近字，字形分辨率降低了不少。如"厂"与"广"、"压"与"庄"、"义"与"叉"，都不如它们的繁体字的辨析来得容易，如"厂（廠）"、"庄（莊）"、"义（義）"。另一个因素是词义变化。词义变化会从多个方面对汉字的繁化发生影响。原字表示的意义愈来愈多，导致词义膨胀，降低了汉字表达的清晰度，这时汉字就会以繁化的方式造出新字，与古字分别载现词义。如"竟"与"境"，"辟"与"避"、"僻"，"臧"与"藏"、"臟"、"赃"，"顷"与"倾"，"奉"与"捧"，"受"与"授"，"张"与"胀"、"账"、"帐"，"止"与"趾"，"坐"与"座"，前一个都是古字，繁化出了多个词义，后面的则是在古字基础上略有变化，多是以加偏旁的方式造出今字，分载了古字的一部分意义。有的今字与古字之间的意义联系已隐而难觅，也会通过繁化把形义联系再现出来，如"其"与"箕"，"要"与"腰"。

3. 汉字的符号化

汉字的繁化是通过对字形的增加来丰富、彰显字形与字义之间的联系，与此同时，汉字还会表现出另一种与之相反的变化趋势，这就是汉字的符号化。在符号化的汉字中，以形示义的成分愈来愈小，形与义之间的联系愈来愈弱，而只是靠一种规定来建立指物关系。小篆以下的汉字发展中，汉字符号化不断得到加强，有两件事的影响至为深远。一是汉字的楷化。楷化源于隶化。在小篆中汉字的构字部件完整，表意格局清楚，笔画的走势与表义还很容易理解。到了隶书，随之的楷书、小篆的那三个特点都受到相当影响，构字部件有了缺损，构字布局错位变大，形似的笔画与部件由横笔竖笔取代。如"大"本像一个两手两腿伸开正面站立的人，"人"像一个侧面站立的人，取其身与臂为字，可都因笔势的线条化而其意不显。"承"本是上方一个印节，左右下三方是三只手端捧着，楷化后原来的表意格局也不见了。二是"假借"造字与汉字简化中的"同音代替"。如果说隶化楷化的线条化还只是发生在一个个汉字的内部，使单个汉字改变面貌的话，那么"假借"造字与"同音代替"则是发生在汉字群体之间，完全打乱了字与义之间原来的对应关系，改变了字与字的同异关系。如来去之"来"，连词之"而"，都是形不合义，这是假借造成的。虽然本有其字、本无其字的假借、通假古已有之，但毕竟量不大，且时代久远，人们已经了然。但在现代简化字中又出现了一大批的同音替代，如"台"、"后"、"几"、"历"、"姜"、"须"，都是一个新字形替代了几个旧字形。

汉字符号化带来的影响是深远的，它对汉字基本性质的嬗变产生了直接作用，使汉字的表意性质发生了明显的退化。这种退化是对汉字语言功能的一个削弱。虽然一个方块汉字仍是单音词的独立表达形式，仍与语言中一个完整的意义单位发生对应，但它的功能已经由既表意又表音变为只表音。对汉字使用者在感知上少了一个重要途径。

4. 方块字形的固化

汉字由古至今种种变化只在一个地方没有发生，这就是汉字的基本存在形体——方块形。汉字从产生起就是以一个个独立的形体出现。这个基本特征无论是在最初的象形，还是在后来的会意、形声，直到符号化的变化中，都丝毫未作变动。这里面的原因很复杂。世界上的古文字都是以独立的形体作为表意单位，可后来大都淹没在历史长河中，衍变为现在流行于世的拼音文字，独有汉字将这一特点保留至今。其核心原因可能还得在汉字的语言功能上来寻找，就是汉字的存在形式与汉语基本词的存在形式保持着高度一致。

只要是汉字仍然保持着方块形作为基本存在形式，就意味着汉字与语音的对应单位还是音节。词的长度古今发生了明显变化，字不可能跟上词的这种往长度扩展的发展趋势，也不可能走上与音素对应的字母文字的拼音发展道路，20世纪前期在中国曾流行过注音字母，就是试图让一些汉字字根与汉语中的音素发生对应，来拼合汉语语音。这样做的结果是既未能弥补汉语语音中音节数量少、同音词多的不足，又抛弃了汉字以数量众多、以形差对义别的特点，故注音字母只能停留在拼音符号而不能进入到文字的独立使用阶段。

方块形还意味着汉字会是一个语素的独立表达单位。在单音词占主要地位的古代汉语中，汉字是与单音词发生对应。在复合词占优的现代，汉字主要是与词素发生对应。无论是单音词还是词素，都是具有含有意义的独立语言单位。

这还意味着汉字在今后的发展中，无论是字形还是字义，其变化都是发生在方块字形的范围，走的是扩大内涵、立体扩张的道路。在字形上，无论是繁化还是简化，最终都将保留一个汉字的完整外形。字义上的多义化，或是古义今义的分化，都将在一个方块字形的范围中进行。

二、词的演变特点

语言是以语音为物质外壳的表达符号系统。它的发展方式及特点会表现出许多与汉字截然不同的地方。

1. 词是作用于听觉的表达系统

语言是靠人们的听觉来发挥作用的交际工具。用发音器官来传递信息，用听觉器官接收信息。"说"与"听"成为语言完成交际功能的两个基本环节，也是对语言系统发生深远影响的两个因素。汉语语音中的音节存在状况也会对词起到重要作用。

词的口头表达的基本语音单位是音节。为了方便地发出音节，有时邻近的两个相同相似的音素会发生差异化，有些相远的音素却会发生相似的同化。古代语音中的"古无舌上音"，即现在的一部分卷舌音就是因发音部位的相近从古舌头音中分化，如"猪"、"潴"、"煮"、"奢"等在古时发音部位都接近于"堵"、"都"。中古语音中发生的舌面音分化，即现代的j、q、x也是因与元音相拼时发音部分的相近相似而从z、c、s或g、k、h中分化出来。在原词基础上，语音略微出现一点差异就成为区别另一个词义的手段。如儿化词、轻声词、变调词、变音词等，都因与原词的韵尾、声调、声母、韵母的某一部分出现了些许的差异，从而获得了表达一个新词新义的能力，导致了一个新义新词的出现。

语音演变对词的重要影响不仅仅在于表现差异，因汉语语音的天然状况或是后来的演变，还会导致大量因语音相同而出现的同音词。大量同音词既是汉语词汇演变的一个结果，也是推动词汇演变的一个重要因素。如在书面表达中依赖汉字字形来进行区别，在发音上利用延长长度的方法增加区别度，在听觉上用增多词素搭配方式来增加词结构的差异度，都是汉语词汇系统针对大量同音词而采取的补偿措施。

2. 词的复音化

汉语词为了增强自己的表现力，除了在音素数量的变更与搭配方式上做出相应的反应外，最主要的方法就是使用延长发音过程，扩大音节数量，由单音节词变为复音节词。复音化有两种形式，一种是复音单纯词或是重叠法，如"绿油油"、"静悄悄"、"惶惶然"、"黄灿灿"、"沉甸甸"、"暖呼呼"、"冷冰冰"、"鬼鬼祟祟"、"亭亭玉立"；或是双声或叠韵法，如"徘徊"、"犹豫"等联绵词。复音单纯词靠的是单纯地延长发音过程，增加语音的线性长度来扩大词的物质外形，加强词的表现能力。另一种是复合词，就是既延长音节长度也增加词素数量，使之成为复音节复词素的复合词。复合词是比单纯复音词更具生命力的一种构词方法。因为单纯复音词的变化只在词的物质外壳上，表义上只在语气、色彩、情调、分量或形象上有所变化，而在词义的容量与准确性上都没有做出大的改观。这种变化的影响远远比不上复合词的表达效果。汉语词汇发展史表明，单纯词的复音化在先秦汉语中比较盛行。那时的复合构词法只是刚刚开始，可它的生命力却日益旺盛，终于在现代成为汉字词汇的常见态，也成为最有生命力的新词形态。

汉语词走上复合化的发展道路有着客观的必然性。首先是双音化提供了大量新词所必需的、有一定区别度的物质外壳形式。用单音节来记载词语，1400个音节就只能记载1400个词。如果是记载10000个词，每个音节就得平均负担7.1个词，如果是记载10万个词，每个音节平均就得负担71个词。而用双音节来记载的话，假设每个音节都能搭配的话，那么相互之间搭配一次，1400个音节就能搭配出196万个双音节结合体。尽管说所有的音节都可以两两搭配还只是一种理论算法，但它所拥有的巨大潜力却是显而易见的。《汉语大词典》总词语数有37万个，双音词有27.8万条，所占比例为75%；《现代汉语词典》收词6.3万条，双音词有3.8万条，所占比例为60%。《现代汉语频率词典》有常用词8548条，"对外汉语词汇大纲"有常用词8822条；《现代汉语常用词表》有常用词56008条，双音节词所占比例都在70%左右。双音节的搭配方式给汉语词汇留下了极大的发展空间。词汇复合化为提高词汇的表达功能提供了极为有利的条件。一个词的意义总是不断增多、不断发展的。当它的意义发展到一定程度，一个音节的载义量饱和以后，它的独立表意能力就会下降，而表现出对前后的语义搭配、语境背景的较大依赖性。如"采"是一个多义词，它可以表达许多意义。要区分这些细微的意义必须在具体的句子中进行。在脱离句子的情况下，要做到这一点还真不容易。如果是以复合词的形式出现，由于有另一个词素相衬，这个细微意义却可以表示得一清二楚。如"采"的动词义就可以形成以下复合词："采摘、采择、采集、采取、开采、采纳、采用"等。这些复合词明显要比单音词"采"显得更丰富、严密、准确。它的独立性也更强，可以凭借自己的词语形式清楚地将意义传递出来，而不像单音词，离开了具体的句子，只能是一个庞杂的意义混合体。

正因为复合化是汉语词语充满生命力的扩展形式，所以现代的新词语绝大多数都是以复合词的面貌出现。1987年上海辞书出版社出版的《汉语新词词典》，收了1654条新词，里面没有一条是单音词。1992年北京语言学院出版社出版的《1991汉语新词语》，收了335条新词语，也没有一条是单音词。《中国语言生活状况报告》2007、2008、2009、2010共四年的年度报告有对当年新词语的统计，其词长统计数据汇总如下：

词长（字数）\年度		1	2	3	4	5	6	7	≥8	总计	平均词长
2010年	数量（条）	0	84	264	116	32	1	2	0	499	3.21
	比例（%）	0.00	16.83	52.91	23.25	6.41	0.20	0.40	0.00	100	
2009年	数量（条）	4	71	203	69	39	5	3	2	396	3.26
	比例（%）	1.01	17.93	51.26	17.42	9.85	1.26	0.76	0.51	100	
2008年	数量（条）	3	55	171	100	22	4	2	2	359	3.31
	比例（%）	0.84	15.32	47.63	27.85	6.13	1.11	0.56	0.56	100	
2007年	数量（条）	0	47	94	73	27	9	2	2	254	3.50
	比例（%）	0	18.50	37.00	28.74	10.63	3.55	0.79	0.79	100	
汇总	数量（条）	7	257	732	358	120	19	9	6	1508	
	比例（%）	0.4	17.24	48.47	23.74	7.89	1.26	0.60	0.40	100	

这个数据是完全"描写"型的，它清楚显示出单音词在新词中的比例略等于无。四年中只出现了7条，占总数的0.4%，为"雷"、"槑"、"囧"、"炅"、"萌"、"宅"、"秒"，细加分辨，基本上都是以新义的形式出现。复音词占99.6%。其中双音只有17.24%，所占比例比起通用词语的比例要低。三音节的约占一半，表明新词语的长度较长，在稳定下来的同时，词长会发生紧缩变化。

第三节　字与词的背离与互补

汉字与汉语是两套相互依存的表达交际系统。一方面它们互为表里，交互扭合在一起，为了共同的交际目的，在共同的动力驱动下，发挥出共同的功能。另一方面它们又具有完全不同的形式载体，作用于人们的感官、发挥功能的途径也完全不同。这种特定的关系就决定了它们之间必定会表现出一种"背离"与"互补"的特点。

一、字与词的背离

在汉字与汉语词最初结合的起点，它们是契合的。但随着时间流逝，在各自发展道路中，出现了相互背离的情况。这种差异在单音词阶段就已经出现，并日益加大。

1. 汉字符号化与以形示意的背离

以形示意是汉字的根本特点，可是汉字的发展中却有着汉字字形越来越不示意的特点，从字形上看不出单音词的意义所在。前面说到的给汉字符号化、线条化带来重要影响的"楷化字"、"简化字"就是非常重要的事件。"手"本是五个手指朝上之形，"又"本是一个大拇指在下，其余四指并拢在上之形，"又"本是表示两手十指相交之形，"廾"本是表示两手相向用力之形，"爪"本是五指朝下之形，可它们在线条化的楷书中，都失去了固有的特征。合体字也是如此。"堂"字本来上面是一个"尚"的声旁，下面是一个"土"的形旁，可楷化后"尚"变成了"党字头"。"葬"字本来上下都是"草"，楷化后只剩上面是"草"，下面的"草"变成了表双手的"廾"字形。

2. 汉字假借与形义合一的背离

一个汉字表示一个意义，但在汉字的发展过程中这种形义合一的关系也会出现松离现象，汉字脱离了它最早表示的那个单音词，表现出纯符号物的性质。如先秦盛行的假借字，一个字仅凭与它的语音相同相近就与其它一个意义毫不相干的单音词发生结合。如"其"本来像"簸箕"形，假借为"其他"的"其"；"而"本来像男人嘴唇上的"髭"，假借为"而且"的"而"；"矢"本来像一根箭，假借为"屎"。在假借字身上，汉字已经完全符号化了。仅剩下方块字形和单音节的读音，随意地与意义毫不相关的单音词发生了结合。

3. 汉字与联绵词的背离

在上古汉语中，复音词已经开始出现。那时的复音词主要是复音单纯词，主要为人名、地名、物品名、国名、氏族名等名词性词语或表示形容性的叠音词。

复音单纯词完全改变了汉字与词的关系。在有的复音单纯词中，汉字的意义还得以保留。如重叠词"悄悄地"、"飘飘然"、"兴趣勃勃"、"锣鼓咚咚响"，后一个重叠的字重复着前一个汉字的意思，有加重语气的作用。但更多的复音单纯词却从字面上看不出它的意义所指。如音译词"沙龙"、"马达"、"摩托"、"的士"、"法西斯"、"逻辑"就是这样。更早一些以似乎是汉语本土词的面目出现的还有"芙蓉"、"蛤蟆"、"葡萄"、"玻璃"等。还有不少拟声绘景的词,如"绿油油"、"黄灿灿"、"斤斤计较"中的叠音字部分。在这些复音单纯词当中,单个汉字都不具备自己的意义。

4. 汉字与复合词的背离

复音单纯词的出现使汉字作为一个记音符号成为事实。复合词则使词汇中与汉字相对应的单位发生了变化,即由单音词变为词素,由独立的词汇单位变为非独立的词汇单位。汉字在语言中的地位似乎降了一级。当汉字与单音词对应时,字就是词,词就是字,汉字的地位相当显赫。而在复合词中,一个汉字只是一个词素,它的作用远没有前者那么重要,但由于表词素的字仍有意义存在,仍符合人们由字及义的认知习惯。

二、字与词的互补

汉字与汉语词的物质基础不同,它们的发展道路不同,所具有的潜力、所受到的限制也不同。但正是在这些具有种种不同特质的二者之间,却在许多方面又表现出相互适应、相互补充的发展态势。

1. 汉字组合化与词汇数量增多的互补

早期的汉字与词汇都是相当简易、粗糙、贫乏的,后来都走上了繁复、精确、丰富的发展道路。在这个过程中,表示出汉字的组合化与词汇容量增大之间相互配合出现的特点。

从甲骨时代到周秦时代,词语的数量增加了若干倍。在主要还是单音词的时代,词语增长的方式不是通过词素搭配而是直接诞生出新的词核,在读音上单用或共用一个音节来表示,书写上用一个独立汉字来表示。汉字的最小字形单位是象形,可象形的独立结构是有限的。面对词语的不断增长,汉字就在自己数目有限的象形字基础上用不断灵巧组合的方式来适应词语的日益增长。据目前的研究,先秦基本词的数量大约在600～700个之间，而象形字与指事字加起来不过300个。面对数量更多的基本词，面对日益增多的非基本词，汉字主要通过字根的组合来实现记载目的。古书中充当训释词的大部分是常用词、基本词。我们曾对《说文解字》训释词作过调查，在训释频率达三次以上的基本词有237个，其中大部分是合体汉字。[1]如动词性的合体字就有："步、卧、咽、视、吹、见、问、践、握、起、居、知、举、跳、履、动、登、悦、忧、恨、忘、惧、急、欺、贪、怨、怒、恐、勉、敬、谨、慎、覆、引、治、刺、通、进、判、持、塞、断、扒、剥、遇、没、聚、减、积、分、辅、蔽、助、落、使、毁、待、败、别、裂"。

组合造字而不是变形造字成为汉字最富于生命力的繁衍方式，这颇有点像汉语词汇后来走上的复合化道路。当用增加一个音节或一个独体汉字作为词语的物质外壳，但到一定程度以后难以扩展时，词汇就只能用组合词素的方式来实现新词的增长。不同的地方在于汉字的组合式繁衍只存在于汉字历史的初期，后来它基本停滞了。而词汇的组合式增长方式潜力却大得多，一直到目前它还是那么生机勃勃。

2. 汉字繁化与词义分化的互补

一个词语产生以后，它的意义成分并不是静止的，会在与社会、人们同步发展的同时表示出意义的日益繁复，在本义上衍生出大量的引申义。当引申义产生到一定程度以后，引申义与本义之间，引申义与引申义之间就会出现距离。义项之间的分离必然会要求词形的分化，以便词形与词义之间有更密切的表意关系。因为当一个词形表达了多个距离较远的意义时，容易在使用中造成困难，妨碍有效快速的语言交际。词义的繁复、词义与词义之间距离的加大、词义与词形之间的矛盾，这些矛盾要得到妥善解决就需要汉字的有效参与。

汉字做出反映的特定方式就是汉字的繁化。汉字繁化的主要手段就是在原字的基础上通过增加义符的方式来实现。最典型的现象就是"古今字"、"区别字"。向来把这两种现象归作文字学现象，这是不准确

［1］苏新春：《论古汉语基本词汇的广义性》，《广州师范学院学报》1987年第1期。

的。"古今字"、"区别字"绝不是单纯的汉字字形的变化结果,而是在词义变化的背景下,汉字做出的适应性反应的结果。

汉字为配合词义变化做出的繁化反应,反过来又会对词义本身产生重要影响。词义的分化往往只有在词的形式也做出反应后才算完成。词形包括语音形式与文字形式。这两种形式在历史语言的演变史中所起的作用是不同的。文字起的作用更为显性化,作用也更为刚性。当分化出来的词义在文字上写成两个不同的字时,人们更容易承认这是两个"词"而不再是两个"义项"。也就是说当文字上还是写成一个字,尽管它的多个意义之间已经距离很大了,但仍可能被人们认为是一个词。如"长",它有"生长"、"长短"、"长远"、"长辈"等义,读音上也分出了zhang、chang两个不同的音,但由于汉字同一,使得人们对它是算一个词还是两个词,至今还存在分歧。又如"刻写"与"一刻钟"的"刻"也是如此,《新华字典》把它们看做是"刻"的两个义项,而一本《语言学概论》教材却把它算作是典型的同形同音异义词。

3. 汉字简化与汉语词长度延长的互补

无论是汉字的组合,还是汉字的繁化,造出的汉字数量都是有限的。它们在一定的发展阶段起过很好的作用,也适应了早期汉语的词汇数量增长的需要。但在后期,汉语词汇走上了主要是双音节的发展道路,使词与字不再是一一对应,不再是依靠字形的区别来表词造词。这是汉字的有限扩展能力难以适应汉语单音词的发展,还是词语的复音节化窒息了汉字的扩展能力,个中原因颇值得探讨。

当词语的繁衍主要是靠延长语音长度来实现后,也就摆脱了词语对汉字的依赖,摆脱了单音词对汉字的依赖,使汉字繁化的功能急剧降低。中古以后汉字繁化对汉语词语的发展远不如早期那样来得重要。汉字就由原来由"读"与"写"双重压力构成的运行机制变成了主要由"写"的压力。方便于"写"的追求也就要求汉字做到结构简单、笔画省减。这就是汉字简化背后的语言原因。

汉字与汉语词犹如孪生子一样,共同生活了那么长的时间,要了解它们其中任何一方兴盛或衰微的原因,都必须把另一方也放入考察的视野范围。

第十三章 五笔字型输入法的文字学原理

在谈完汉字与汉语词的对应关系、汉字的语言表达功能后，现在来谈谈电脑五笔字型汉字输入法的问题。看起来这个问题似乎与本书主旨稍远。其实，通过这个问题，我们将看到的不仅仅是某个具体的汉字输入方法的优劣，而是整个汉字所具有的科学性及在现代科技社会的强大生命力。

五笔字型输入法是一种优秀的形码输入法，具有重码率低、输入速度快的特点，在追求输入速度的录入从业人员，或是经常使用偏难偏古汉字的专业人员中仍有较普遍的使用。由于它的汉字基本码，还有码与键的对应表，学会它需要一定的记忆。五笔字型的特点是将汉字进行字形结构的拆分，将汉字拆分成一个个字根，对字根作定位编码，通过编码的组合，将汉字输入电脑。有资料表明，熟练掌握了五笔字型输入法的可以达到每分钟输入200多字。本章将结合自己运用五笔字型的实践体会，来谈谈五笔字型法所包含的文字学原理，及对汉字学的贡献。

第一节 五笔字型的基本规则

五笔字型输入法关键在于对汉字进行拆分。它对汉字有着特殊的认识。认为汉字的构成可以分出笔画、字根、字这样三个层次，笔画构成字根，字根构成汉字。对它来说，最重要的是字根而不是笔画。

字根是由笔画构成的，笔画是五笔字型方法的基础。所有的汉字笔画都可以归结为五种基础笔画，这就是横、竖、撇、捺、折。所有的汉字字根、单个的独立汉字都不过是这五种基础笔画的组合产物。这一理论认识的实践价值还在于巧妙地与电脑键盘结合起来了。它把英文的25个字母（除掉Z键）划分成五个区。在上中下三排字母键中以Y与T、H与G、N与M为界，划分出左右两区。中间一排左边的G、F、D、S、A五个键表示"横"笔，为"1区"；中间一排右边的H、J、K、L及下面的M五个键表示"竖"笔，为"2区"；上面一排左边的T、R、E、W四键表示"撇"笔，为"3区"；上面一排右边的Y、U、I、O四键表示"捺"笔，为"4区"；下面一排左边的N、B、V、C、X五个键表示"折"笔，为"5区"。在五个笔画区中，都以靠键盘中间的那个键为首键，依次往外递减。称呼起来就将区号与位号连起来，如G键就叫做"11"键，V键就叫做"53"键。然后将所有的字根按起笔的不同归入它们所属的笔画区号当中。

在每个笔画区中，所有相同起笔的字根又分别归入不同的键，也就是归入"位号"。这种归并也很有规律。大致说来，就是依照字根字数的多少、字根的第一笔和第二笔分别与区号和位号相一致、字根外形相似归位这么几条规律。在字根的归键中，显然是遵照了不同位置的键位具有不同的使用频率这一特点的。愈是靠近键区中央的键就愈是常用键，手指用的是食指中指，运行的距离也短，击打起来自然快捷。

但光凭笔画还找不出汉字，必须要在键位区中准确找出字根的位置，才能打出汉字。五笔字型的结构拆分、键位归入、字形拼合都与字根密不可分。五笔字型法将所有的汉字分出130个字根。有一首字根歌，把所有的字根按从"11"区到"55"区的顺序编入了颇有韵味的歌词中：

（1）王旁青头戋五一（11）——G

（2）土士二千十寸雨（12）——F

（3）大犬三羊古石厂（13）——D

（4）木丁西（14）——S

（5）工戈草头右框七（15）——A

（6）目具上止卜虎皮（21）——H

（7）日早两竖与虫依（22）——J

（8）口与川，字根稀（23）——K

（9）田甲方框四车力（24）——L

（10）山由贝，下框几（25）——M

（11）禾竹一撇双人立，反文条头区三一（31）——T

（12）白手看头三二斤（32）——R

（13）月彡乃用家衣底（33）——E

（14）人和八，三四里（34）——W

（15）金勺缺点无尾鱼，犬旁留儿一点夕，氏无七（35）——Q

（16）言文方广在四一，高头一捺谁人去（41）——Y

（17）立辛两点六门疒（42）——U

（18）水旁兴头小倒立（43）——I

（19）火业头，四点米（44）——O

（20）之宝盖，摘礻衤（45）——P

（21）已半巳满不出己，左框折尸心和羽（51）——N

（22）子耳了也框向上（52）——B

（23）女刀九臼山朝西（53）——V

（24）又巴马，丢矢矣（54）——C

（25）慈母无心弓和匕，幼无力（55）——X

上面共25句，编入的或是字根，如"戈、五、一、土、士、二、千、十、寸、雨"，或是对字根的描述，如"王旁"、"青头"、"金勺缺点"、"无尾鱼"、"右框"、"下框"、"小倒立"。每句后面的两位阿拉伯数字则是码区的编号，前一位数是"区号"，后一位数是"区内的码号"。破折号后面的字母是所对应的键盘按键。

五笔字型法对字根的拆分遵循着由上到下、由左到右、由外到里的原则。汉字的左右型、上下型、杂合型三种结构类型，对五笔字型法是很重要的基本概念。它的拆字顺序与末笔识别功能都是根据汉字结构类型来制定的。对单体汉字的拆分也有几条原则："能散不连，兼顾直观，能连不交，取大优先。"五笔字型法对汉字字根的认识，与传统汉字字根认识的最大区别就体现在这一部分。它首先考虑的是方便于拆字和计算机的识别。

五笔字型输入汉字的最长码是四键。25个键的四乘方，得到的空格就相当可观了，达390625个空位。也就是说按一个空位输入一个汉字的话，它可以输入相应数量的汉字。1980年的国家标准信息交换用汉字编码基本字符集GB2312收入汉字6763个，1993年的国家标准GB13000.1–93收入汉字20902个，之后还有更大的字符集，也就5~6万，郑码有10万。这与39万个仍有相当大的距离。25个键的四乘方是递增得来的，在它的一次、二次、三次相乘数时，都会得出相应的空位，故也就相应有了一级简码汉字、二级简码汉字。25个一级简码字是：一、地、在、要、工、上、是、中、国、同、和、的、有、人、我、主、产、不、为、这、民、了、发、以、经。二级简码则有625个，加起来共有650个汉字，这就解决了一批高频汉字。充分利用这些简码，大大提高了五笔字型输入汉字的速度。

五笔字型问世二十多年来，经过多年改进，形成了不同的版本，有的甚至分属不同的公司，但公认"王码五笔输入法"是最早、最有代表性的一支。"人们常说的五笔86版、98版、18030版、新世纪版，被称之为王码五笔输入法。王码可以说是五笔的正宗，好比天下武功出少林，少林正宗。另外五笔4.5版，其实就相当于王码五笔86版。其它五笔如极点五笔、万能五笔、海峰五笔、智能五笔、搜狗五笔，可以说是高级五笔、个性五笔，有各自的发明人，但基本上都是以86版五笔为编码标准的。"[1]本文的分析基本上依据的是王码86版。虽然五笔字型不同版本之间有个别甚至部分的出入，但基本原则是相同相近的。

---

　　[1] http://baike.baidu.com/view/4350.htm，2011年8月25日引用。

第二节　五笔字型依据的文字学原理

五笔字型的拆字原理与汉字的构字原理非常相似。主要表现在以下方面。

一、五种基本笔画与汉字书写笔画和结构的一致

汉字数万，字形千差万别，基本笔画也就横、竖、撇、点、折。用这五种笔画可以随意书写而成字。五笔字型法也抓住了汉字构成中的这个根本，将130个字根井然有序地分布在 5 个笔画区、25个笔形位上。形码输入方法的核心就是如何在键位与字形之间找到对应规律。本来，在五笔字型最多四个键码的组合下，可以出现39万个空位，填入1~2万个汉字，甚至再多一些并不是难事。从理论上说，还有30万个空位绰绰有余。五笔字型严格依照汉字的基本笔画来归类，将它们整齐地归入25个键，实现了按笔归类、分片到位的理想状态。使得130个字根各就各位，其间有着相当强的规律，其中起着最重要基础作用的就是五种基本笔画的选定与归位。

五种基本笔画的作用还不仅仅表现在键区划分、字根分布上，它还是末笔识别码的依据之一。当一个字的键位与其它字一样时，就会出现重码现象。从理论上来说，愈短的码重码率也就愈高。这时就可以利用延长码位的做法来加以区别。使用末笔识别码，能将重码区分开来，达到一个汉字一个码位的理想状况。末笔识别码的制定原则就是将末笔与字体结构的类型结合起来。如"汉"由"氵"和"又"构成，为IC键，而同具有IC键的还有"浚"、"滩"、"渗"、"涌"等字。为了区别，就取"汉"字的最后一笔"丶"画，再加上"汉"字是左右结构为 1 的字型，在"捺笔区"里的第一个键位即Y键上再多按一下，就会出现"汉"字，而不出现"浚"、"渗"、"涌"等字。同样具有ICY键的还有"汉"字。如要输入"汉"字，又可以取它的最后一笔"丶"进行重

复。"汉"字也是左右结构，属于1型，正好位于Y键，这时将Y键重复一下就是ICYY键，这里就只有"汉"一个字了。又如在键盘上按MHK键时，会同时出现"巾"、"贴"两个字，如要选"贴"还得按2，这时就不如取"贴"字最后一画，根据它是"一"，又是左右结构的1字型，可以在G键上重复打一次，就出现了单独的一个"贴"字。末笔识别码就是这样利用基本笔画和字体结构类型的巧妙结合，将汉字一一固定在码位上，使得汉字的输入既快又准。当然这里对"汉"字利用了简码的规律，将"汉"字固定在IC码上，这是五笔字型法的另一个优点了。

二、许多字根本身就是汉字原有的偏旁

尽管五种基本笔画是五笔字型最重要的基础，然其核心仍是字根。可以说只有牢固、准确地掌握了130个字根及其分布，才能说是彻底掌握了五笔字型输入法。而五笔字型的字根与汉字原有字根，即是人们平时常说的偏旁部首，特别是与检录法部首中的字根部首有着相当高的一致性。像五笔字型中的这些字根在《新华字典》部首中都能见到："王、一、戈、士、土、十、二、寸、雨、大、犬、厂、石、木、西、工、戈、艹、匚、弋、目、止、卜、丨、虎、日、刂、虫、口、力、皿、四、囗、车、田、山、冂、贝、几、禾、竹、攵、夂、彳、白、扌、手、斤、月、用、彡、豕、人、八、亻、金、钅、勹、儿、言、讠、文、亠、广、方、立、丬、门、疒、水、氵、小、火、灬、米、之、乙、辶、宀、冖、凵、贝、冂、几、已、己、尸、心、羽、乙、忄、子、耳、阝、了、阝、凵、女、刀、彐、白、又、厶、马、幺、弓"。以上字根有106个，占了130个字根的80%。人们对这些字根完全可以不用学，只要具备了平时的字典使用知识就行了。

剩下的字根大都是对字典现有部首作进一步拆分后形成的。如"礻"字旁的缺一点和"衤"字旁的缺两点，"鱼"字缺下面的一横，"业"字头下面缺一横，"骨"字下面缺"月"旁，"犭"里面缺一撇。这样的字根数量少，又是基于汉字原有字根的基础，掌握起来也比较

方便。

五笔字型法的字根中还有一种情况就是大于现有汉字字根的，这样的字根数量少，且大都与现有字根有着形近的渊源关系。如"黄"字头单独立了字根，它与"艹"形近。在字典中"黄"字头就是归入"艹"字头的。还有"王"字的中间一笔往上出头和往下出头的两个字形都分别立了字根。"眉"字头也立为字根。对这些字根只要展开适当联想也不难掌握。

还有些是汉字，以往并没把它们当做字根，如"早"、"也"、"古"、"六"、"五"、"由"、"干"、"巴"、"丁"、"乃"、"辛"、"九"。对五笔字型中这样的字根只要整体记忆就行了。

现代字词典，对汉字部首用得少的有180多个。而五笔字型只有130个，从数量上看还是作了很大精简的。

三、由上到下、由外到内、由左到右的拆字原则与手写汉字顺序的一致

五笔字型法的拆字原则，也就是它的输入原则，与手写汉字的顺序高度一致。五笔字型输入汉字时，不管这些字根是如何区分，在键盘上是如何分布的，组字的基本顺序与手写顺序是相一致的，即由上到下、由外到内、由左到右。这个顺序有着右手的移动方向与眼睛的视觉方便等生理基础。像"树"由"木"、"又"、"寸"三个字根组成，"思"由"田"、"心"两个字根组成，"国"由"囗"、"王"、"丶"三个字根组成。对字形结构比较难分辨的单体字也是遵守这个拆字原则。如"夷"字，拆成"一"、"弓"、"人"，就比拆成"大"、"弓"更合乎书写的习惯。看起来，"大"、"弓"也是五笔字型中的字根，也符合"取大优先"的原则，但它不符合人们的书写习惯，故舍弃了它而取前者。又如"平"是取"一"，再取一横上加两点的字根，最后取"丨"，而不是取"干"和"两点"。"冉"字也是先取"冂"，再取里面的"土"。

笔画复杂的字也是如此。"礓"字先取"一"，接着取"夕"，再取"土"，最后取"一横上加两点"；"惹"字的拆字顺序是"土"、

"宀"、"几"、"心";"矍"的拆字顺序是"目"、"目"、"亻"、"又",都是严格按照书写的顺序来进行。从某种意义上说,笔画繁多、结构复杂的繁难字要好拆好合。就是因为它的部件清晰、组合顺序明了。

五笔字型的基础是五种基本笔画,核心却是字根。笔画不能直接输入汉字,必须组合成字根,字根才是拆字组字的基本单位。字根是五笔字型法中具有生命力的基本生存个体。因此字根组合也就具有了特别重要的意义。从汉字构成来看,"独体为文,合体为字",但到现代真正的"文"已经不多了,绝大多数都是合体字。五笔字型正是充分依据了汉字这一本质,以字根为拆字组字的基本单位,将一个个汉字拆分开来,分布在键盘上,再一个个组合拼装起来,以达到汉字输入电脑的目的。从汉字五种基本笔画到130个字根,再到字根在键盘上的分布,先拆后拼,达到字根与字根的拼合,这里的每一层、每一步都与汉字原有的结构特点和组字规律,及人们久已形成的汉字使用习惯紧紧地贴合在一起,显示出了非常强的科学性。使每一个具有基本汉字知识的人都能比较轻松地入门,继而准确地运用。

对具有汉字基本知识的人来说,五笔字型法关于汉字的拆分与组合规则是不难掌握的。真正陌生的是字根与键盘的对应关系。最初要花时间记住的主要是字根在键盘上的分布。做到了这一点,操作五笔字型就不难了。这就好像具备了一定语文知识的人在写字时,丝毫不用思考要先写某一笔,后写某一笔,而是可以信笔去写。写到"笔"这个字时,就知道从上到下,由丿、一、丶、丿、一、丶、丿、一、一、竖弯钩,一笔一笔地接着写。在运用五笔字型法时也是如此,以字根为单位,先键"竹"字头,再写"毛"字上面的"一撇",再是"二",再是"乙"。由于"笔"是二级简码字,只要写前两笔就可以定位了。这样的取笔顺序和分取字根的方法,与人们熟知的手写汉字方法十分相似。由于手的书写是一笔一画,而五笔字型的书写是一个个字根;手的书写是靠右手,而五笔字型则双手按键,双手弹钢琴似的快速弹按,其速度更是手写所不可比拟的。难怪人们在学习五笔字型时，一旦掌握了字根拆分规律和在键盘上的分布规律后，就会有豁然开朗、旷野跑马、信马由缰的感觉。

第三节　五笔字型对汉字规范的贡献

五笔字型是尽量利用汉字原有字形和组合规律向电脑输入汉字的方法。双拼法、全拼法则属于利用字音来输入汉字的音码输入法。不能正确掌握字形或读音就不能达到快速输入汉字的目的。因此五笔字型输入法在客观上也就对汉字学，特别是对现代规范汉字学起到了不容忽视的推广与规范作用。长期以来在文字规范工作中感到头痛的书写错字，或是不规范的俗字、手写草书、自创的简化字，都可以在五笔字型法中得到准确纠正。五笔字型最突出的作用就表现在对规范汉字的"固字"效果上。将一个个汉字以正确的笔画和组合方式固定在电脑的码位上。只有正确地输入与字根相应的键码，才能将汉字在荧屏上显示出来，否则永远找不到所需要的汉字。

如对消灭异体字的作用："劫"右边是"力"不是"刃"或"刂"，应按FCLN键。"檐"左边是"木"字旁，是"木"、"詹"的左右结构，而不是上面是"竹"字头的上下结构，应按SQDY键。"阆"的"氵"是在里面而不是在外面，应按UITD键。"隙"字的右上面是"小"不是"少"。

对简化字的规范作用："痴"里面是"知"，而不是"疑"，应按UTDK键。"雾"下面是"务"，左下边的"矛"字简化了，应按FTLB键。

对纠正错别字，正确书写汉字的作用："练"右边是"（东）"而不是"东"，录入键是XANW。"梁"的右上半是"刀"和"八"，而不是"刃"，键是IVWS。"没"的右上半是"几"而不是"危"字头，键是IMCY。"缠"上面是"广"不是"厂"，键是XYIF。"衍"中间是"彳"而不是两点水，键是TFIH。"盈"上"乃"字的下面的是"又"，而不是"×"，键是ECLF。"夔"上面是两点、一横，而不是"艹"。在《新华字典》中，"夔"是归入"夂"部，《辞海》依"夔"字最上面的两笔取部，归入"八"部。五笔字型的取部与它们都不同，却很准确地把它从最易混淆的"艹"部中区别出来了，键是UHTT。

对有些笔顺不对的"斗笔字"，五笔字型也能纠正。如"制"字的正确书写是左边的"丨"最后出现，整个左边字体是连成一个整体的。但在"斗笔字"写来，却会成为上面是"土"字加一撇与下面"巾"字组成的上下结构。又如"论"的最后一笔应是弯钩，但很多人却会写成"亅"。

以上这些异体字、繁体字、错别字都是很常见的，大量存在于人们的手写体中。语文工作者也下了很大力气来纠正它，但收效都不大。而在五笔字型的使用下，纠正这些不规范现象却是轻而易举。不正确地输入就根本"写"不出来。这种强制力量是任何教学力量都难以达到的。

当然，五笔字型的某些特殊规定，也会出现不合乎汉字原来结构的字形拼合现象，这将在下一节再作论述。不过，由于五笔字型本身是建立在汉字学原理基础之上的，应该说它对汉字规范的积极意义将大大超过消极影响。更重要的是五笔字型以自己特有的快捷、准确，证明汉字是可以适应现代科技时代需要的。长期以来汉字拼音化运动的一个坚强理论支柱就是汉字不适应现代科技发展的要求，不适应电子计算机的发展，难以进行中文信息处理。而现在证明，电脑处理汉字不仅是可以的，而且处理的速度还可以很快。它的输入速度已经超过了英文字母的全拼式输入方法。汉字不再是一个在现代信息化社会中的旧时代遗物。

第四节　五笔字型对汉字结构的变通

五笔字型说到底，就是如何将千万个汉字能有序地分摊到25个键的三次、四次组合出来的空位中去。它输入汉字的最基本方法是"拼合"。因此在有着特定要求的环境（尽量做到码短、减少重码）下，它对汉字字根的取舍和拼合方式的选定也会受到一定的影响。这种影响主要体现在以下三个方面。

一、对汉字字根取舍的不同

五笔字型将汉字拆成一个个字根时，有的与规范汉字的构成会不同。有的是字根不同，有的是笔画构成或笔画顺序不同。如"肃"字的正确书写应是"彐"、"丨"、"丿"、"丨"、"八"。但在五笔字型中，"肃"的字根是"彐"、"小"和"两竖"。字根的取法不同，书写顺序也就有了区别，手写中的"八"是最晚出现，但五笔字型"八"与"丨"一起构成了"小"字作为一个单位。"来"字的正确书写是"未"字中间加点撇，属第二、第三笔，但在五笔字型中成了"一"和"米"的组合。"惧"、"值"在五笔字型中，比"目"字下面一横长的结构是单独作字根用的，与"目"同在H键。但在汉字部首中却没有这个字根，"具"是依下面的这个"八"来归部。"并"字的正确构成应是上面两点，下面一个"开"字。五笔字型中上面是两点和一横合成的字根，下面是"廾"字根。"叙"析出的形是"人"、"禾"、"又"，其中"禾"是一个字根，第一笔是横笔而不是撇笔。

以上情况很大程度决定于五笔字型这样一个析字原则：取大优先。就是在拆字时尽量取笔画多的字根，"舌"字取一撇和"古"，而不取"丿"、"十"、"口"。

二、对汉字结构类型的看法不同

如"兀"由"一"和"儿"组成，应是上下字型。五笔字型处理为GQV键，最后一键"V"表明是把"兀"看做是包容关系的杂交字型。"舌"属于上下结构，五笔字型处理为"丿"和"古"，而不是"干"、"口"，安排的键位是TDD而不是TDF，也就表明它被看成了杂交字型。还如"市"的键位是YMHJ，前三键已经完成了"市"字笔形的输入，最后一键是识别码，"J"表明这里把"市"看成了包容关系的杂交字型。

也有些平常看做是包容关系的杂交字型，在五笔字型中被当做上下结构。如"厌"是半包围结构，应归入杂交型，键位应是DWI，可五笔字型处理为DWU。

对汉字结构类型看法的不同，很大程度上也是取决于分配键位的需要。当同一个键位上有两个或两个以上汉字时，它就需要将它们的键位稍稍作点变动，使一个键位正好容纳一个汉字。"去"是上下结构的字，输入FCU时，会同时出现"去"、"云"、"支"三个字，现在的版本是用1、2、3来选择，前一版用的方法是安放不同的识别码。

而更多的是在长码、短码上做文章。如"厌"要输入DWI时，就会与"泰"同一键位，出现重码。这时就把"泰"加上识别码，变成DWIU，就把"厌"、"泰"作了区分。

三、对汉字最后一笔的看法不同

对单个汉字最后一笔确定为哪一笔，在五笔字型中占有很重要的作用。这最后一笔与汉字结构类型共同构成"交叉识别码"，对键位少于四位的汉字作再次按键以求进一步减少重码现象。五笔字型对许多汉字最后一笔的确定也与规范汉字有所不同。

如"力"的写法应是先横折勾后撇，但在五笔字型中它的键成了LTN，表示它是先写"丿"，再写横折勾的。

又如"氵"、"扌"、"疒"、"羽"的最后一笔都应是往上的一提，但在五笔字型中都成了"一"，在按交叉识别码时，都得按A键。即使不是最后一笔也有一提被当做一横的，如"丬"字左下的一提被看做一横，要按UYGH键。这是因为在"五笔字型"中没有一提这一笔的地位，而是将它全部归入到一横中去。

尽管五笔字型法对汉字笔画和结构的确定与规范汉字有所不同，数量也不多，对部分手写汉字的规范要求造成一定的混淆，但它却求得了电脑汉字输入的高速度。应该说是"利"与"弊"的交换吧。

第五节　五笔字型运用中的几个问题

五笔字型是目前得到普遍使用的一种电脑汉字输入法。在电脑中已经成为一种默认安装，输入速度与分解汉字的规律性也获得了普遍的肯定。但对一般人来说，对它的学习和使用还是存在一定的疑虑。主要有以下几个问题：是不是难学；速度怎样；拆字会不会影响速度；与其它输入法相比有何所长。对第一个问题，前面几节基本做出了详细回答。下面谈其他几个问题。

一、五笔字型的速度

关于五笔字型输入汉字的速度，有的人持有疑问，说它每分钟只能输入30～40字的言论曾在不少语文刊物上辗转出现。当然这主要与对五笔字型的认识不足有关。从笔者运用五笔字型的体会来看，五笔字型录入汉字的高速度说法是可信的。正规地手写汉字是每分钟20～25字，像给出版社送稿，一般是每小时可抄四张每页400格的稿纸。手写汉字一笔一画，平均要六七画写完一个汉字。而在五笔字型输入一个汉字最长的键码只有四个字，平均是2.5个键。双手按弹，所需的时间是相当短暂的。说五笔字型每分种输入30～40个字的说法显然不可信，这只能显示说者对五笔字型毫无所知。

谈五笔字型的速度时，人们喜欢把它与英文的输入相比较。有人认为键盘本身就是为英文设计的，可以即看即打，中文输入当然比不上它。其实不然。击键的速度，即在单位时间内击键次数不管哪种方法都是一样的，差别的就是完成一个词所需要的键次是多少。例如大家都是每分钟敲击500键，那么英语平均词长是4个字母，输入的是125个词。汉字的平均键是2.5个，它却可以输入200字。如果说汉字词的平均长度是1.5字，那么汉语就可以输入133.3个词。这还完全是对单字录入的计算，现在普遍使用的是"词录入"，其速度就更加可观了。

二、在"想打"中用五笔字型会不会打断思路

也有不少人常常提出这样的疑问，就是运用五笔字型会打断作者的思路，使得精力放在如何拆分汉字上，把形成的思路中断。这种说法对不对呢？

首先要说的是遇到这种情况的一定是操作五笔字型还不熟的人。五笔字型作为一种在电脑上"书写"汉字的方法，与人们初学用笔写字是一样的，要有一个学习、熟练的过程。人们在学写字时，不是也要经过如何握笔、运笔，如何写横、竖、撇、点、折、捺、弯、钩吗？新学一个汉字，也要学它的偏旁部首，上面是什么，下面是什么。回想我们小时候学写字的情况，这个过程还是相当长的。就拿成人扫盲来看，不也是相当笨拙地一笔一画地学过来的。当还没有完全学会写字，或书写不熟练时，写起文章来不是也会因此有屡屡中断思路的情况吗？当渡过了书写汉字这一关时，试想还有谁在要写某字时，会停下来细想它是什么样的结构，多少笔画，第一笔如何，第二笔如何呢。

操作五笔字型的道理是一样的。当你没学会或不熟练时，自然会停下来想想一个汉字由哪几个字根组成，哪个字根落哪个键上。但这个过程并不是永远都需要的。当一个字打过几遍以后，自然也就知道了字根的组成，熟练了字根的分布，当然也就不会再去考虑如何拆字了。这与手的书写是同理，得之于心，应之于手，关键是一个"熟"字。五笔字型用得不多就会生疏，汉字写得不多也会生疏。想当年许多知识青年上山下乡，一段时间后连写家信也会往往记不起要用的字。而当今，大家用电脑打字多了，再来手写汉字也会时时想不起它的笔画，其道理是一样的。想天生就会，一学就会，学而不忘，这种便宜事在知识领域是很少的。事实恰恰是在熟练运用五笔字型后，在"想打"（边想边打）的过程中，思路反而有时跟不上汉字在荧屏上的快速涌现。

三、如何看待"想打"、"看打"、"听打"的差异

有人强调汉字输入中的"看打"、"想打"、"听打"的区别，并认为五笔字型只适用于"看打"，不适合"想打"、"听打"。而"看打"

主要是专职录入员的工作，"想打"才是科技人员的工作方式，言下之意，就是五笔字型对科技人员不见得是最适合的了。

的确，五笔字型是适合"看打"的，因为汉字的字形、字根、字序，眼观中一目了然。熟练操作五笔字型时的"看"与"打"之间的转换相当迅捷，几乎看不出思索的停顿。这时想到手写汉字时的辛苦缓慢，往往会有一种轻松自得的感觉。

"想打"的速度也的确比不上"看打"的速度，但造成这种差异的原因并不是因为要对汉字作拆分，而是人脑本身"想"的速度、思考的速度跟不上。单就思维来说，它的速度是很快的，而要把思维过程与结果立即转换为书面语言，这还需要思维的内部语言具有与外部语言一样的完整与严密，也就是所谓的"出口成章"、"七步成诗"。如果能这样的话，那么在他手中，"想打"与"看打"的差异决不会像一般人所说的那么大。事实上"想"的语言是具有跳跃式的快速与不完整性的，因此要花一些时间来整理修饰，这才是"想打"比"看打"慢的原因。这里的慢是缘于内部语言与外部语言的差异，并不应归于五笔字型的应用。在"想打"的过程中，所费时间最多的仍是如何"想"，如何构思。一旦有了完整、成熟的思考结果就可以迅速地输入。人们平时用笔写稿时很强调打腹稿，以求比较成形，便于修改定稿，也是这个道理。而在使用五笔字型时，由于有快捷的输入、修改的方便，任何点滴想法、思想火花都可以随时先在荧屏上显示出来，进一步的修改留待后一步再做，故对汉字的录入颇有点"随心所欲"。语言理论中常说的"内部语言"，人们平常难得见到，而在这里却可以看得一清二楚。

四、五笔字型与音码、形音码的各自特点

现在来谈谈"听打"。"听打"就是听到具体的语音，再联想到汉字来输入的一种方法。能不能说由于听到的是语音就一定用音码输入好，也不见得。因为道理很简单，"听打"好似记笔记，有谁在听人讲话记笔记时会在语音与字形之间做出明显的停顿转换呢？这种转换在内部停留的时间是非常短的。其实用音码输入时，同时也面临着在实际语

音与语音符号之间的转换。何况"发音"的不准确、同音词的出现、方言的干扰，在"听打"中也会起妨碍作用。而形音码或首尾码，考虑的因素更多些，要做出的选择也多些，肯定对速度会产生一定的影响。五笔字型的最大优点就是最大程度地与手写汉字的顺序产生了合拍，因此它的优点也就显而易见了。

　　在"听打"情况下，如果有较高的听音、辨音能力，音码法的输入速度可能会优于形码。但在目前的中文输入大量是"看打"的时候，五笔字型还是有着特殊的优越处。今后随着电脑的进一步发达，现在"看打"的中文输入将由扫瞄仪代替，那时，音码输入法的作用可能会上升。但只要汉字存在，五笔字型法在我们这个时代为汉字现代化所做出的巨大贡献必将得到历史的承认。

参考文献

1. ［日］河野六郎著：《河野六郎著作集·谐声文字论》，魏达纯译，华南师范学院《研究生论文选》第2集，1982年版。

2. ［日］金田一春彦著：《日语的特点》，李德、陶振孝译，外语教学与研究出版社1985年版。

3. ［瑞士］费尔迪南·德·索绪尔著：《普通语言学教程》，高名凯译，岑麟祥、叶蜚声校注，商务印书馆1999年版。

4. "现代汉语常用词表"研制组：《现代汉语常用词表》，商务印书馆2008年版。

5.《大百科全书·语言文字学》，大百科全书出版社1988年版。

6. R·R·K·哈特曼、F·C·斯托克著：《语言与语言学词典DICTIONARY OF LANGUAGE AND LINGUISTICS》，黄长著等译，上海译书出版社1981年版。

7. 北京语言学院语言教学研究所：《现代汉语频率词典》，北京语言学院出版社1986年版。

8. 陈海洋：《中国语言学大辞典》，江西教育出版社1991年版。

9. 陈涣：《说文解字注后叙》，上海古藉出版社1981年版。

10. 陈建侯：《说文提要·序》，京江粹存斋印，光绪戊申（1908）。

11. 陈伟湛、唐钰明：《古汉字学纲要》，中山大学出版社1988年版。

12. 程湘清：《先秦双音词研究》，载《先秦汉语》，山东教育出版社1982年版。

13. 杜青：《普通话语音学教程》，中国广播电视出版社1999年版。

14. 杜永道：《语素单音化是汉语的根本特点》，《语文建设通讯》（香港）总37期，1992年10月。

15. 段玉裁：《说文解字注》，上海古籍出版社1981年版。

16. 段玉裁：《说文解字注·六书音韵表》，上海古籍出版社1981年版。

17. 范可育：《汉字性质诸说的分歧及其统一》，《语文论丛》，华东师范大学出版社1990年版。

18. 傅永和：《汉字部件的数量及字形》，《语文建设》1991年第4期。

19. 高燕：《现代汉语外来词的单音化缩略》，《松辽学报》1998年第4期。

20. 葛遂元：《中西语音结构差别对语文的影响》，《语文建设通讯》（香港）总35期，1991年10月。

21. 公士：《北京音里究竟有多少音节》，《中国语文》1958年第12期。

22. 龚嘉镇：《现行汉字形音关系研究》，湖北人民出版社1995年版。

23. 国家语委：《第一批异形词整理表（试行）》，2001年公布。

24. 国家语言资源监测与研究中心：《中国语言生活状况报告2005》，商务印书馆2006年版。

25. 国家语言资源监测与研究中心：《中国语言生活状况报告2006》，商务印书馆2007年版。

26. 国家语言资源监测与研究中心：《中国语言生活状况报告2007》，商务印书馆2008年版。

27. 国家语言资源监测与研究中心：《中国语言生活状况报告2008》，商务印书馆2009年版。

28. 国家语言资源监测与研究中心：《中国语言生活状况报告2009》，商务印书馆2010年版。

29. 汉语大字典编纂委员会：《汉语大字典》，湖北辞书出版社、四川辞书出版社1986年版。

30. 汉语拼音研究室：《同音词问题讨论综述（1950-1985）》，《语文建设》1987年第2期。

31. 胡裕树：《现代汉语》，上海教育出版社1979年版。

32. 胡裕树：《现代汉语》，上海教育出版社1979年版。

33. 黄伯荣、廖序东：《现代汉语》，高等教育出版社2002年版。

34. 吉林大学古文字研究室：《古文字研究工作的现状及展望》，《古文字研究》第1期，商务印书馆1980年版。

35. 李运富：《汉字性质综述》，《北京师范大学学报》2006年第1期。

36. 李在国：《顺应历史潮流，培养竞争力量：韩专家认为加强汉字教育迫在眉睫》，《参考消息》1992年11月4日第3版。

37. 林刘巍、陈艳：《"准异形词"的释义与规范处理——"曼延""蔓延""漫延"的形义关系及应用考察》，《江西科技师范学院学报》2010年第3期。

38. 刘伶、宋振华：《语言理论》，辽宁人民出版社1984年版。

39. 刘伶等：《语言学概要》，北京师范大学出版社1981年版。

40. 刘宁生：《关于汉字性质的研究》，《语文导报》1987年第6期。

41. 刘晓梅：《林荫道与林阴道》，《语言文字周报》2002年9月11日总第968号。

42. 刘泽先：《北京话里究竟有多少音节——一个初步的调查统计》，《中国语文》1957年第3期。

43. 刘正埮、高名凯、麦永乾、史有为：《汉语外来词词典》，上海辞书出版社1984年版。

44. 卢偓：《现代汉语音节的数量与构成分布》，《语言教学与研究》2001年第6期。

45. 陆锡兴：《近年来关于汉字性质的讨论》，《语文导报》1985年第10期。

46. 陆宗达、王宁：《从"武"的本义谈因字形求本义的原则》，《辞书研究》1984年第5期。

47. 罗竹风主编：《汉语大词典》，汉语大词典出版社1992年版。

48. 马建忠：《马氏文通》，商务印书馆1983年版。

49. 钱大昕：《六书音均表·原序》，见段玉裁《说文解字注》，上

265

海古籍出版社1981年版。

50. 裘锡圭：《40年来文字学研究的回顾》，《语文建设》1989年第3期。

51. 裘锡圭：《汉字的性质》，《中国语文》1985年第1期。

52. 沙平：《同形替代法与汉语外来词的语素构成分析》，《福建师大福清分校学报》2000年第1期。

53. 邵敬敏：《现代汉语通论》，上海教育出版社2001年版。

54. 沈兼士：《广韵声系》，文字改革出版社1960年版。

55. 苏培成：《汉字的性质》，《廊坊师范学院学报》2001年第1期。

56. 苏培成：《汉字简化字与繁体字对照字典》，中信出版社1992版。

57. 苏新春、廖新玲：《现代汉字的范围及其属性标注》，《汉字文化》2001年第2期。

58. 苏新春、林进展：《普通话音节数及载字量的统计分析——基于〈现汉〉的注音材料》，《中国语文》2006年第3期。

59. 苏新春：《当代汉语外来单音语素的形成与提取》，《中国语文》2003年第6期。

60. 苏新春：《当代中国词汇学》，广东教育出版社1995年版。

61. 苏新春：《汉语词义学》（第2版），外语教学与研究出版社2008年版。

62. 苏新春：《论古汉语基本词汇的广义性》，《广州师范学院学报》1987年第1期。

63. 苏新春：《论异形词规范的俗成性、实用性及指导性原则——评〈第一批异形词整理表（草案）〉》，《厦门大学学报》2002年第2期。

64. 苏新春：《同形词与"词"的意义范围——析〈现代汉语词典〉的同形词词目》，《辞书研究》2000年第5期。

65. 苏新春：《现代汉语分类词典》，商务印书馆2013年版。

66. 苏新春：《再论异形词规范的俗成性》，《语言文字应用》2002年第3期。

67. 王伯熙：《文字的分类和汉字的性质——兼与姚孝遂先生商榷》，《中国语文》1984年第2期。

68. 王凤阳：《汉字学》，吉林文史出版社1989年版。

69. 王力：《古代汉语》第一册，中华书局1981年版。

70. 王力：《汉语史稿》，中华书局1980年版。

71. 王力：《同源字典》，商务印书馆1980年版。

72. 王念孙：《读汉书杂志》，卷十六。

73. 王世友：《现代汉语单音词的范围、性质和地位》，《语言文字应用》2000年第1期。

74. 王振昆等：《语言学基础》，中央广播电视大学出版社1983年版。

75. 吴安其：《论书写音节和文字的构成形式》，《民族语文》1992年第2期。

76. 向熹：《〈诗经〉里的复音词》，载《语言学论丛》（第六辑）1980年版。

77. 邢福义：《现代汉语》，高等教育出版社1993年版。

78. 徐长庚编：《古今汉字多音字字典》，重庆出版社1992年。

79. 徐德江：《词结构新探》，《汉字文化》1990年第1期，又见《汉字汉语学术研讨会论文集》（下），吉林教育出版社1991年版。

80. 杨清顺：《论汉字的性质与未来》，《华侨大学学报》1989年第1期。

81. 姚孝遂：《古汉字的形体结构及其发展阶段》，《古文字研究》第4期，中华书局1980年版。

82. 詹鄞鑫：《20世纪汉字性质问题研究评述》，《华东师范大学学报》2004年第3期。

83. 张普：《现代汉语的独字音节》，《语言文字应用》1994年第2期。

84. 张玉金：《论汉字的性质》，《辽宁师范大学学报》2001年第5期。

85. 张志公：《现代汉语》，人民教育出版社1982年版。

86. 中国社会科学院编：《汉字问题学术讨论会论文集》，语文出版社1988年版。

87. 中国社会科学院语言研究所词典编辑室：《现代汉语词典》，商务印书馆1996年版。

88. 周洪波：《外来词译音成分的语素化》，《语言文字应用》1995年第4期。

89. 周建民：《汉语复音语素的简缩现象》，《武汉教育学院学报》1997年第1期。

90. 周世烈：《同形词概说》，《锦州师院学报》1995年第2期。

91. 周一农：《外来语素论略》，《绍兴文理学院学报》1998年第2期。

92. 周有光：《汉字声旁读音便查》，吉林人民出版社1980年版。

93. 朱光华：《关于外来语素》，《昭乌达蒙族师专学报》2000年第2期。

后 记

提笔写"后记",自然会想到20年前出版的《汉字语言功能论》（江西教育出版社，1994）。两部书同一主题，它们有着怎样的关系呢？姐妹篇？肯定算不上，虽然两书的基本问题与观点是相同的，领域并没有全新开拓。是初稿与二稿、简论与详论的关系？似乎也不是，因为撰写之时，都竭尽全力，充分展现了当时所有的真实想法。

还是先来看看《汉字语言功能论》的写作情况吧。下面是它的"后记"全文：

记得在11年前，研究生的入学试卷上，曾有这样一道答题，"谈谈你对汉字与汉语关系的看法"。我写下洋洋千言，还很得意过一阵子。当写完这本书的时候，我突然感到，我不仍是在回答这个问题吗？

也许正是从那个时候起，我对汉字的旺盛生命力浮起了探究根底的想法。它为什么能绵延这么长的时间？又为什么能横跨在这么宽广的空间？人们要就不谈汉语，一谈起汉语，汉字总是不让其位地居于其中。

我慢慢感悟到，在汉字这么深蕴的生命源泉中，最主要的一泓应当来自于它与汉语的密切关系上。自那时起，我就对汉字与汉语是一种任意关系的说法，总是抱着一种怀疑的态度。而每当听到有关汉字与汉语是相互溶生的观点，又会情不自禁地生出一种认同感。尽管对这种观点我也说不出什么更深些的意见，也尽管会对它不时从各个方面提出许多能轻易难倒自己的问题，可我总不由己地相信，能吸引我的，就是它。

怀着这种动机，我也加入了探讨汉字生命力的过程。并把自己放在了自认为决定着汉字生命之泉的那泓脉之口。

写本书的第二个原因，因为它还是在我的汉语词义研究计划中早已定下要做的一项工作。《汉语词义学》是我的第一部著作，它对汉语词义从结构性、人文性、方法论等方面作了一些探讨。但我一直希望从更宽广的领域对它进行更深入些的研究。我的第二本书《词义与文化》就是这种尝试的一个结果。它探讨了词义在汉文化背景下的生成状态。本书是我的第三部书，它以汉语词义与汉字的相互关系为着笔对象，只是为了适合这套丛书的特点，将汉字放在显要的前台。可人们仍可以时时感到，本书所谈的任何文字问题，如果脱离了汉语，脱离了汉语词义，都将落空。

这也是我对汉字问题研究的一个基本观点。研究汉字系统不应当只谈它的笔画、结构，那样做只是汉字字形学、汉字字体学。像研究语言符号系统，不能脱离语义，只谈它的形式特征一样，研究汉字这个符号系统，也必须联系字义，才能真正对汉字的本质有所了解。

我的这三部书都是在电脑中用五笔字型"写"下的。每当使用着五笔字型时，就会强烈感到汉字在现代社会所焕发出来的活力。它更加深了我对汉字的感情。

一九九三年三月十日

1993年距我入读研究生的1982年，相隔11年。今天距《汉字语言功能论》的写作，又是整整20年。用30年回应了同一道答题。是的，汉字与汉语的关系一直萦绕在我的脑海，这些年来碰到几乎所有的汉字问题，都会自觉不自觉地放在这个标杆下来度量。20年来持续不断的思考带来了不少的变化，起码书的篇幅就有了明显不同，前者有100多页，后者增了一倍。细数来变化在下面三方面都有体现。

首先，对新问题的考察。20年中我的研究对象发生了不少变化，从偏古的汉语史转到偏今的现代汉语，从偏人文转到偏定量，从偏理论的词汇本体转到偏应用的辞典语言教材语言，但词汇问题却一直不让其位地居于最核心的位置。所有研究领域的转换与开拓，都变成了观察"庐山真面目"的新层次新角度的开启。如增加了对汉字与语法关系的考察，而不再仅限于词汇与语音；增加了对汉字与外来词关系的考察，特别是汉字在外来词汉化、外来单音语素的固化中的作用，而不再仅限于与汉语固有词汇的关系；增加了汉字在同形词、异形词、同音词等问题中或诱导或粘连或甄别的作用，而不再仅是与单音词复合词的关系；增加了汉字在词语音变中或外化凸显或隐藏遮蔽的强化作用，而不再仅是与静态词汇结构的关系。每每随着研究领域的扩大，对汉字与汉语关系的认识都有理足气顺、豁然开朗的感觉。

其次，对已有思考的深入。有些问题在前书中已有过论述，现在则作了更深入、更周全的思考。如对索绪尔关于文字与语言、汉字与汉语关系的论述，前书中只有"尽管现代语言学大师德·索绪尔在再三进行了这种强调之后，也说到他所说到的'文字'仅仅限于表音文字而不包括表意的'古典汉字'，但他的那些说明仍广泛地影响到一代人"这样只言片语式的评述，而后书则分别以"索绪尔的文字观"、"对索绪尔文字观的思考"两节篇幅作了详细阐述。又如前书对汉字与语音的关系偏于对音节声韵调的分析，而后书则对汉语音节的总体数量与分布作了统计性的全面分析。又如前书已经对汉字与单音词形音义的关系有过论述，而后书则仅就汉字与词义的关系，就专立一章分出"字本义与词本义"、"字本义与词义发展"、"字义对复合词义的影响"三节以详细论述。每每随着研究问题的深入，对汉字与汉语关系的认识都有常温常新、通幽达境的感觉。

当然，有些表述过的观点，后来在新探索新思考中，也有所调整、补正。如前书中对汉字与汉语关系的"起源"与"发展"两个问题，奉行的策略是只谈"发展"，不谈"起源"，因为起源问题"方便于提出异说，也容易被人撬动"。而在后书，则明确提出对起源问题"本书后面各章，其实都是在做一些力图还原于客观的一种梳理、论证工作"，理论探索的自觉性显然强了许多。

能有机会在现在把对汉字与汉语关系这个亘古问题的思考再来做充分的回味与整理，得感谢申小龙先生和李广军先生。没有两位关于丛书出版的创意及对书稿的鼓励和督促，是不会有这本小书问世的。还要感谢我的学生们，他们的认真校对为全书增色不少。

苏新春

2013年10月13日

于厦门湾南岸海悦品斋